公司法裁判规则实务精要

潘申明　等◎著

组织过程

法律出版社 | LAW PRESS
北京

图书在版编目(CIP)数据

公司法裁判规则实务精要. 组织过程 / 潘申明等著
. -- 北京 : 法律出版社, 2023
ISBN 978 - 7 - 5197 - 7878 - 1

Ⅰ. ①公… Ⅱ. ①潘… Ⅲ. ①公司法 - 法律解释 - 中
国 Ⅳ. ①D922.291.915

中国国家版本馆 CIP 数据核字(2023)第 080817 号

公司法裁判规则实务精要:组织过程
GONGSIFA CAIPAN GUIZE SHIWU JINGYAO:
ZUZHI GUOCHENG

潘申明 等著

策划编辑 沈小英
责任编辑 陈 妮 任 娜
装帧设计 汪奇峰 鲍龙卉

出版发行 法律出版社
编辑统筹 法治与经济出版分社
责任校对 晁明慧 王 皓
责任印制 吕亚莉
经 销 新华书店

开本 710 毫米×1000 毫米 1/16
印张 17.75 **字数** 343 千
版本 2023 年 5 月第 1 版
印次 2023 年 5 月第 1 次印刷
印刷 固安华明印业有限公司

地址:北京市丰台区莲花池西里 7 号(100073)
网址:www.lawpress.com.cn
投稿邮箱:info@lawpress.com.cn
举报盗版邮箱:jbwq@lawpress.com.cn

销售电话:010 - 83938349
客服电话:010 - 83938350
咨询电话:010 - 63939796

书号:ISBN 978 - 7 - 5197 - 7878 - 1
定价:93.00 元

凡购买本社图书,如有印装错误,我社负责退换。电话:010 - 83938349

潘申明

1973年10月生，浙江省桐庐县人，先后获华东政法大学法学学士、法学硕士、法学博士学位。现为宁波大学法学院副教授、硕士研究生导师、应用法学研究所主任、经济纠纷与经济犯罪研究中心主任，华东政法大学硕士研究生导师、韩国法研究中心研究员，中国政法大学法律实证研究中心研究员、国家法律援助研究院研究员，浙江省宁波市江北区第十二届人大代表。受聘为浙江省人民检察院民事行政检察监督案件专家委员会专家顾问、宁波市人民政府法律顾问。入选浙江省及宁波市涉案企业合规第三方监督评估机制专业人员名录库（第一批）。曾在检察系统工作21年，先后担任浙江省宁波市北仑区人民检察院反贪污贿赂局副局长、民事行政检察科科长、公诉科科长、检察委员会专职委员、党组成员、副检察长，浙江省宁波市人民检察院法律政策研究室主任。获浙江省第十三届哲学社会科学优秀成果二等奖，最高人民检察院理论研究所检察基础理论研究优秀成果二等奖、三等奖等；获第三批全国检察业务专家、第二批全国检察理论人才，入选最高人民检察院西部教育培训讲师团成员，获浙江省政法系统十佳检察官、第二批浙江省检察机关十佳民行办案人、浙江省检察机关专家型公诉人才、第三届浙江省十大优秀中青年法学家提名，宁波市首届中青年法学专家、宁波市十佳检察官、宁波市优秀公诉人、宁波市检察系统民行办案骨干等多项荣誉。在从事检察工作期间，荣立个人三等功两次，带领所负责集体荣立集体二等功一次、集体三等功两次。

擅长领域为刑事辩护、不良资产处置、重大民商事纠纷一体化解决。

陈萱昊

宁波大学法学学士，浙江京衡（宁波）律师事务所执业律师。擅长领域为公司法律业务、刑事辩护业务。获2022年浙江省律师论坛论文二等奖、2022年浙江省宁波市律师论坛论文二等奖、宁波大学优秀毕业论文。

姚宇波

浙江省宁波市宁海县人民法院法官助理，先后获浙江理工大学法学学士、宁波大学诉讼法学硕士学位。在《青少年犯罪问题》《浙江万里学院学报》等期刊公开发表论文5篇。曾获浙江省宁波市研究生学术节银奖和2021、2022年浙江省宁波市律师实务与理论研讨会一等奖、二等奖。

王凯男

浙江京衡（宁波）律师事务所执业律师，致力于公司法律事务的研究和办理，主要从事企业法律顾问、建设工程与房地产法律事务、民商事诉讼，善于处理企业非诉服务项目，为客户提供诉讼风险评估与防控等综合法律服务，现担任多家企业法律顾问。

前　言

自古罗马萌芽,历经中世纪的发展,以及近代的高速变革至现代,公司在不断的变迁中演变完善,而公司制也已成为普遍的商事制度。从无限到有限,从混同到独立,现代公司建立起公司法人制度、公司自负盈亏制度、出资者有限责任制度,充分契合市场经济的要求。公司作为市场主体,通过有限责任制实现风险的隔离,进而整合各类社会资源,形成资本合力,极大地推动了经济社会的发展。对于公司的组织过程及相关法律形成完整的认知体系,对于经营者和实务工作者都显得尤为重要。

正如自然人的一生包含了从婴儿、成人至死亡的过程,作为法人的公司,其设立、成立、存续、合并分立、解散、清算及终止,也形成了公司的"一生",此为公司的组织过程。本书也以此体例为基础,针对组织过程中各个阶段所涉及的问题展开分析:在公司设立初期,如何认定设立公司的合意,如何分配发起人所需承担的责任;在公司存续期间,公司组织变更的效力如何,变更后的法律责任如何承担;在公司步入消亡时,大小股东间权利的保障与平衡、公司僵局的认定、破产清算人的责任等。我国《公司法》充分考量公司的资合性与人合性,结合实践案例,不断完善制度,对上述问题作出回应。

我国司法实践一向重视案例的作用,各类指导性案例对司法审判起到了统一法律适用、提升审判质量的作用。同样,针对典型案例开展研读、学习工作,不仅能体会裁判逻辑,了解裁判规则,更能领悟诉讼策略,开拓诉讼思路。本书围绕公司组织过程这一主题,选取公司设立纠纷、发起人责任纠纷、公司合并纠纷、公司分立纠纷、公司解散纠纷等8个案由,涵盖了公司从设立至终止的"一生"。上述纠纷的选择,是从公司组织的整体过程视角切入,再细化至各个阶段,对典型案例展开细致分析。同时,本书针对每个案由,首先,以综述性的导语介绍各案由纠纷的由来、特征、重点法律规范,以期读者在阅读案例前形成初步认识;其次,选取典型案例,展示案情、主要争点、裁判说理,力求原汁原味描述案件原貌;最后,通过专业分析意见,由个案至类案,从原、被告各方的角度均提出意见与建议,提供相关指引,望能为读者在风险防控、诉讼之中提供帮助。

与公司相关的诉讼至今已有40余万件,本书所能涉及实属有限。尽管如此,我们通过研读,从诸多案例中精选出典型案例,希望能为经营者和实务工作者提供些许帮助。

潘申明

2023年3月18日

缩略用语表

《中华人民共和国公司法》——《公司法》

最高人民法院《关于适用〈中华人民共和国公司法〉若干问题的规定(一)》——《公司法解释一》

最高人民法院《关于适用〈中华人民共和国公司法〉若干问题的规定(二)》——《公司法解释二》

最高人民法院《关于适用〈中华人民共和国公司法〉若干问题的规定(三)》——《公司法解释三》

最高人民法院《关于适用〈中华人民共和国公司法〉若干问题的规定(四)》——《公司法解释四》

最高人民法院《关于适用〈中华人民共和国公司法〉若干问题的规定(五)》——《公司法解释五》

《中华人民共和国民法典》——《民法典》

《中华人民共和国合同法》——《合同法》

《中华人民共和国担保法》——《担保法》

《中华人民共和国物权法》——《物权法》

《中华人民共和国民事诉讼法》——《民事诉讼法》

最高人民法院《关于适用〈中华人民共和国民事诉讼法〉的解释》——《民事诉讼法解释》

《中华人民共和国民法通则》——《民法通则》

《中华人民共和国企业破产法》——《企业破产法》

《全国法院民商事审判工作会议纪要》——《九民纪要》

《中华人民共和国劳动合同法》——《劳动合同法》

《中华人民共和国侵权责任法》——《侵权责任法》

《中华人民共和国企业国有资产法》——《企业国有资产法》

《中华人民共和国合伙企业法》——《合伙企业法》
《中华人民共和国公司登记管理条例》——《公司登记管理条例》
《中华人民共和国市场主体登记管理条例》——《市场主体登记管理条例》
《中华人民共和国刑法》——《刑法》
《中华人民共和国民法总则》——《民法总则》

Contents

目　录

第一篇　公司设立纠纷

第二篇　发起人责任纠纷

第三篇　请求变更公司登记纠纷

第四篇　公司合并纠纷

第五篇　公司分立纠纷

第六篇 公司解散纠纷

第七篇 申请公司清算

第八篇 清算责任纠纷

第一篇

公司设立纠纷

导　语

公司设立,是指发起人依照法律规定的条件和程序,为组建公司并使其具备法人资格而依法完成的一系列法律行为的总称。公司的设立涉及公司法的基本理论内容,也是比较重要的内容之一。公司设立涉及公司法中一系列基本理论问题,它和民法中的法人制度与商法中的商事主体制度联系紧密,如公司设立行为性质、设立中公司、先公司合同、公司设立无效之诉、公司人格、公司能力等均是公司设立的重要基础概念。在实务层面上,公司设立行为、设立程序、设立方式等都属于实务操作的问题。

公司设立纠纷频发于公司设立过程中,发起人为了使组建中的公司取得完整的法人人格,必须按照法律规定履行严格的法定条件与设立程序,故而必须作出一系列相关法律行为。公司设立纠纷产生的前提是存在公司发起人为了设立公司达成的合意,如果当事人之间仅仅是一种合作关系,并没有达成设立公司的合意,公司设立纠纷就失去了前提条件。当然,认定公司设立协议性质不能简单地从名称来判断,而应当从协议的内容来做实质性审查,审查协议是否以设立公司为目的。

公司设立始于发起人签订公司设立协议或者章程,终于公司登记行为的完成。公司设立纠纷一定是有关公司设立行为,主要发生在公司设立阶段,在发起人、出资人、已成立公司、第三人之间产生的纠纷。该纠纷可能是与公司设立协议有关的纠纷,可能是公司设立不能引起的纠纷,也可能是公司对设立中行为的责任承担引起的纠纷。

在这个过程中,为达成公司设立目的,公司内部发起人、设立中的公司、外部债权人等经常因为相关合同产生多种法律纠纷,公司设立纠纷之诉就是为解决在此阶段产生的纠纷与矛盾而设置的司法救济途径。根据发起人实施的公司设立行为是否必备,可将公司设立阶段完成的法律行为分为必备的法律行为和非必备的法律行为。必备的法律行为包括:确定发起人、确定公司的注册资本、实物资产评估、制定公司章程、设置公司组织机构、确定公司住所、办理公司登记手续等。非必备的法律行为包括:购买(租赁)厂房、购买原材料、签订劳动合同等。此外,为特殊目的设立的公司,还需要实施实现特殊目的必备行为。设立特殊行业公司,还需要主管机关的批准。根据发起人实施的公司设立行为形成的法律关系,又可将设立阶段完成的法律行为分为内部法律行为和外部法律行为,内部法律行为即发起人、出资人之间形成的法律关系行为,外部行为是发起人为了使公司具备成立的条件,对外签订合同,用以筹备资金、租用场地、购买设备或者办公用品等法律行为。

设立中公司是一个向法人形式过渡的组织,具有合伙性质,但不具有法人资格,学术界对其法律性质有不同的学说,包括无权利能力学说、合伙说、折中说和非法人团体说。《公司法解释三》首次提出设立中公司的概念,规定了发起人可以以设立中公司名义签订合同,但同时在第 2 条、第 3 条又规定公司债权人只有在公司成立后才能向公司主张权利,在公司未成立情况下,债权人提起诉讼的对象只能是全体或者部分发起人,故该司法解释确认设立中公司不拥有民事主体资格,不具有民事权利能力和民事行为能力,不能作为诉讼主体参与诉讼。

《公司法解释三》第 2 条规定:"发起人为设立公司以自己名义对外签订合同,合同相对人请求该发起人承担合同责任的,人民法院应予支持;公司成立后合同相对人请求公司承担合同责任的,人民法院应予支持。"

《公司法解释三》第 3 条规定:"发起人以设立中公司名义对外签订合同,公司成立后合同相对人请求公司承担合同责任的,人民法院应予支持。公司成立后有证据证明发起人利用设立中公司的名义为自己的利益与相对人签订合同,公司以此为由主张不承担合同责任的,人民法院应予支持,但相对人为善意的除外。"

公司设立纠纷与发起人责任纠纷的区分关键在于诉讼主体的身份以及责任承担的对象。若双方诉讼主体均为发起人,由公司设立纠纷予以规范;若一方主体并非发起人而另一方担责主体为发起人,则由发起人责任纠纷予以规范。

对于公司设立纠纷,可以协议选择管辖法院,当事人可以在协议中约定选择被告住所地、合同履行地、合同签订地、原告住所地、标的物所在地等与争议有实际联系地点的人民法院管辖,但不能违反《民事诉讼法》对于级别管辖和专属管辖的规定。如果公司设立纠纷既涉及设立合同的争议,又涉及公司未能成立的后果或者公司成立后对设立中行为的责任承担,则该纠纷的地域管辖应当按照《民事诉讼法》第 27 条之规定,由公司住所地人民法院管辖。公司设立协议的撤销、无效、违约以及解除等,实质上都是合同争议,应当依照《民法典》合同编相关规定处理。而公司发起人之间的关系其实是合伙关系,所以,发起人内部关系引发的纠纷应当遵循合伙关系的相关法律处理。有裁判观点认为,对于发起人以设立中公司的名义实施的设立公司的必要行为,公司成立后应当承继合同的权利义务,为该必要行为承担责任;若发起人的行为是非必要行为,则发起人和公司承担连带责任。公司设立过程中,发起人为设立公司以自己名义对外签订合同,原则上由发起人承担责任,如果发起人的该行为属于设立公司的必要行为,债权人可以选择要求发起人或者公司对其承担相应的民事责任。

一、公司设立不能时，公司设立阶段从事生产经营行为所得收益应比照发起人出资比例予以分配

案件名称

王某诉李某军、尤某军等12人公司设立纠纷案

案号

一审：(2009)安民初字第12号；二审：(2010)陕民二终字第00019号；再审：(2012)陕民再字第00010号

裁判要旨

公司设立不能时，对发起人在公司设立阶段从事生产经营的行为，虽可由工商部门进行处罚，但对于经营所得利润的处理，人民法院应比照发起人以出资比例承担该阶段债务的情形进行分配。

案情简介

申请再审人(一审原告、反诉被告、二审上诉人)：王某
被申请人(一审被告、反诉原告、二审上诉人)：李某军
被申请人(一审被告、反诉原告、二审上诉人)：尤某军
被申请人(一审被告、反诉原告、二审被上诉人)：张某
被申请人(一审被告、反诉原告、二审被上诉人)：甘某华
被申请人(一审被告、反诉原告、二审被上诉人)：郑某文
被申请人(一审被告、反诉原告、二审被上诉人)：陈某志
被申请人(一审被告、反诉原告、二审被上诉人)：李某波
被申请人(一审被告、反诉原告、二审被上诉人)：欧某祥
被申请人(一审被告、反诉原告、二审被上诉人)：陈某
被申请人(一审被告、反诉原告、二审被上诉人)：丁某
被申请人(一审被告、反诉原告、二审被上诉人)：熊某友

被申请人(一审被告、反诉原告、二审被上诉人):欧某清

自2005年4月开始,李某军、郑某文、张某在内蒙古自治区巴彦淖尔市乌拉特前旗明安镇共同出资经营铁粉加工销售业务,并以李某军个人名义办理了个体工商户营业执照,字号为“秦安磁选厂”,其中李某军名下出资的90万元由其本人的47.67万元、丁某的33.33万元、尤某军的9万元构成;郑某文名下出资的90万元由其本人的25万元、陈某志的22.5万元、熊某友的22.5万元、李某波的20万元构成;张某名下出资的90万元由其本人的20万元、欧某祥的20万元、欧某清的10万元、陈某的20万元、甘某华的20万元构成。

2007年4月10日,内蒙古自治区巴彦淖尔市乌拉特前旗矿业秩序整顿规范工作领导小组发出铁选企业限期整改通知书,要求秦安磁选厂必须在2007年7月30日前完成整改,若整改不达标,将强行关闭。2007年8月20日,李某军、郑某文、张某、陈某志、李某波、欧某祥、尤某军、丁某、熊某友、欧某清召开会议,形成会议决议:全体合伙人同意成立秦安公司,在设立公司时引入新资金。全体合伙人明确了设立公司的相关事项及各股东所占的股份,并推选出公司董事会成员、监事、经理、会计、出纳人选。

2007年8月25日,王某与12名被告推选出的董事会成员就设立秦安公司的问题进行谈判。2007年8月26日,王某、李某军、丁某、李某波、郑某文、张某6位董事会成员召开董事会会议,形成决议:(1)由李某军办理企业名称预先核准通知书。(2)董事长王某授权董事李某军办理公司注册登记相关手续。(3)董事长王某安排董事张某协助李某军办理此项工作。在当晚召开的股东会上,各成员讨论、修订了公司章程,并形成秦安公司第一次股东会决议,内容为:(1)同意将秦安磁选厂变更为秦安公司,将秦安磁选厂合伙人投入的资金转为公司股金。在公司注册登记后,以公司名义给各股东以此次会议核定的出资额出具股金凭证。(2)已核定公司股东12人,股金270万元。(3)按照此次会议通过的公司章程,选举王某为董事长、李某军为副董事长、郑某文为监事、尤某军为经理。确定董某胜为会计、杨某莲为出纳。(4)公司自2007年8月21日起运行。由董事会尽快将设立公司的办事机构及负责人等相关事宜予以明确完善。

2007年9月6日,原内蒙古自治区巴彦淖尔市乌拉特前旗工商行政管理局下达企业名称预先核准通知书,预先核准上述13名投资人的出资,以及“乌拉特前旗秦安公司”这一企业名称,预先核准的企业名称保留至2008年3月6日,保留期内,该名称不得用于生产经营,不得转让。

2007年9月7日,秦安公司出纳杨某莲向王某出具了加盖有秦安公司印章的一

张收条，载明“收到王某现金 1,396,324 元整”。秦安磁选厂在 2007 年 9 月～12 月实际生产经营 73 天，盈利 687,902 元。2007 年 9～11 月秦安磁选厂购买设备、建筑材料等物品，支付人员工资等支出花费总计金额为 233,409.7 元。

2007 年 12 月 10 日，王某向陕西省安康市中级人民法院提出诉前财产保全申请，该院于 2007 年 12 月 11 日作出（2007）安中民诉前保字第 1 号民事裁定，对被申请人的 1,706,275 元存款予以冻结。2007 年 12 月 25 日，王某以被告不办理资产过户手续、出资未到位等为由诉至原审法院，请求判令：（1）退还投资款 1,396,324.00 元。（2）按出资比例分配秦安公司名称预留登记期间的经营利润或者赔偿投资款项的利息损失（按银行同期贷款利率的 4 倍计算）。（3）按投资比例分割库存商品、新增固定资产。（4）承担案件诉讼费。李某军等 12 人答辩并反诉：王某与李某军等 12 人是合伙关系，在合伙账务既未清算，也未通知其他合伙人要退伙的情况下，王某申请法院冻结企业财产并要求撤资，导致被告不能收购矿石，造成损失，请求判令王某赔偿其因法院冻结资金造成的直接损失 119 万元和税款及滞纳金 98,655.20 元。

一审法院委托陕西高德会计师事务所有限责任公司对双方当事人申请的事项进行鉴定，该事务所于 2008 年 8 月 25 日以秦安磁选厂未按财务会计制度规定建立账务，原始票据大部分为自制白条，原材料购进、产成品入库、销售管理混乱等为由得出无法提供鉴定结果的结论。同时，根据秦安磁选厂的财务会计资料汇总了双方申请的不同阶段的资产负债及损益情况。

2010 年 9 月 1 日，双方当事人对秦安公司设立期间的账务进行了清算，双方均认可仅有少部分花费，数额不大，与秦安磁选厂的账务无法区分，双方均表示可以忽略不计，并认可王某加入前，秦安磁选厂账内无流动资金，处于亏损状态。

诉讼过程

因认为 12 名被告不办理资产过户手续，出资未到位，王某以公司设立纠纷诉 12 名被告至陕西省安康市中级人民法院，请求判令退还投资款并按出资比例分割库存商品、新增固定资产，陕西省安康市中级人民法院一审判决部分支持原告诉讼请求。后王某、李某军、尤某军不服判决，向陕西省高级人民法院提出上诉，被判决部分维持原判，改判退还出资。王某仍不服判决，向最高人民法院申请再审，最高人民法院指令再审，陕西省高级人民法院再审判决部分维持原判，改判退还利润。

裁判结果

一审判决:(1)李某军、尤某军、郑某文、张某、陈某志、李某波、欧某祥、陈某、甘某华、丁某、熊某友、欧某清在该判决生效后15日内,退还王某出资款1,396,324.00元;支付王某在共同经营期间的盈利款、新增固定资产价值313,245.97元,共计1,709,569.97元。(2)驳回王某的其他诉讼请求。(3)驳回李某军、尤某军的反诉请求。

二审判决:(1)维持原审判决第2项、第3项,撤销第1项。(2)由李某军、尤某军、郑某文、张某、陈某志、李某波、欧某祥、陈某、甘某华、丁某、熊某友、欧某清在该判决生效后7日内,退还王某出资款1,396,324.00元。(3)由李某军、尤某军、郑某文、张某、陈某志、李某波、欧某祥、陈某、甘某华、丁某、熊某友、欧某清在该判决生效后7日内补偿王某上述款项自2007年8月31日起至2007年12月15日止按中国人民银行同期同类贷款利率计算的利息。

再审判决:(1)维持(2010)陕民二终字第00019号民事判决第2项;(2)撤销(2010)陕民二终字第00019号民事判决第1项、第3项;(3)由李某军、尤某军、郑某文、张某、陈某志、李某波、欧某祥、陈某、甘某华、丁某、熊某友、欧某清在该判决生效后7日内支付王某在共同经营期间的盈利款和库存商品中铁精粉的利润,共计268,546.09元;(4)驳回王某的其他诉讼请求;(5)驳回李某军、尤某军等人的反诉请求。

主要争点

王某申请再审称:(1)两审法院均认定该案为设立公司纠纷,王某与李某军等人对公司设立、股东出资、利润分配等均有协议约定,王某依据其与李某军等人之间的协议要求分割共同经营期间的利润、库存商品、新增固定资产等于法有据,依法应予支持。(2)公司未依法设立是被申请人的责任。(3)王某没有向法院诉请要求补偿,法院判令补偿投资款利息没有法律依据。故请求:(1)由被申请人按照投资比例向申请人支付共同经营期间的利润767,300.64元、库存商品522,258.00元、新增固定资产233,409.70元,共计1,522,968.34中的34%,计517,809.23元。(2)王某1,396,324元投资款被冻结期间的银行存款利息应由被申请人返还给申请人王某。(3)原一审、二审诉讼费用由被申请人负担。

李某军等人答辩称:(1)该案不是公司设立纠纷,而是合伙争议,应当适用《合伙企业法》的相关规定。王某擅自单方撤回投资的行为违反了《合伙企业法》的规定,其要求返还投资款、分配经营利润,没有法律依据,依法应予驳回。(2)申请人的第2项申请理由，超出了原审诉讼请求，依法应不予审理。(3)秦安公司不存在事实上的经营活动和收益，王某请求分配的都是秦安磁选厂经营活动产生的收入。(4)王某提出的分配比例和计算方法是错误的。王某入伙后，秦安磁选厂的经营没有盈利，而是亏损了354,994.82元；王某的实际投资比例为26.48%，而不是34%；库存商品和新增固定资产都是由企业流动资金转化而成，王某要求返还全部投资款后，不能再主张分配库存商品和新增固定资产，否则就是重复计算。

综上所述，该案争议焦点为：王某对其参与经营73天的利润及资产是否有权请求分配，以及如何进行分配。

裁判说理

法院生效判决认为该案争议的焦点问题是：(1)王某对其参与经营73天的利润及资产是否有权请求分配。(2)如果有权分配，经营期间产生的利润及资产有多少，如何给王某进行分配。关于王某对其参与经营73天的利润及资产是否有权请求分配的问题。依据2007年8月25～26日的董事会记录、股东会记录，王某与李某军等12人商定成立秦安公司，王某以现金出资，李某军等12人以其在秦安磁选厂的合伙财产出资，并对秦安公司机构设置、人员配备、原秦安磁选厂债务的处理以及秦安公司的工商登记办理事宜等作了约定，选举王某为秦安公司的法定代表人，确定了秦安公司的董事会成员、监事、经理，以及出纳和会计人员。上述约定做出后，到2007年11月23日秦安磁选厂停产前，王某以秦安公司董事长的身份负责秦安磁选厂的生产经营，重大事项由秦安公司董事会或者股东会开会决定。在秦安公司设立过程中，秦安磁选厂并未解散，但无论从其机构设置及人员组成情况，还是运营资金来源以及经营行为等情况看，秦安磁选厂实际是以设立中的秦安公司从事生产经营。《公司法解释三》第4条规定了公司设立不能时，发起人按出资比例承担该设立阶段产生的债务的情形，但并未规定设立中公司在公司设立阶段从事经营活动产生的盈利如何分配。根据权利义务相一致的法理以及民法的公平原则，对公司设立阶段的债权分配，应比照适用债务承担的规定，发起人有权按照出资比例分配公司设立阶段从事经营行为所产生的盈利。故王某有权按照出资比例参与分配其参与经营的73天中产生的利润及资产。

关于经营期间产生的利润及资产有多少，该如何给王某进行分配的问题。(1)关于利润和库存商品。李某军等人认可董某胜统计的利润数额687,902元，故应以双方均认可的687,902元为据。对于522,258元的库存商品，双方当事人均认可库存商品包括矿石和铁精粉，并且已经变现。但对于矿石是否为王某投资入股后购买,王某并无相关证据予以证实,对此矿石部分不予认定;对于铁精粉部分,杨某莲和董某胜的说明均证明其不包含在利润之中,故对该部分未出售成品的利润,应参照已销售的产品利润计算办法计算。因杨某莲于 2007 年 12 月 14 日的明细账记载数额比较粗略,董某胜于2008 年4 月 10 日出具的证明记载数额较为详细,故依据董某胜记载数额计算该部分利润,即(7739. 38 - 7248. 98) ×(648 - 440. 13) = 101, 939. 45 元。(2)关于新增固定资产。其实际为王某入股后用投入的资金购买的机器及其他费用支出,属于王某所投资金进入企业营运后资产重新流转的一种形式,王某所投资金部分已经物化,部分作为支出已经消耗,计入生产成本,其既然要求返还投资款,再要求分配投资款转换成的资产就属于重复分配,故对该项请求法院不予支持。按照双方的协议约定及双方的实际投资数额,王某实际投资 1, 396, 324 元,李某军等 12 人在秦安磁选厂的原投资额共计 270 万元,故王某的实际投资比例为 34% ,其有权按照该比例进行分配。王某投资后,秦安公司实际经营 73 天,其有权分配部分为(687, 902. 00 + 101, 939. 45) ×34% =268, 546. 09 元。王某要求李某军等人返还其投资款被冻结期间利息的请求,没有依据,法院不予支持。

专业点评

公司设立不能是指资金未能按期募足、发起人未按期召开创立大会、创立大会作出不设立公司的决议、没有进行或不给予设立登记等导致公司最终未能设立。公司设立之前,原则上不能以公司名义开展经营活动,在公司设立阶段,发起人只能从事与公司设立相关的必要行为,所以,公司设立不能通常涉及为设立公司而支出的费用或产生的债务的承担,该案涉及公司设立不能,需要解决的是对设立中公司的经营行为如何认定以及对盈利如何处理的问题。在该案中,秦安磁选厂实际以设立中的秦安公司的名义从事生产经营且盈利。设立中公司本质上属于合伙,因此,应依据合伙的相关规定处理发起人之间的纠纷。《公司法解释三》第 4 条规定了公司设立不能时,发起人按出资比例承担该设立阶段产生的债务的情形,但并未规定设立中公司在公司设立阶段从事经营活动产生的盈利如何分配。而《民法典》第 972 条则规定了合伙的利润分配和亏损分担方式。根据《民法典》的规定，对公司设立阶段的盈利分配，与债务承担的规定相同，由发起人按照出资比例进行分配。该案对处理公司设立不能，发起人之间对设立中公司的经营利润及债权的处理具有借鉴意义。

该案中，有关债务和利润的确定，虽然一审法院委托第三方进行的审计由于账目混乱无法出具审计意见，但是法院还是结合各方主体的言词证据，确定了一个相对合理的数额，符合民事诉讼中高度盖然性的证据规则，有利于定分止争，也为我们今后处理类似纠纷提供了举证质证的思路。

法条链接

1.《公司法》(2005 年)①

第四条　公司股东依法享有资产收益、参与重大决策和选择管理者等权利。

2.《公司法解释三》(2011 年)②

第四条　公司因故未成立，债权人请求全体或者部分发起人对设立公司行为所产生的费用和债务承担连带清偿责任的，人民法院应予支持。

部分发起人依照前款规定承担责任后，请求其他发起人分担的，人民法院应当判令其他发起人按照约定的责任承担比例分担责任；没有约定责任承担比例的，按照约定的出资比例分担责任；没有约定出资比例的，按照均等份额分担责任。

因部分发起人的过错导致公司未成立，其他发起人主张其承担设立行为所产生的费用和债务的，人民法院应当根据过错情况，确定过错一方的责任范围。

3.《民法典》

第九百七十二条　合伙的利润分配和亏损分担，按照合伙合同的约定办理；合伙合同没有约定或者约定不明确的，由合伙人协商决定；协商不成的，由合伙人按照实缴出资比例分配、分担；无法确定出资比例的，由合伙人平均分配、分担。

---

① 现已修改为《公司法》(2018 年)第 4 条。

② 现已修改为《公司法解释三》(2020 年)第 4 条。

二、公司设立不能时，公司设立阶段一名发起人对外签订租赁和转租协议产生的差额收益应由发起人按出资比例分配

案件名称

吴某英诉张某莉公司设立纠纷案

案号

一审：（2019）苏0213民初8119号；二审：（2021）苏02民终1283号

裁判要旨

一名发起人为设立公司对外签订租赁合同，应当视为其代表所有发起人或公司签订租赁协议。对于资产转租获得的转让款，应认定该转让款收益归属于所有发起人所开设的公司。因公司实际并未设立，转让款收益权利应归属于发起人。

案情简介

上诉人（原审原告）：吴某英

上诉人（原审被告）：张某莉

原审第三人：章某崧

2005年7月1日，雪浪山公司与张某莉签订《租赁协议书》，约定：雪浪山公司将其拥有的雪浪山"迎仙楼"出租给张某莉经营，张某莉可自行开设集文化、艺术、餐饮等综合性会所；租赁期为12年，雪浪山公司于2005年9月15日起将雪浪山"迎仙楼"交付张某莉使用，至2016年9月14日期满；张某莉投资预算为800万元左右，其可对租赁物进行非破坏结构的装潢和安装设备，但不得影响原建筑风格，费用由张某莉承担；租金支付办法为租赁前3年每年租金5万元，第4年租金为8万元，第5年租金在原来基础上逐年递增3%；租金支付方式为半年支付，即提前一个月支付下半年租金；张某莉实施经营活动，需申领营业执照，雪浪山公司须予以配合，提供有关文件等；张某莉保证依法经营，遵纪守法，严格各项安全措施，如出现意外事故，由张某莉承担责任；张某莉不得擅自转租"迎仙楼"的经营权，如转租须征得雪浪山公司同意并办理相关手续；任何一方未能履行该协议规定的条款，另一方有权提前解除协议，如单方面解除合同，违约方向对方支付违约金500万元等内容。

2006年9月15日，吴某英、张某莉、郁某、章某崧形成1份《御上品高峰会所第一次股东会议内容》，载明：(1)关于股权分割问题。①股东资金投入(待定)：股东张某莉、章某崧、郁某、吴某英；②股权分割比例(待定)：张某莉、章某崧、郁某、吴某英。(2)关于总投资。以实际支付款项计算(含应付款)。(3)关于股东会议时间。暂定每月一次，时间另行约定。(4)关于股东会议内容。汇报每月经营情况，审阅各项财务报表，审批经营费用等。(5)关于经营期间具体事项。①张某莉经董事局任命为该会所法人兼董事长；②郁某经董事局任命为该会所执行董事兼总经理；③郁某全权负责机构人员的配备及薪酬定位；④郁某负责召开董事会，向股东汇报工作情况；⑤郁某负责公司的经营，拟定公司发展方向、年底预结算和分配方案；⑥该会所具体经营事项由郁某全权负责，经营费用一次性在5万元以上需报股东会议同意方可执行；⑦因公需要招待，招待费用根据实际情况由郁某核准和审批；⑧股东签单：提前分成10万元，按股东比例打入卡内，股东因需另行充值可享受该会所最高的优惠政策；⑨郁某薪资为每月5000元。张某莉、章某崧、郁某在落款处签名，吴某英委托其子富某参加并代签"吴某英"名字。

2006年10月，吴某英、张某莉、章某崧、郁某委托王某某办理企业名称预先核准事宜。2008年5月12日，原江苏省无锡市工商行政管理局发出名称预先登记核准通知书，载明：企业名称为御上品公司，拟设立机关为江苏省无锡市滨湖区工商行政管理局，该名称保留期延至2008年11月12日。在保留期内，不得用于从事经营活动，不得转让。拟设立企业股东(发起人或出资人)吴某英、张某莉、章某崧、郁某，出资额均为25万元。名称预先登记核定情况表除载明拟申请企业名称、股东及出资额外，另载明拟设立企业类型为有限公司(自然人控股)，注册资本为100万元，住所地为雪浪生态园。

"御上品高峰会所"实际于2007年1月开业，2009年1月左右停业。

2008年12月29日，吴某英、张某莉、章某崧、郁某向江苏省无锡市滨湖区人民法院(以下简称滨湖法院)起诉，要求雪浪山公司继续履行租赁合同，并赔偿经济损失500万元。该案起诉状事实和理由部分载明：原告系拟设立的"御上品公司"全体股东。2005年7月1日，原告就租赁雪浪山"迎仙楼"经营"御上品公司"事宜与被告签订租赁协议书。合同签订生效后，原告已按约履行了合同义务，被告虽在其对外的景观介绍及行政申报中明确列明原告为其景观之一，但却未能提供原告申办"御上品公司"工商登记所需的相关资料，特别是证明经营场所的房屋所有权证明及土地使用权证明，致使原告在申请企业名称预先核准登记后至今未能申办正式合法的营业执照。2008年11月25日，原江苏省无锡市滨湖区工商行政管理局太湖分局以原告无照(证)经营为由，责令停止违章行为，接受行政处罚。2010 年 4 月 15 日，江苏省无锡市滨湖区人民法院裁定准许吴某英、张某莉、章某菘、郁某撤诉。

2011 年 7 月 11 日，雪浪山公司与张某莉就 2005 年 7 月 1 日的租赁协议书签订《租赁补充协议书》，约定双方同意对租赁期限及租金标准作出如下调整：租赁期限由原期限延长为 2005 年 9 月 15 日至 2025 年 9 月 14 日，租赁期限届满后，张某莉享有同等条件下的优先续租权；2005 年 9 月 16 日至 2016 年 9 月 14 日租金标准按原协议确定的标准执行；2016 年 9 月 15 日至 2025 年 9 月 14 日租金标准为年租金 27 万元，以后每满 3 年年租金递增 10% 等内容。2011 年 7 月 12 日，双方签订《补充协议》，约定双方考虑张某莉经营的稳定性和投资回报周期等诸多因素，经双方协商，同意雪浪山“迎仙楼”租赁经营期限在《租赁补充协议书》确定的基础上再延长 5 年至 2030 年 9 月 14 日，延长期间双方的责任权利等均按 2011 年 7 月 11 日签订的《租赁补充协议书》履行。

2017 年 4 月 15 日，张某莉(转出租方)与曾某琪(受转租方)、担保方章某菘签订《转租租房协议》，约定：张某莉将其依法承租的雪浪山“迎仙楼”房屋转租给曾某琪使用、收益，由曾某琪向张某莉支付租金；张某莉已书面告知出租人，并征得房屋出租人的书面同意；该房屋现有装修、附属设施和设备转让给曾某琪使用；张某莉于 2017 年 5 月 1 日前向曾某琪交付该房屋，转租期限为 2017 年 5 月 1 日起至 2030 年 9 月 14 日，房屋转让费用总计 488 万元(此费用包含 5 年房屋租金，即 2017 年 5 月 1 日至 2022 年 4 月 30 日的租金)；在该协议签订后 3 日内，曾某琪向张某莉支付 100 万元押金，正式签订转租合同后 3 日内，曾某琪向张某莉支付剩余 388 万元。2017 年 4 月 17 日，七酷公司支付给张某莉 100 万元。

2017 年 7 月 24 日，雪浪山公司与张某莉、蛮神公司签订《补充协议》，约定在雪浪山公司与张某莉于 2005 年 7 月 1 日签订的《租赁协议书》及 2011 年 7 月 11 日、12 日签订的补充协议的基础上，签订补充协议，内容包括：因内部股东经营权发生变更，自 2017 年 9 月 16 日至 2030 年 9 月 14 日，承租人张某莉所享有的权利义务由蛮神公司承继并负责，2017 年 9 月 16 日以后的租金由蛮神公司直接支付至雪浪山公司账户，确定为一年一付，先付后用；2017 年 9 月 16 日前，雪浪山公司与张某莉的租金、物资等往来已由雪浪山公司与张某莉结算完毕，今后雪浪山公司与张某莉不再有未了事宜。2017 年 7 月 24 日，张某莉收到转让款 224.2 万元。张某莉收到上述转让款后，付给章某菘 120 万元，章某菘将其中 20 万元支付给郁某。

一审中，七酷公司出具《情况说明》，载明：2017 年 4 月 15 日，许某强、曾某琪曾代表其公司与张某莉、章某菘签订《转租租房协议》。2017 年 4 月 17 日，七酷公司向张某莉转账支付100万元押金。2017年7月24日,蛮神公司(七酷公司全资子公司)与雪浪山公司、张某莉签订补充协议,中止原租赁协议中承租人张某莉所享有的权利义务,由蛮神公司重新和雪浪山公司签署租赁协议,并代租赁者张某莉支付前8年拖欠景区的房租,2017年9月16日之后的租金由蛮神公司直接向雪浪山公司支付。后其公司委派曾某琪依据转租协议,扣除163.8万元,其中包括2017~2022年5年租金135万元(27万元/年)以及前期公司垫付的拖欠房租28.8万元(总共拖欠40万元,后协商支付28.8万元),扣除前期已支付的100万元押金,剩余款项224.2万元支付给张某莉。房屋交接时,房屋状况为装修破损,无办公家具,厨房设施已被拆除,空调已被拆除。房屋交接后,蛮神公司对房屋重新进行了装修。

一审中,雪浪山公司出具《情况说明》,载明:2005年7月1日,其公司与张某莉个人签订《租赁协议书》,约定将雪浪山"迎仙楼"房屋租赁给张某莉个人用于经营。2011年7月11日和12日,其公司和张某莉个人又两次签订补充协议,对租期和租金进行了变更。上述3份协议的出租方均为其公司,承租方均为张某莉个人,实际亦由其公司与张某莉个人进行结算。

此外,根据吴某英与郁某的陈述,其二人均系郁膳房的股东。二人对"御上品高峰会所"的初期投资,因"御上品高峰会所"无法申请银行开户,均打至郁膳房的账户。此外,经二人同意后,由郁膳房的财务向"御上品高峰会所"逐步支付开业前相应款项,包括章某菘需要的装修款、开业以后所有经营亏损。"御上品高峰会所"的所有支出均由郁膳房账户支付,提取到"御上品高峰会所"的款项均为现金,"御上品高峰会所"的收入也打入郁膳房账户。

诉讼过程

因公司设立失败产生纠纷,吴某英以公司设立纠纷为由将张某莉诉至江苏省无锡市梁溪区人民法院,请求判令张某莉向其支付财产转让款125万元及利息。江苏省无锡市梁溪区人民法院一审支持原告部分诉讼请求。后吴某英、张某莉均不服,向江苏省无锡市中级人民法院提起上诉,二审判决驳回上诉,维持原判。

裁判结果

一审判决:(1)张某莉于此判决发生法律效力之日起10日内给付吴某英56.05万元及利息;(2)驳回吴某英的其他诉讼请求。

二审判决:驳回上诉,维持原判。

主要争点

吴某英向一审法院起诉请求:判令张某莉向其支付财产转让款125万元及利息(自2019年7月17日起至实际给付之日止,以125万元为基数,按全国银行间同业拆借中心公布的贷款市场报价利率计算)。

吴某英上诉请求:(1)改判张某莉向吴某英给付68.06万元及该款利息(自2019年7月17日起至2019年8月19日止,按银行同期同类贷款利率计算;自2019年8月20日起至实际给付之日止,按全国银行间同业拆借中心公布的贷款市场报价利率计算);(2)一审、二审诉讼费用由张某莉负担。事实和理由如下:一审判决对案涉财产转让款分配计算错误,且章某崧重复受偿分配款。(1)张某莉收到案涉转让款324.2万元,因郁某、吴某英、张某莉、章某崧4人出资比例、金额不确定,而在原工商行政管理机关的材料中明确4人出资比例相同,故转让款应在4人中平分。(2)张某莉收取的324.2万元扣除诉前已支付给章某崧的120万元,余款为204.2万元。因章某崧已受偿120万元(已包含章某崧本人应得款项以及诉前支付给郁某的20万元),故章某崧在该案中无权再从204.2万元中重复受偿,即204.2万元应在吴某英、郁某以及张某莉3人之间平分。据此,吴某英应得68.06万元,而非一审法院认定的金额。

张某莉辩称,请求驳回吴某英的上诉请求。即使认为案涉资产转让款是合伙财产,此前支付给章某崧的120万元也并非向章某崧分配合伙财产,而是支付合伙期间的债务,因此不能视为章某崧已获得分配款,案涉财产转让款应在4名合伙人之间分配。

张某莉上诉请求撤销一审判决,改判驳回吴某英的一审诉讼请求。事实和理由如下:(1)案涉转让款为张某莉个人财产,并非合伙财产,不应向吴某英等分配。①该案收益款系张某莉对外转让雪浪山“迎仙楼”承租权所得,而承租权益来源于张某莉与雪浪山公司于2011年签订的《租赁补充协议书》。虽然该协议从形式上看是对2005年《租赁协议书》的延续,但实质内容与原合伙事宜无关,出租方对承租方引进品牌等提出了新的要求,合同期限在原期限的基础上进行了延长,租金标准进行了更改,且该协议的商谈亦无其他合伙人合意和参与。②张某莉于2005年与雪浪山公司签订的租赁协议期限为2005年9月至2016年9月,而张某莉对外转让合同权益是在2017年4月,显然转让行为与合伙权益无关。(2)退一步讲,即使认定案涉财产转让款为合伙共同收益,一审法院的处理也不符合法律规定。①从程序上看,吴某英的诉讼请求实质是对转让款收益进行分配,但是公司并未设立成功,各发起人之间的权益应按照合伙关系处理。在吴某英并未提起解除合伙关系,且未对合伙财产进行清算的情况下,尚不具备分配合伙财产的条件。而且,吴某英仅是将张某莉列为唯一被告,未将其他两位发起人列为共同被告,不符合诉讼程序要求。②如要处理合伙财产分配事宜,应首先查清各合伙人之间的出资情况,厘清合伙的债权债务情况,不应采取简单的平均主义。吴某英应举证证明其出资情况,不能举证的,应视为吴某英未出资。③该案转让款收益应扣除张某莉支出的中介费58万元以及污水处理费39万元。张某莉确实支出了58万元中介费,并提供了转账凭证,章某崧也予以确认。张某莉虽然就39万元污水处理费未能提供付款凭证,但确系张某莉进行了维护,可通过评估或酌定的方式确定相应金额。

吴某英辩称,请求驳回张某莉的上诉请求。理由如下:(1)吴某英要求分配转让款并不以清算为前提。吴某英并未提出清算合伙体的主张,仅是认为应对张某莉转让财产所得款项进行分配,而且张某莉转让合伙财产的事实有相应证据予以证明。如张某莉认为应当清算,应由张某莉对清算情况举证。实际上,章某崧否认有合伙经营体的账册,该案缺乏清算的条件。(2)吴某英不认可张某莉关于支付给章某崧的120万元为支付合伙债务的陈述。张某莉在向章某崧支付120万元前,并未征得郁某、吴某英的同意。而且,章某崧作为投资人,本身就有出资、投资义务。在章某崧履行出资义务之前,没有权利就合伙债务受偿。(3)张某莉所称的中介费和污水处理费缺乏证据证明。

章某崧二审未作陈述。

综上所述,该案争议焦点为:(1)张某莉转租"迎仙楼"房屋所获得的转让款是否为其个人财产;(2)张某莉获得并应在4名发起人之间分配的转让款应否扣除中介费58万元以及污水处理费39万元;(3)如认定转让款是4人合伙收益,吴某英主张分配转让款是否以御上品会所的清算为前提;(4)张某莉持有的204.2万元在分配时应否扣除章某崧的部分而在剩余3人之间分配;(5)吴某英的分配比例如何确定。

裁判说理

一审法院认为,关于吴某英身份,虽然在《御上品高峰会所第一次股东会议内容》由吴某英儿子富某代签"吴某英"之名,但"股东"明确为吴某英,且由4人共同向江苏省无锡市滨湖区人民法院提起了相应的诉讼,张某莉是明知的,郁某、章某菘亦无异议并实际出资,故可以认定吴某英为拟设立的"御上品公司"的发起人。

关于张某莉与雪浪山公司之间签订租赁合同与拟设立的"御上品公司"的关系。2008年12月29日,吴某英、张某莉、章某菘、郁某共同向江苏省无锡市滨湖区人民法院起诉,要求雪浪山公司继续履行租赁合同,并赔偿经济损失500万元,在起诉状事实和理由部分载明:“原告系拟设立的‘御上品公司’的全体股东,2005 年 7 月 1 日,原告就租赁雪浪山‘迎仙楼’经营‘御上品公司’事宜与被告签订《租赁协议书》。”张某莉作为 4 名原告之一,对因设立“御上品公司”而签订租赁合同明确予以确认,且经过 4 人的共同投资,对“御上品公司”进行了实际经营。明显可以看出,张某莉与雪浪山公司签订租赁合同,是张某莉、章某菘、郁某等为共同设立“御上品公司”,由张某莉作为代表与雪浪山公司签订的租赁合同。签订合同之后,吴某英、张某莉、章某菘、郁某 4 人共同投资,对经营场所进行了装潢等,并进行实际的经营活动,故场所租赁权及场所内的所有资产为“御上品公司”财产,因公司未正式成立,即为公司发起人吴某英、张某莉、章某菘、郁某 4 人的共同财产。

关于吴某英是否有权向张某莉主张分割转让款。张某莉于 2011 年 7 月与雪浪山公司签订的《租赁补充协议书》《补充协议》明确是对 2005 年 7 月 1 日《租赁协议书》的补充,即张某莉代表“御上品公司”与出租方签订了协议,约定租赁期至 2030 年 9 月 14 日。“御上品公司”停止实际经营后,发起人并未对场所内财产及债权债务进行清理,场所租赁权、场所内的财产包括装修、家具、空调和设备等均由发起人投资,仍为发起人所共有,任何一方未经所有发起人同意,不得擅自处理。而在未对场所内财产进行清理及征得除章某菘外其他发起人同意的情况下,张某莉即将共有的租赁权与场所内财产进行转让,转租租房协议中明确包含装修、附属设施和设备,侵害了其他发起人的权益。从该案审理情况看,因公司未正式设立,没有银行账户和完善的财务制度,但却进行了实际经营活动;前期投资款未统一给付和管理,各发起人资金使用分散,有直接购买物品、单独装潢,部分资金、账户与郁膳房混同等情形,4 人对前期及整个经营期间投资款项说法不一,且均未能提供证据证明明确的投资金额;对于经营期间账册,各发起人均无法提供,无法予以审计;经营场所包括场所内财产亦已转让,无法进行评估。由此,事实上不可能对“御上品公司”进行清理。在此情形下,张某莉所得转让款为“御上品公司”所余最后财产,应为 4 名发起人共同所有,张某莉个人无权单独占有,何况现有财产的内部分配并不影响将来可能发生的对外债务的承担。同时,该案当事人诉讼主张为分割转让款项,故张某莉应将所得款项按份额返还其他发起人。张某莉辩称应在清理完毕后,仍有利润才按出资比例进行分配的意见,法院不予采纳。

关于可以主张的转让款范围及份额。根据张某莉与蛮神公司签订的协议、七酷公司出具的情况说明,结合张某莉银行账户明细,可以认定张某莉实际共收到转让款 324.2 万元。因 4 人出资金额、比例等不能确定,而在向原工商行政管理机关申请材料中明确 4 人出资比例相同,故转让款应予平分。张某莉称收到款后,支付给封某介绍费58万元,但未提供封某从中居间介绍的依据,亦不能证明费用的必要性和合理性,该款项不能扣除。张某莉称支付了污水处理费39万元,但未提供支付凭证,更不能说明施工单位,该款项亦不能扣除。张某莉称,郁某搬走了会所内的财产,但同时又称会所的转让包含了整个建筑里的家具、空调、床上用品等,而其提供的证人证言并不能有效证明郁某搬走空调等物品,亦不能说明其价值。另外,章某菘也搬过物品,故其所称证据不足。张某莉收到转让款后,已支付给章某菘120万元(含已支付给郁某的20万元),吴某英、郁某对此无异议,且两人仅向张某莉主张权利,故就张某莉持有的204.2万元进行分割。

关于吴某英主张"因低价转让造成其损失"的赔偿。吴某英认为,张某莉转让价格过低,转让的合理价格应为500万元,故向张某莉就其中的差价主张损害赔偿,但吴某英未提供相应证据证明500万元的合理性,按照"谁主张谁举证"原则,吴某英应承担举证不能的责任。更何况租赁场所长期闲置,吴某英不积极和其他发起人一起采取有效措施,导致财产价值下降,亦应承担相应的责任。对该部分诉讼请求,法院不予支持。

二审法院认为,该案二审的争议焦点为:(1)张某莉转租"迎仙楼"房屋所获得的转让款是否为其个人财产;(2)张某莉获得并应在4名发起人之间分配的转让款应否扣除中介费58万元以及污水处理费39万元;(3)如认定转让款是4人合伙收益,吴某英主张分配转让款是否以御上品会所的清算为前提;(4)张某莉持有的204.2万元在分配时应否扣除章某崧的部分而在剩余3人之间分配;(5)吴某英的分配比例如何确定。

关于第一个争议焦点,法院认为,张某莉转租"迎仙楼"所获得的转让款并非其个人财产。虽然张某莉于2015年7月1日与雪浪山公司签订了"迎仙楼"租赁协议,但是在2008年12月29日,张某莉、吴某英、郁某、章某崧4人作为共同原告向江苏省无锡市滨湖区人民法院起诉,要求雪浪山公司继续履行上述租赁协议,说明各方实际认可"迎仙楼"系4人或者4人拟设立的公司承租。而且,根据张某莉在二审中的陈述,是在"迎仙楼"开设御上品会所,而御上品会所又是4人拟设立的公司。因此,应认定张某莉实际是代表4人或御上品会所与雪浪山公司签订租赁协议。2011年7月11日,张某莉与雪浪山公司签订《租赁补充协议书》,是针对此前的租赁期限及租金标准进行调整,是对原租赁协议的延续,仍应认定张某莉是作为4人或御上品会所代表与雪浪山公司达成协议。2017年,张某莉将"迎仙楼"房屋转租并获得转让款,张某莉也认可该转让款的价值包含了御上品会所的装修等,应认定该转让款收益归属于4人所开设的御上品会所。因"御上品公司"实际并未设立,且御上品会所已停业,上述转让款收益权利应归属于发起人。

关于第二个争议焦点,法院认为,张某莉主张应在获得的转让款中扣除中介费58万元,但并未提供他人进行居间服务的依据。而且,如因“迎仙楼”转让需要支付中介,也应该经4人同意,现吴某英对此不予认可,张某莉也无法提供4人一致同意的依据,故张某莉要求扣除中介费58万元的主张不能成立。关于污水处理费,张某莉既未提供污水处理的相应证据,也未提供支付该部分费用的依据,对该主张,法院亦不予支持。

关于第三个争议焦点,法院认为,根据一审查明的事实,4人对于出资款项陈述不一,拟设立的公司亦未设立,所投入的款项亦未统一管理,现又无法提供账册,且“迎仙楼”房屋以及附属装修也已转让,对御上品会所的财务进行审计以及对资产进行评估都已无法实现。因此,现阶段难以进行清算。虽然无法清算,但是因转让款的价值指向的是“迎仙楼”的转租及相应的装修等,张某莉无权个人占有该部分款项,在御上品会所早已不经营的情况下,上述转让款可以先行内部分配。

关于第四个争议焦点,法院认为,虽然各方实际认可张某莉获得转让款后将100万元支付给了章某崧,但就该部分款项的性质,各方并未形成统一意见,尤其是张某莉和章某崧并未认可上述款项是向章某崧分配的转让款,而该案中吴某英仅向张某莉主张权利,故现有条件下只能将张某莉实际占有的224.2万元在4人之间分配。至于章某崧所获得的款项如何处理,应由4人协商确定,法院不予处理。

关于第五个争议焦点,法院认为,张某莉称吴某英不应按照25%分配,但是又无法明确吴某英的出资比例,应承担举证不能的后果。在诉讼中,各方对于出资情况陈述不一,且款项往来混乱,一审法院结合原工商行政管理机关申请材料中明确的4人出资比例确定4人份额相等,并无不当。据此,吴某英的分配比例可确定为25%。

专业点评

该案中,其中一名发起人为设立公司对外签订租赁合同,应当视为其代表所有发起人或公司签订租赁协议。发起人作为共同原告以履行租赁协议向法院起诉,说明各方实际认可承租资产是为拟设立的公司承租。对租赁期限及租金标准进行的调整,是对原租赁协议的延续,仍应认定该发起人是作为所有发起人或公司的代表对外达成协议。因此,若将此资产转租并获得转让款,应认定该转让款收益归属于所有发起人所开设的公司。因公司实际并未设立,转让款收益权利应归属于发起人。

法条链接

1.《合同法》①

第八条　依法成立的合同,对当事人具有法律约束力。当事人应当按照约定履行自己的义务,不得擅自变更或者解除合同。

依法成立的合同,受法律保护。

2.《物权法》②

第一百零四条　按份共有人对共有的不动产或者动产享有的份额,没有约定或者约定不明确的,按照出资额确定;不能确定出资额的,视为等额享有。

3.《公司法解释三》(2020 年)

第一条　为设立公司而签署公司章程、向公司认购出资或者股份并履行公司设立职责的人,应当认定为公司的发起人,包括有限责任公司设立时的股东。

三、注意区分合作关系的合意与发起人设立公司的合意

案件名称

融元公司诉金凯公司、弘美丽岛公司、德怡和公司合作开发房地产合同纠纷案

案号

一审:(2012)三亚民二初(重)字第 1 号;二审:(2012)琼民二终字第 211 号

裁判要旨

公司发起人达成设立公司的合意是认定公司设立纠纷的前提,若当事人之间仅达成合作关系的合意,则不宜认定为公司设立纠纷。对于协议类书面文件效力的认定,不应局限于协议的名称,应从协议的法律实质出发,确定是否具有设立公司的目的。

① 现已修改为《民法典》第 119 条。

② 现已修改为《民法典》第 309 条。

案情简介

上诉人(原审原告、反诉被告):融元公司

上诉人(原审被告、反诉原告):金凯公司

原审第三人:弘美丽岛公司

原审第三人:德怡和公司

2008年8月26日,融元公司与金凯公司签订一份《项目合作协议》,约定:双方愿意在金凯公司拥有的位于海南省三亚市荔枝沟镇坡顶园地块上共同开发建设高档商品房住宅项目,合作项目暂定名为"三亚名典花园"、"三亚凯旋花园"或"三亚和欣花园",该商业住宅总投资额概算为1.25亿元;双方共同组建项目公司,融元公司以现金认缴出资,金凯公司以土地认缴出资,公司注册资本为1000万元;金凯公司提供位于海南省三亚市荔枝沟镇坡顶园证号为三土房(2008)字第3519号地块中的30亩工业用地入股至双方共同组建的项目公司,该土地的属性为国有工业用地,根据海南省三亚市城市规划可将该地调整变性为居住用地,融元公司提供该项目的全部建设资金;金凯公司占项目公司40%份额,融元公司占60%份额,新的项目公司暂定为"海南凯旋地产开发有限公司",公司经营范围包括房地产开发等,并向有关部门申报房地产开发资质,新项目公司法定代表人暂由金凯公司委派;项目土地完成土地变性审批工作后(从工业用地调整至住宅用地),融元公司支付所有土地变性费用给政府相关部门及金凯公司的费用后,项目公司法定代表人变更为融元公司的指定人选,则金凯公司在公司的股份权益从40%调整为15%[该15%的股份权益具体表现为整个项目建设完成后获得15%的住宅房产(毛坯房)],融元公司在公司的股份权益从60%调整为85%,即获得剩余85%的房产;如下一步金凯公司再增加30亩合作土地,融元公司应再追加1000万元的合作款项,并按总开发面积的15%分房给金凯公司;双方同意协议生效后3个月内完成土地入股、土地变性及规划技术指标的申报工作,协议签订30日内金凯公司将该工业用地入股至项目公司,并及时申报办理变更登记手续,变更登记的费用由融元公司承担;合作公司成立后,金凯公司的土地权属转移为项目公司所有,经股东会过半数同意后,可对公司的土地进行开发建设;金凯公司的义务是负责将此土地变更为住宅用地,建筑容积率不低于2.0,将项目土地取得的证明文件全部移交公司,并将项目土地过户至公司名下,及时处理解决项目用地发生的其他争议及承担由此造成的相应法律责任,积极做好项目建设相关业务工作(包括但不限于土地入股、土地变性、规划技术指标的申报等);融元公司的义务是在签订协议当日支付500万元给金凯公司作为履行协议的保证金,并向工商管理登记部门申报新项目公司的成立和向公司注入注册资本金,在出资土地权属变更至项目公司名下且土地属性从工业用地转变为住宅用地审批后，3个工作日之内融元公司再次支付500万元给金凯公司，金凯公司出具共计1000万元的收款票据给融元公司，作为金凯公司将其持有公司的25%股权对内转让给融元公司的股款，同时金凯公司在公司的持股减少至15%，融元公司承担项目立项、报建和工程建设所需的全部资金，并确保从建设项目施工许可证颁发之日起两年之内修建总建筑面积15%的毛坯房产交给金凯公司；双方必须认真履行协议中所有条款，不得违约，如违反协议书中的特别条款、第5条、第6条各方义务中的任何一款，均视为严重违约，违约方除如数返还守约方所有投入之外，还要根据违约的不同情节支付金额不等的违约金，即如该协议生效后3个月内，金凯公司未能将该土地过户至公司名下，并无法将土地变更为国有出让住宅用地，容积率不能达到不低于2.0的要求，均视为金凯公司违约，金凯公司除应继续及时办理上述手续外，还要支付100万元的违约金给融元公司，若融元公司不能按公司成立的要求足额出资到位，除应缴出资款外，还应向金凯公司支付实际投入额20%的违约金，融元公司不能按上述约定在规定的时间内将金凯公司应分得的房产交由金凯公司，每延迟一日处罚5000元，直至交付为止。2008年8月26日，融元公司向金凯公司承诺：金凯公司若愿意解除在三土房(2008)字第3519号地块上与原合作方(韩某达)的合同关系，愿意将另外30亩地与融元公司继续合作，那么融元公司愿意承担因解除原合作关系所产生的赔偿款项的50%，但该笔赔偿款项的数量必须先由融元公司认可。合同签订的当日，融元公司向金凯公司支付了500万元的履约保证金。

2009年11月3日，金凯公司又将涉案土地作为出资与吕某山、弘美丽岛公司签订了项目投资入股合同书，并组建了项目合作公司(第三人德怡和公司)。其后，融元公司发现金凯公司办理涉案土地出资过户给德怡和公司，于2009年12月20日向法院提出诉前财产保全申请。法院于2009年12月24日作出(2010)三亚民保字第1号民事裁定，对涉案土地进行查封，现涉案土地仍登记在金凯公司名下。另查明：2007年8月8日和10日，金凯公司与案外人韩某达签订《合作合同》及《合作合同的补充协议》，约定金凯公司将包括涉案土地在内的用地作为出资，韩某达现金出资，共同设立“三亚金凯汽车工业有限公司”，建设汽车项目示范工程。2009年8月27日，金凯公司与案外人韩某达签订解除协议书，向韩某达支付1000万元。

诉讼过程

因协议履行产生纠纷，融元公司以房地产合同纠纷诉金凯公司至海南省三亚市中级人民法院。该案经裁判后被发回海南省三亚市中级人民法院重审。融元公司请求判令确认《项目合作协议》有效,海南省三亚市中级人民法院重审判决支持原告部分诉讼请求。后融元公司及金凯公司均不服重审判决,向海南省高级人民法院提起上诉,被判决部分维持原判,双方继续履行协议。

裁判结果

一审判决:(1)确认融元公司与金凯公司于2008年8月26日签订的《项目合作协议》为公司设立合同,且合法有效;(2)金凯公司应于判决发生法律效力之日起15日内向融元公司支付违约金100万元;(3)驳回融元公司的其他诉讼请求;(4)驳回金凯公司的反诉请求。本诉案件受理费87,800元,由融元公司负担52,680元,由金凯公司负担35,120元,保全费5000元由金凯公司负担;反诉案件受理费55,900元,由金凯公司负担。

二审判决:(1)维持海南省三亚市中级人民法院(2012)三亚民二初(重)字第1号民事判决第2项、第4项;(2)撤销海南省三亚市中级人民法院(2012)三亚民二初(重)字第1号民事判决第1项、第3项;(3)融元公司与金凯公司于2008年8月26日签订的《项目合作协议》合法有效,双方应当继续履行;(4)驳回融元公司的其他诉讼请求。

主要争点

融元公司的诉讼请求为:(1)确认其与金凯公司于2008年8月26日签订的《项目合作协议》为土地使用权转让协议,且合法有效;(2)判令金凯公司将登记在其名下的位于海南省三亚市荔枝沟镇坡顶园自西向东30亩土地的使用权过户至融元公司名下,过户费用由双方依法承担;(3)判令金凯公司支付其违约金100万元。

金凯公司提出反诉,请求:(1)解除双方于2008年8月26日签订的《项目合作协议》;(2)融元公司已付500万元履约保证金归金凯公司所有;(3)融元公司赔偿金凯公司违约损失1000万元。

融元公司上诉称:原审判决认定《项目合作协议》的性质存在错误,导致不判令将项目土地过户至融元公司名下错误。主要理由是:(1)《项目合作协议》的性质应为土地使用权转让合同。该协议约定的项目公司只是实现合同目的的一个手段,原审判决将协议认定为"公司设立合同"是错误的,原审没有认识到该协议的目的是完成土地使用权的转让。

第一,融元公司与金凯公司签订的《项目合作协议》应认定为土地使用权转让合同。最高人民法院《关于审理涉及国有土地使用权合同纠纷案件适用法律问题的解释》第 24 条的规定:“合作开发房地产合同约定提供土地使用权的当事人不承担经营风险,只收取固定利益的,应当认定为土地使用权转让合同。”该协议中金凯公司是否承担经营风险,是否收取固定收益是认定该合同性质的关键。该案中,金凯公司分三次取得利益:第一次是合同签订当日融元公司向金凯公司支付 500 万元(已经支付);第二次是金凯公司的土地使用权办理变更登记至项目公司名下,融元公司再向金凯公司支付 500 万元(未支付);第三次是房屋建成后,金凯公司取得 15% 的房产。以上三笔收益属于金凯公司固定收益,无论项目盈利或者亏损,金凯公司都将固定收取以上三笔收益。也就是说,金凯公司以 1000 万元的固定收益加上项目 15% 的房产作为对价把该案所涉的土地转让给融元公司。具体如下:金凯公司收取的 1000 万元属于固定收益,排除了该案的《项目合作协议》属于合作开发房地产合同的可能性,因为合作开发是共享利润,而金凯公司在利润还未产生之时取得 1000 万元,因此应认定为“买卖”而不是“合作”。另外,金凯公司取得 15% 的房产也属于固定收益,最高人民法院《关于审理涉及国有土地使用权合同纠纷案件适用法律问题的解释》第 25 条的规定:“合作开发房地产合同约定提供资金的当事人不承担经营风险,只分配固定数量房屋的,应当认定为房屋买卖合同。”该条实际上确认了房屋属于固定收益。

第二,项目公司的成立,金凯公司占有项目公司一定的股份,均是服务于土地使用权转让法律关系,属于履行土地使用权转让合同的方法和手段,并不改变《项目合作协议》的土地使用权合同性质。金凯公司作为项目公司的股东,无须承担任何风险,排除了《项目合作协议》的性质属于公司设立合同的可能性。诉争土地应该过户至融元公司名下。《项目合作协议》约定将 30 亩土地过户至项目公司名下,但因金凯公司不按约履行义务,导致项目公司尚未成立,融元公司不能依约诉请土地使用权过户至项目公司名下,但不能免除金凯公司在土地使用权转让关系中将土地使用权过户至权利人名下的主合同义务。按照《项目合作协议》的约定,如果继续履行该协议,在不分割的情况下,诉争土地应该由金凯公司和融元公司按份共有,金凯公司占有 15% 的份额,融元公司占有 85% 的份额。融元公司请求改判:确认融元公司与金凯公司于 2008 年 8 月 26 日签订的《项目合作协议》为土地使用权转让合同;金凯公司立即将登记在其名下的位于海南省三亚市荔枝沟镇坡顶园自西向东 30 亩土地使用权办理变更登记到融元公司和金凯公司名下,在不分割的情况下,融元公司占有 85% 的份额,金凯公司占有 15% 的份额,过户税费由融元公司、金凯公司依法承担。

金凯公司答辩称:(1)该案案由定性为合资设立公司纠纷是准确的。融元公司主张原审法院案由定性错误,没有合同和法律依据。从合同的明确约定和实际履行情况来看,涉案的《项目合作协议》确实是名为"项目合作",实为"合资设立公司"。第一,《项目合作协议》第3条"合作方式"约定,由甲方(金凯公司)将上述项目的工业用地入股至双方共同组建的项目公司,乙方(融元公司)负责提供该项目的全部建设资金。双方依照投资比例共担风险、共享收益的形式进行合作开发。该合同条款非常明确地规定了双方共同投资并组建项目公司的经营方式,即依照投资比例共担风险、共享收益。融元公司认为金凯公司"不承担经营风险,只收取固定利益"没有任何事实依据。第二,《项目合作协议》详细约定了项目公司的名称、注册资金、股东结构、出资方式、股权比例、管理方式等内容,并紧紧围绕项目公司的设立、运营和权益分配约定了各自的权利和义务,从而在履行合同的具体方式上表现出"合资设立公司"的合同本质。第三,金凯公司以土地出资入股项目公司,并非"只收取固定利益"。融元公司将项目公司的"投资所得和利润分配模式"混同于"只收取固定利益",将履约保证金和股权回购款混同于"只收取固定利益",是对合同的曲解。所谓的"固定利益",应当是一个明确的对价,即金凯公司提供合作土地,融元公司支付相应的土地对价给金凯公司,金凯公司不参与合作项目的开发、管理、销售等全部环节,也不承担经营风险。结合该案,融元公司第一次支付的500万元,其明确指向是该合同的履约保证金,不是利益分配。第二笔500万元连同第一次的500万元保证金,再加上融元公司向相关部门缴纳的土地变性费用,是融元公司收购金凯公司持有项目公司25%股权的股权转让款。金凯公司将其持有的项目公司25%股权过户给融元公司,理应获得股权转让之对价,并非收取固定利益。之后,金凯公司仍然持有项目公司15%的股权,仍然参与公司经营,行使15%的股东权利。最终分得15%的房产,是金凯公司在项目公司的投资回报和利润分配。而这个投资回报,只是双方在项目公司中的一个基本利润分配,并不是一个明确的对价,它具有很多不确定因素,包括房价的起伏、税收政策的变化、销售管理的控制等,都可以导致金凯公司投资收益产生变化。甚至项目公司出现无法建成房屋的失败经营,或者因经营风险所建成房屋被他人查封、执行,又或者自然灾害诸如地震、火灾引发的不可抗力因素,均可以导致金凯公司在项目公司的投资"血本无归"。因此,原审判决将《项目合作协议》定性为名为"项目合作"实为"合资设立公司",将该案案由定性为合资设立公司纠纷,事实清楚,理由充分。(2)融元公司请求将金凯公司的土地直接过户至其名下,没有任何合同依据和法律依据。双方在《项目合作协议》中仅仅约定了金凯公司将其自有的30亩工业用地入股至双方共同组建的项目公司,没有任何一个合同条款提及可以将土地直接过户给融元公司。综上所述,该案一审判决所确认的案由正确,驳回融元公司的诉讼请求,有合同依据和法律依据,但其判决内容严重缺乏可执行性和合理性。既然双方已经没有意愿继续履行《项目合作协议》,且因为公司的设立不适宜强制履行,也根本无法强制履行,故应立即解除《项目合作协议》。请求二审法院查明该案事实,驳回融元公司的上诉请求,依法解除《项目合作协议》。

金凯公司上诉称:原审判决认定的案由正确,但适用法律错误,判决的内容严重缺乏可执行性和合理性。(1)该案案由定性准确。《项目合作协议》对双方项目公司的设立方式、股权结构、运营方式等作出了明确表述,并约定了各自的权利和义务。因此,《项目合作协议》名为项目合作,实为合资设立公司。该案由经(2011)琼民一终字第30号民事裁定确认。(2)一审判决缺乏可执行性和合理性,二审应改判解除《项目合作协议》。一审虽然确认了《项目合作协议》合法有效,却未对《项目合作协议》的履行问题进行判决,反而驳回了金凯公司解除合同的反诉请求。金凯公司与融元公司均没有意愿设立新的项目公司,也不可能执行新公司设立的章程制定、董事会组成、资金投入等具体事项。这样一来,双方必然陷入无休止的诉争,最终导致项目公司的资金、土地被无限期搁置,给双方当事人都带来不可估量的损失。法院在审理合同效力的时候,应当在合同被确认有效或无效之后,明确合同善后处理。该案设立公司属于不能适用强制履行的标的,法院从是否有利于执行以及是否有利于案结事了等方面综合衡量,完全可以得出设立公司这种人合及资合的民事行为无法继续履行的合理结论,进而应该在双方明确不再设立新的项目公司的前提下,判决立即解除合同,再另行通过补偿、违约责任的承担等合法方式以平衡各方当事人的权益。该案只有依法解除《项目合作协议》,并明确违约责任的承担,才能对合同当事人进行必要的补救。(3)融元公司在履行《项目合作协议》过程中没有设立项目公司,严重违约,致使合同无法履行,融元公司应予以赔偿。《项目合作协议》约定设立项目公司属于融元公司的义务,但融元公司并没有履行申请设立项目公司的义务。金凯公司为了履行《项目合作协议》,与原合作伙伴韩某达签订了《解除合作协议书》,并补偿给韩某达500万元。由于融元公司的严重违约导致金凯公司名下的土地长期没有任何收益,且已实际损失500万元,故融元公司应赔偿金凯公司500万元损失。(4)一审判决金凯公司向融元公司支付违约金100万元,没有合同和法律依据。依据《项目合作协议》第10条的约定,金凯公司履行土地过户应是以融元公司成立项目公司为前提,由于融元公司违约未设立项目公司,导致金凯公司无法将土地过户到项目公司名下,也无法按约定将过户到项目公司名下的土地变性。因融元公司原因导致金凯公司无法继续履行合同,金凯公司不应承担责任。为了减少损失，金凯公司不得不为土地另寻合作伙伴，这是一种正当的救济行为。一审法院判决忽视融元公司违约未申请设立项目公司，导致金凯公司无法履行义务的重要事实，混淆了金凯公司履行义务的前提条件。因此，一审法院判决金凯公司承担违约责任是错误的，没有任何合同和法律依据。金凯公司请求解除金凯公司与融元公司于2008年8月26日签订的《项目合作协议》，判令融元公司赔偿金凯公司损失500万元。

融元公司答辩称：(1)原审判决认定金凯公司违约应承担违约责任而融元公司没有违约是正确的。《项目合作协议》签订后，因金凯公司未按约指派项目公司的法定代表人，不签署公司名称预先(变更)核准申请书，不向融元公司签发设立公司的授权委托书，致使融元公司无法向工商管理登记机关申请办理项目公司的设立登记。特别是金凯公司将诉争土地转让给融元公司并收取了融元公司款项后，为了谋求更大的利益，又将诉争土地另行与他人合作，并欲将诉争土地过户至他人名下。金凯公司违背诚信，恶意违约是显而易见的。融元公司在合同签订后，按约向金凯公司支付500万元，积极推动合同的继续履行。金凯公司未履行前述先行义务，导致融元公司不能按约申请设立项目公司，推进合同的履行。因此，融元公司基于先履行抗辩权，未能向工商部门申请设立项目公司的行为不属于违约。(2)金凯公司主张《项目合作协议》应予解除，不应获得支持。金凯公司以诉争合同关于成立项目公司不适合强制履行为由，要求解除合同的理由不成立。金凯公司恶意规避履行合同义务，并以其违约行为为由主张解除合同，无论是从诚实信用的原则出发，还是从法律的具体规定来看，均不应获支持。该案的《项目合作协议》名为合作开发，实为土地使用权转让合同。成立项目公司仅是实现土地使用权转让的一个手段和部分内容，其服务于实现土地使用权转让的目的。因金凯公司不按约履行义务，致使项目公司尚未成立，融元公司无法依约诉请成立项目公司和将土地过户至项目公司名下，融元公司基于实现合同目的、合同全面履行的原则，依据法律规定请求金凯公司履行将土地过户至受让方名下的主合同义务，应获支持。融元公司作为守约方，请求继续履行合同应该得到支持。请求法庭在处理该案时，以诚实信用原则为指导，抓住合同实质内容，利用合同性质、法律规定补正约定和履行中的瑕疵，实现生效合同得以履行之目的，以彰显惩恶扬善、维护交易安全之司法价值。

原审第三人弘美丽岛公司、德怡和公司共同述称：(1)合同属于合资设立公司合同。两名上诉人所签订的《项目合作协议》不管有多少其他合同权利义务，也必须在合作联合体设立之后才能享有和履行，联合体没有成立，双方依然停留在“设立申请人”地位，所以合同定性为“合资设立公司合同”正确。我国《公司法》也只规定了股东有出资义务,没有规定设立申请人的出资义务。只有在金凯公司从“设立申请人”转变为“股东”后,才应当履行出资义务。既然联合体没有成立,双方均无须承担联合体成立之后的相关义务。(2)土地使用权过户是项目公司设立后合同履行的问题,融元公司在项目公司尚未设立的情况下,提出土地使用权过户,没有法律和合同依据。无论该案的合同定性为何种性质,融元公司的诉讼请求均无法获得支持。(3)合同无法履行,应该解除。合作设立公司的行为,具有法律上的“不可强制履行”的性质,不可强制履行即可提出解除抗辩,因此金凯公司解除合同的抗辩或请求符合法律规定,依法应当得到支持。

综上所述,该案争议焦点为:(1)协议的性质及效力问题;(2)双方的违约责任问题;(3)协议应继续履行还是解除问题。

裁判说理

一审法院认为:(1)关于合同的性质及效力问题。有限责任公司的设立是设立人从相互协商拟创办公司至办理工商注册登记并领取企业法人营业执照期间内的全部活动过程,具体包括订立设立协议、制定公司章程、缴纳出资、组建公司机构、办理公司登记等一系列法律行为。虽然融元公司和金凯公司所签合同名为《项目合作协议》,但双方在该合同中约定成立有限责任公司性质的项目公司,将其暂定名为“海南凯旋地产开发有限公司”,公司注册资本为1000万元,由金凯公司以土地使用权作为出资,而融元公司以货币作为出资,金凯公司占项目公司40%份额,融元公司占60%份额。从前述合同主要条款来看,涉案合同应视为以“项目合作”为名,以“合资设立公司”为实的合同,即双方所签合同为公司设立合同。而合作开发房地产合同,是指当事人订立的以提供出让土地使用权、资金等作为共同投资,共享利润、共担风险,以合作开发房地产为基本内容的协议。土地使用权转让合同,是指土地使用权人将建设用地使用权转让给他人,受让人支付价款的合同。该案所涉合同主要是对融元公司和金凯公司出资成立新公司经营房地产项目进行约定,显然超出了合作开发房地产合同和土地使用权转让合同约定的内容,符合公司设立合同的法律特征。因此,融元公司主张《项目合作协议》为土地使用权转让合同、第三人主张该协议为合作开发房地产合同,都没有法律依据。融元公司与金凯公司签订的《项目合作协议》经双方充分协商,其内容是双方当事人的真实意思表示,且不违反法律、行政法规的强制性规定,应认定为有效合同。《项目合作协议》约定改变土地用途、出资设立项目公司并经核准取得房地产开发资质等内容是双方当事人依合同约定应当履行的合同义务,对双方均具有法律约束力,当事人应当依照合同约定全面履行自己的合同义务。

(2)关于土地使用权过户问题。我国《公司法》第3条规定，公司是企业法人，有独立的法人财产，享有法人财产权。公司以其全部财产对公司的债务承担责任。有限责任公司的股东以其认缴的出资额为限对公司承担责任；股份有限公司的股东以其认购的股份为限对公司承担责任。由此可见，股东出资构成公司资本，是股东对公司的永久性投资，该出资的财产所有权属于公司，成为公司进行生产经营的物质基础和对外独担债务的财产，是公司续存和营运的必要条件和赖以存在的前提。该案中，双方约定成立具有房地产开发经营资质的项目公司并注入1000万元资金是融元公司的合同义务，金凯公司将30亩土地作为出资入股项目公司是金凯公司的合同义务。双方约定成立的项目公司是独立于合作双方的企业法人，在项目公司设立时，双方将出资财产投入项目公司，成为项目公司独立的法人财产，出资入股的财产归项目公司所有。项目公司至今没有成立，还不能将出资土地交付给项目公司并办理过户手续，但不能由此将金凯公司向项目公司出资的土地使用权变更为向融元公司转让的财产。因此，融元公司主张应将金凯公司的30亩土地使用权过户至其名下，缺乏法律根据和合同依据，不予支持。

(3)关于双方承担违约责任和合同解除的问题。融元公司在本诉中主张金凯公司将项目合作的土地与第三人合作，已构成严重违约，应当支付违约金100万元。融元公司与金凯公司签订《项目合作协议》是为了成立项目公司共同开发商品房住宅项目，新成立的项目公司是商品房住宅项目开发者，使用融元公司出资的货币在金凯公司出资的30亩土地使用权上开发房地产项目，并通过生产经营成为独立于两家股东的公司法人。对拟设立的项目公司来讲，涉案30亩土地使用权是金凯公司认缴的实物出资，在项目公司设立过程中是金凯公司必须认缴并经验资的特定财产，也是项目公司成立后房地产项目开发经营活动的固定土地来源。因此，金凯公司向项目公司出资是其与融元公司所签合同约定的义务，也是依公司法规定确保项目公司资本充实的法定义务。但金凯公司在与融元公司签订公司设立合同后，却与弘美丽岛公司签订了项目投资入股合同，约定将该土地使用权另行出资至设立的德怡和公司，其行为已违反了《项目合作协议》约定的出资义务，其理应对该不诚信行为承担相应的违约责任。因此，融元公司诉请金凯公司支付100万元，有事实和法律依据，应予采纳。金凯公司反诉主张融元公司违约，要求解除《项目合作协议》，并由融元公司承担违约责任。该案中，《项目合作协议》签订后，融元公司已依约支付了500万元的履约保证金。虽然根据《项目合作协议》约定的特别条款及融元公司所作承诺，金凯公司在解除与他人合作后愿意将另外30亩土地与融元公司达成合作,融元公司经对金凯公司解约赔偿款确认后同意赔偿50%,但金凯公司未就另外30亩用地与融元公司达成新的出资协议,其解约赔偿款也未经融元公司确认,其抗辩融元公司未支付赔偿款已违约,将土地使用权另外出资与弘美丽岛公司合资设立公司是自我救济的行为,与事实相悖,不应予以采信。我国《公司法》第11条规定,设立公司必须依法制定公司章程;第12条规定,公司的经营范围由公司章程规定,并依法登记;第13条规定,公司法定代表人依照公司章程的规定,由董事长、执行董事或者经理担任,并依法登记。双方在《项目合作协议》中约定,在合同签订后由融元公司向工商管理登记机关申报新项目公司的成立,而新项目公司法定代表人暂由金凯公司委派,但金凯公司在《项目合作协议》签订后未委派人员担任新项目公司的法定代表人,双方也未就成立项目公司制定公司章程,确定具体的公司法定代表人和公司的经营范围等相关事项,客观上还不具备开始设立公司的条件,因此项目公司至今未能登记注册成立并非融元公司违约所致。在《项目合作协议》履行过程中,融元公司并不存在违约行为,金凯公司提出确认融元公司已付500万元履约保证金归金凯公司所有并由融元公司赔偿金凯公司的违约损失1000万元的主张,没有事实依据,不予支持。由于合同解除制度之意旨在将解除权赋予守约方,而前已论及金凯公司在《项目合作协议》履行过程中存在违约行为且延续至今,而融元公司要求继续履行合同,并没有与金凯公司达成解除《项目合作协议》的协商意见,金凯公司不能享有合同解除权。因此,金凯公司诉请解除双方所签《项目合作协议》,于法无据,应予驳回。综上所述,双方签订的《项目合作协议》是有效的公司设立合同,双方应当恪守执行。金凯公司违反双方合同约定,融元公司主张金凯公司给付违约金100万元有法律依据,予以支持,而金凯公司的诉讼请求,于法无据,依法应予以驳回。

重审法院认为:(1)关于协议的性质及效力问题。依据最高人民法院《关于审理涉及国有土地使用权合同纠纷案件适用法律问题的解释》第14条的规定,合作开发房地产合同,是指当事人订立的以提供出让土地使用权、资金等作为共同投资,共享利润、共担风险合作开发房地产为基本内容的协议。依据融元公司与金凯公司于2008年8月26日签订的《项目合作协议》的约定,金凯公司系以自有的30亩国有工业用地使用权作为出资,而融元公司则提供变更土地用途及建设所需全部资金,双方共同设立项目公司进行房地产开发建设,并按比例分配房产。可见,融元公司与金凯公司所签订的《项目合作协议》为合作开发房地产协议,双方设立项目公司进行房地产开发仅为合作的一种方式,即紧密型合作。金凯公司及弘美丽岛公司、德怡和公司有关该协议系名为合作,实为公司设立协议的主张不能成立。依据最高人民法院《关于审理涉及国有土地使用权合同纠纷案件适用法律问题的解释》第 24 条的规定,只有合作开发房地产合同约定提供土地使用权的当事人不承担经营风险,只收取固定利益的,才应当认定为土地使用权转让合同。该案中,融元公司与金凯公司所签《项目合作协议》中并未约定金凯公司不承担经营风险,只收取固定利益,且依约定,双方采取的是设立项目公司进行紧密型合作,紧密型合作本身就意味着双方共担风险,共享利润。融元公司向金凯公司支付 1000 万元的实质是双方通过调整在项目公司中所占股份比例从而达到调整房产分配比例的目的。据此,融元公司有关双方所签《项目合作协议》为土地使用权转让协议的主张亦不能成立。该协议是双方真实意思表示,且不违反法律法规的强制性规定,应属有效;原审将该协议认定为公司设立合同并将该案案由确定为公司设立纠纷错误,法院予以纠正。

(2)关于双方的违约责任问题。依据双方《项目合作协议》的约定,在该协议生效后 3 个月内,如金凯公司未将土地变更为国有出让住宅用地及过户至项目公司名下,则被视为违约,除应继续及时办理有关手续外,还应向融元公司支付违约金 100 万元。金凯公司不仅未在约定时限内变更土地用途,而且另行与弘美丽岛公司合作,故应依约向融元公司支付 100 万元违约金。协议虽约定向工商管理登记机关申报设立项目公司和向项目公司注入注册资金为融元公司的义务,但却并未约定融元公司应在什么时限内申请设立,以及未申请设立应承担何种违约责任,故金凯公司上诉认为融元公司因未申请设立项目公司而向其承担赔偿责任没有依据。虽然根据融元公司所作承诺,如果金凯公司在解除与案外人韩某达的合作后,愿意将另外 30 亩土地与融元公司达成合作,融元公司经对金凯公司解约赔偿款确认后同意赔偿款项的 50%,但金凯公司并未与融元公司就另外 30 亩用地达成新的协议,融元公司也未对解约赔偿款进行确认。因此,金凯公司主张融元公司应赔偿其 500 万元违约损失,亦无依据。

(3)关于协议应继续履行还是解除问题。融元公司与金凯公司签订的《项目合作协议》合法有效。依照该协议的约定,由金凯公司在项目公司设立后,将讼争土地过户至项目公司名下而非直接过户至融元公司名下,故融元公司上诉请求将讼争土地按照双方最终房产分配比例,即融元公司 85%、金凯公司 15% 的比例直接进行分割并将 85% 的土地过户至融元公司名下不能成立。双方间的协议合法有效,没有约定或法定解除的事由,且金凯公司在未解除与融元公司所签合作协议的情况下,又将讼争土地与他人合作,严重违反诚实信用原则,故其请求解除双方间的合作协议不能得到支持。依照《合同法》第 60 条的规定,对于合法有效的合同,当事人应当依照约定全面履行。据此,融元公司及金凯公司应当继续履行双方所签订的《项目合作协议》。

专业点评

该案中两审法院对《项目合作协议》的性质产生了分歧。一审法院从合同主要条款来理解,认为涉案合同应视为以“项目合作”为名,以“合资设立公司”为实的合同,即双方所签合同为公司设立合同。二审法院则认为,《项目合作协议》约定金凯公司系以自有的30亩国有工业用地使用权作为出资,融元公司则提供变更土地用途及建设所需全部资金,双方共同设立项目公司进行房地产开发建设,并按比例分配房产。该协议为合作开发房地产协议。由此可见,公司设立纠纷案由的判断,应该从发起人之间签订设立协议的目的出发来进行认定。

公司设立协议,又称为发起人协议,是在公司设立过程中,由设立公司的全体发起人订立的、以设立公司为目的、约定公司各项设立事项之协议。作用在于确定所设公司的基本性质与结构,约定公司设立过程中的法律关系与法律行为,协调发起人之间的关系及权利义务。公司发起人达成设立公司的合意是认定公司设立协议的前提,若当事人之间仅达成合作关系的合意,则不宜认定为公司设立协议。对于协议类书面文件效力的认定,不应局限于协议的名称,应从协议的法律实质出发,确定是否具有设立公司的目的。

发起人在设立公司时,应结合设立公司的目的,谨慎制定和设计投资合作协议的核心条款。对于发起人来讲,一份合法有效的协议可以预防投资中产生的法律风险、保护各方当事人的合法权益,发起人必须重视协议的签署。发起人签署的协议中,应当明确发起人之间依法成立公司的合意,否则将可能存在被认定为项目合作协议的风险,导致发起人之间设立公司的目的无法实现。

法条链接

1. 最高人民法院《关于审理涉及国有土地使用权合同纠纷案件适用法律问题的解释》(2005年)①

第十四条　本解释所称的合作开发房地产合同,是指当事人订立的以提供出让土地使用权、资金等作为共同投资,共享利润、共担风险合作开发房地产为基本内容的协议。

第二十四条　合作开发房地产合同约定提供土地使用权的当事人不承担经营风险,只收取固定利益的,应当认定为土地使用权转让合同。

2.《公司法》(2005年)②

第三条　公司是企业法人,有独立的法人财产,享有法人财产权。公司以其全部财产对公司的债务承担责任。

有限责任公司的股东以其认缴的出资额为限对公司承担责任;股份有限公司的股东以其认购的股份为限对公司承担责任。

四、公司设立合同的解除要尊重有限责任公司的人合性

案件名称

弘扬汽车销售服务公司等诉曹某公司设立纠纷案

案号

一审:(2015)沈河民三初字第01613号;二审:(2016)辽01民终第4833号

裁判要旨

有限责任公司兼具资合性与人合性的双重特征,股东间的相互信任是公司成立和正式经营的必要条件,如出资人反悔,从保护其他股东的角度要求继续履行合同势必导致股东间争议的,可以认为构成合同解除的情形。

---

① 现已修改为最高人民法院《关于审理涉及国有土地使用权合同纠纷案件适用法律问题的解释》(2020年)第12条、第21条。

② 现已修改为《公司法》(2018年)第3条。

案情简介

上诉人(原审被告):曹某

被上诉人(原审原告):弘扬汽车销售服务公司

被上诉人(原审原告):隋某洋

2015年5月31日,甲方弘扬汽车销售服务公司、乙方鑫弘扬汽车服务店、丙方隋某洋、丁方曹某签订《有限公司投资框架协议》。协议内容包括:

(1)公司名称为弘扬汽车服务管理公司;公司注册地址为辽宁省沈阳市;公司组织形式为有限公司,股东以其各自的出资额为限对公司承担责任,公司以其全部资产对公司的债务承担责任。(2)公司经营范围:汽车服务类。(3)公司的注册资本及股东各方出资额、方式:公司注册资本为1000万元,其中甲方占总股权的51%,认筹资金及投资按比例按实际公司预算支出;乙方占总股权的19%,认筹资金及投资按比例按实际公司预算支出;丙方占总股权的15%,认筹资金及投资按比例按实际公司预算支出;丁方占总股权的15%,认筹资金及投资按比例按实际公司预算支出。以上股权分配中,丁方自愿以人民币150万元作为成为该公司股东的权利认购金支付丙方,该笔资金不作为公司实际设立、运营、认筹等公司行为的资金,并不代表丁方将来对该公司按其股权比例实际需承担的出资。该笔权利认购金支付完毕后,除公司唯一条件不予设立外,丙方不以任何形式或方式返还或抵用,包含但不限于经营不善、股权买卖、重组合并或倒闭破产等。在丁方支付完毕该笔权利认购金及支付完毕关于乙方股权买卖的实际行为后,上述股份权利划分视为有效。且该权利认购及关于乙方的股权转让行为为该协议中重要的组成部分,并作为该协议履行的前缀条件。(4)公司组织结构:公司最高权力机构为股东会,决定公司的一切重大事宜。公司董事会对股东会负责,股东会选举产生的董事会由2名董事组成,董事长由董事会选举产生,董事长隋某洋是公司的法定代表人。公司不设监事会,设监事一人,由曹某担任。(5)期限、终止和清算:公司的期限为30年,自营业执照签发之日起算。关于公司的终止和清算,在公司章程中规定。(6)违约责任:如任何一方违反该协议,违约方应赔偿守约方因此造成的一切损失,并承担《合同法》中违约条款中最高限额的违约责任。(7)协议变更与解除:该协议可以根据现行法规的变更、新法规的实施、地方性的新规定或所有各方当事人平等协商达成一致意见后予以修改。该协议在履行过程中,若一方对协议条款提出变更,应提前30日以书面形式通知其他方,经董事会表决同意后方可变更。该协议未尽事宜,各方当事人可签订书面补充协议。补充协议与该协议具有同等法律效力。该协议在公司设立之日前的任何时间,因下列情形发生而解除:(1)各方当事人协商一致,解除该协议;(2)任何一方未能按该协议规定的方式和时间履行其义务和职责，经守约方书面催告后30日内仍未完全履行的。该协议解除后，各方当事人在该协议下的权利和义务即时终止，但因违约导致该协议解除的当事人应当承担违约责任，相关责任按照该协议第10条之约定履行。

2015年5月31日，上述各方又签订补充协议一份。内容为：(1)关于原协议中乙方的解释。①原协议中所称乙方鑫弘扬汽车服务店(拟核名及所有权变更中，按实际工商登记为准)为丙方个人以部分股权转让的方式转让给丁方个人的实体经营店，经丙、丁双方认可，该店面70%股权的转让价格为人民币190万元；②按原协议中的相关出资约定，该店面转让后必须由丁方以固定资产的投资方作为投资股东(原协议中乙方)入股弘扬汽车服务管理公司(拟核名，按实际工商登记为准)。(2)关于原协议中股东权利的划分：①甲方承担51%入股责任，不负责公司的运营管理，享有收益权；②乙方承担19%入股责任，不负责公司的运营管理，享有收益权；③丙方承担15%入股责任，负责公司的日常运营管理，包含但不限于经营管理、组织结构、人事调动、财务状况及重大决策等，并享有收益权；④丁方承担15%入股责任，负责公司董事会的决议执行、运行执行、财务监事等，享有收益权。(3)支付方式：①丁方作为该公司股东的权利认购金包括人民币150万元及鑫弘扬汽车服务店(拟核名及所有权变更中，按实际工商登记为准)的股权转让费190万元，合计人民币340万元；②丁方确认支付方式为两次支付，第一次人民币50万元整需于2015年5月31日前由丁方名下账户汇入丙方指定账户，第二次人民币290万元整需于2015年6月5日前由丁方名下账户汇入丙方指定账户；③公司的设立过程中，丙方有权指派或委派除甲、乙、丁三方外的其他人进行筹备、设立或运营，但丁方有责任和义务执行丙方的工作安排及部署；④公司筹备及运营期间的认筹资金及按股权比例的投入资金另行约定，并由丙方负责管理使用，但需以月为单位形成财务报表分发给其余各方，并对该财务报表承担解释责任，其余各方在合理范围内对报表有问询权利。

2015年5月31日，甲方(出让方)隋某洋与乙方(受让方)曹某签订《门店部分股权转让协议》，协议内容为：第1条，甲方于2015年6月5日前将位于辽宁省沈阳市苏家屯区金宝台二手车交易市场的门店(面积220平方米)70%的股权转让给乙方，并变更乙方为该店铺的法人。甲方协助乙方办理各项登记手续，所涉及费用由甲方承担。另因该店铺的转让是在双方另行签订的《有限公司投资框架协议》的基础上而签订，故甲方作为股东存在保留对该店的30%的股份权利。但在乙方以该店铺作为投资方参与甲方项目投资入股期间内，甲方将其在该门店的30%实际所得收益无偿赠与乙方,即乙方在该期间对该店铺的收益享有100%的收益权,并对该店铺享有100%的管理权、运营权,甲方不得干涉,同时,如因乙方的原因导致运营不利而涉及的包含但不限于亏损、债务、抵押、注销或其他原因涉及的法律纠纷等,均由乙方一方承担相应责任,甲方不承担实际责任及连带责任。第2条,该店铺的房屋所有权为辽宁省沈阳市苏家屯区金宝台二手车交易市场(丙方)。所有权人与甲方签订了租赁合同,缴纳租金至2016年1月1日止,年租金为12万元人民币,截至当日,距下次缴纳租金日期尚有182天,所涉尚存费用已涵盖于转让费中。店铺交给乙方后,乙方同意代替甲方向房屋所有权方履行该租赁合同,已缴付租金到期后,由甲方协调房屋所有权方与乙方重新签订租赁合同。第3条,店铺现有装修、装饰、设备全部无偿归乙方使用,租赁期满后,如不续约不动产归丙方所有,动产无偿归乙方所有(动产与不动产的划分按租赁合同执行)。第4条,转让费共计人民币大写壹佰玖拾万元整,上述费用已包括第三条所述的装修装饰设备及其他相关费用。支付时间按照甲乙双方另行签订的《有限公司投资框架协议》的支付时间执行。对该店铺的转让,甲方不得再向乙方索取任何其他费用。第5条,该店铺的营业执照及所涉各项变更由甲方办理,乙方协助,经营范围为汽车服务,转让手续办理完成后,如将来所涉及其他变更等届时由乙方以乙方名义办理各项相关手续,且相关费用及由乙方经营引起的债权债务或法律问题全部由乙方负责,与甲方无关。乙方接手经营前该店铺涉及的一切债务及法律问题由甲方负责,与乙方无关。第6条,乙方逾期交费用转让金,除甲方交铺日期相应顺延外,乙方按照《合同法》约定的最高赔付限额向甲方支付违约金,逾期30日的,甲方有权解除合同,乙方同时按照《合同法》约定的最高赔付限额向甲方支付违约金。甲方应保证丙方同意甲方转让店铺,如由于甲方原因导致丙方收回店铺,甲方承担违约责任。

协议签订后,曹某于2015年5月31日交付隋某洋50万元,2015年6月15日交付290万元,隋某洋将位于辽宁省沈阳市苏家屯区金宝台二手车交易市场的门店(面积220平方米)交付曹某。曹某于2015年7月10日在该门店注册成立辽宁省沈阳市苏家屯区弘扬汽车美容装饰店,性质为个体工商户,2015年7月30日曹某将此美容装饰店在工商部门注销。2015年8月1日,隋某洋以弘扬汽车服务管理公司的名义与他人签订租房协议。2015年8月10日,曹某向隋某洋发出解除《有限公司投资框架协议》的通知,写明:曹某依合同约定支付入股款340万元,但在长达两个月的时间里隋某洋未到工商管理部门办理相关手续,显然以其行为表明不履行合同义务。与隋某洋签订的上述协议存在重大瑕疵和风险,鉴于拟成立的公司尚未成立,根据《合同法》第94条、第96条的规定通知隋某洋解除上述协议,并限隋某洋在

10 日内返还入股款 340 万元。隋某洋不同意解除合同,遂起诉至法院。

诉讼过程

因公司设立过程产生纠纷,弘扬汽车销售服务公司、隋某洋以公司设立纠纷为由诉曹某至辽宁省沈阳市沈河区人民法院,请求判令被告继续履行协议并承担损失,辽宁省沈阳市沈河区人民法院一审判决部分支持原告诉讼请求。后曹某、弘扬汽车销售服务公司、隋某洋均不服,向辽宁省沈阳市中级人民法院提起上诉,被判决撤销原判,驳回一审原告诉讼请求。

裁判结果

一审判决:曹某继续履行《有限公司投资框架协议》。

二审判决:(1)撤销辽宁省沈阳市沈河区人民法院(2015)沈河民三初字第 01613 号民事判决;(2)驳回被上诉人弘扬汽车销售服务公司、隋某洋的诉讼请求。

主要争点

弘扬汽车销售服务公司、隋某洋原审诉称:2015 年 5 月 31 日,隋某洋与曹某共同签署了两份协议,即《有限公司投资框架协议》《门店部分股权转让协议》。依据《有限公司投资框架协议》的约定,弘扬汽车销售服务公司、隋某洋、曹某以及位于辽宁省沈阳市苏家屯金宝台二手车交易市场的门店共同作为出资人成立拟设名称为"弘扬汽车服务管理公司"的有限公司。隋某洋依照合同内容,于 2015 年 6 ~ 7 月,已将原属于隋某洋 100% 股权的位于沈阳市苏家屯金宝台二手车交易市场的门店的 70% 的股权转让给曹某,且依据《门店部分股权转让协议》中约定协助变更曹某为该门店的负责人。后在领取营业执照当日,曹某未经原告同意,私自注销了该门店工商登记并关闭了该门店,致使签订的《有限公司投资框架协议》暂时履行不能。在此期间,预设立的"弘扬汽车服务管理公司"已完成先期筹备,因《有限公司投资框架协议》暂时履行不能,现原告请求判令:(1)要求被告继续履行合同;(2)要求判决曹某承担合同履行及公司设立阶段,股东应当承担的一切费用支出,共计 3,089,506 元;(3)如曹某不履行协议,将承担隋某洋的一切损失,包括但不限于给予聘用高级人员 500 万元违约责任赔偿金,赔偿公司成立筹备期间支出的前期费用 3,089,506 元;(4)承担案件诉讼费用。

曹某在原审辩称:隋某洋与曹某相识且很要好。其与隋某洋签订了两份协议,其实就是一份协议,《门店部分股权转让协议》虽然是单独签订的,但是就其内容看,显然是《有限公司投资框架协议》的补充协议,答辩人认为隋某洋与曹某签订两份协议的真实目的不是设立有限公司,而是让答辩人出资转让隋某洋位于辽宁省沈阳市苏家屯金宝台二手车交易市场的门店。该门店是隋某洋承租的房屋,《有限公司投资框架协议》约定,要求答辩人以190万元的价格转让该店显失公平。《有限公司投资框架协议》的主要内容违反法律规定和公平原则,其约定是无效的,且曹某已经解除该投资框架协议,该协议无法继续履行。隋某洋以自己的行为表明其主观上不是在设立公司而是骗取答辩人投资为其个人所用,是明显的违约行为。答辩人已经将该投资框架协议中约定的注册资金340万元交付给隋某洋,答辩人履行了合同义务,没有违约。答辩人请求法院驳回隋某洋、弘扬汽车销售服务公司诉讼请求。

曹某不服原审判决,向法院提起上诉称:(1)《门店部分股权转让协议》虽然是单独签订的,但是就其内容看显然是《有限公司投资框架协议》的补充协议。(2)上诉人依法注销金宝台门店的个体工商执照的行为,是为了解除和终止履行《有限公司投资框架协议》,与设立公司没有关系。(3)被上诉人涉嫌恶意诉讼。

综上所述,该案争议焦点为《有限公司投资框架协议》是否应当继续履行。

裁判说理

一审法院认为,涉案当事人签订的《有限公司投资框架协议》《补充协议》《门店部分股权转让协议》系各方真实意思表示,不违反法律、法规禁止性规定,上述协议合法有效,对合同当事人具有约束力,原告、被告应当按照协议书约定全面履行自己的义务。曹某认为签订两份协议,其实是一份协议,《门店部分股权转让协议》从内容上看是《有限公司投资框架协议》的补充协议,签订两份协议的真实目的不是设立有限公司,而是让曹某出资转让隋某洋位于辽宁省沈阳市苏家屯金宝台二手车交易市场的门店。该门店是隋某洋承租的房屋,《有限公司投资框架协议》约定要求答辩人以190万元的价格转让该店显失公平。《有限公司投资框架协议》的主要内容违反法律规定和公平原则,其约定是无效的,且曹某已经解除该协议,无法继续履行该协议。《门店部分股权转让协议》,从其看内容主要是关于辽宁省沈阳市苏家屯金宝台二手车交易市场门店的场地、价款、设备等转让的事宜,虽然与《有限公司投资框架协议》有关联,但并不是《有限公司投资框架协议》的补充协议,是独立的合同,该协议已经隋某洋和曹某履行完毕。在该案中,隋某洋对《门店部分股权转让协议》并未提出诉讼请求,曹某在给隋某洋的解除《有限公司投资框架协议》的通知中也未提出解除《门店部分股权转让协议》,因此曹某认为《门店部分股权转让协议》显失公平的意见没有依据。关于《有限公司投资框架协议》，该协议的性质是公司设立合同，作用在于确定所设立公司之基本性质结构，约定公司设立过程中各方的法律关系与法律行为，以及发起人之间的权利义务关系。对于设立公司协议的形式内容，公司法并无强制性规定，只要设立协议当事人能够达成一致，公司设立协议即可成立并生效。成立公司属于投资的商业行为，也存在着商业风险，被告为完全民事行为人，其与原告自愿签订协议，应对自己的行为负责。

合同的解除分为约定解除和法定解除，《有限公司投资框架协议》第 11 条约定协议解除的条件是：(1)各方当事人协商一致，解除协议；(2)任何一方未能按协议规定的方式和时间履行其义务和职责，经守约方书面催告后 30 日内仍未完全履行的。隋某洋提供的租房协议照片等证据证明，协议签订后隋某洋交付门店、租赁房屋和曹某一起培训员工并无违约行为，不符合约定解除权行使的条件。《合同法》第 94 条规定："有下列情形之一的，当事人可以解除合同：(一)因不可抗力致使不能实现合同目的；(二)在履行期限届满之前，当事人一方明确表示或者以自己的行为表明不履行主要债务；(三)当事人一方迟延履行主要债务，经催告后在合理期限内仍未履行；(四)当事人一方迟延履行债务或者有其他违约行为致使不能实现合同目的；(五)法律规定的其他情形。"隋某洋不存在上述情形，曹某行使法定解除权没有依据，因此曹某的解除通知不发生合同解除的效力。鉴于《有限公司投资框架协议》尚未解除，曹某亦未反诉提出撤销或解除协议，现隋某洋要求履行合同符合约定，原审法院予以支持。

二审法院认为，依据《补充协议》第 1 条第 1 项"原协议中所称乙方：鑫弘扬汽车服务店为丙方个人部分股权转让的方式转让给丁方个人的实体经营店，经丙、丁双方认可，该店面 70% 股权的转让价格为人民币 190 万元"的约定，领取营业执照后，曹某注销了该店的工商登记，致使《补充协议》中丙方，即《有限公司投资框架协议》中的乙方身份消灭，另 2015 年 8 月 10 日，上诉人曹某向被上诉人隋某洋发出解除《有限公司投资框架协议》的通知，表明其欲退出的意思表示。现框架协议中的两方主体退出，造成客观上协议无法继续履行的结果。法院认为，对于有限责任公司，其性质不纯粹是资合性，亦具有人合性质，因此股东之间的相互信任也是公司成立和正常经营的必要条件，如出资人反悔，从保护其他股东的角度，要求继续履行合同，势必导致公司股东之间的争议，对公司成立后的经营亦不利。该案中，出资人出资未到位，且合同订立主体退出，因此该案涉案合同已无法履行。依据《合同法》第 94 条第 5 款的规定，涉案《有限公司投资框架协议》及《补充协议》已经构成可以解除的条件。原审法院判令上诉人曹某继续履行《有限公司投资框架协议》，确属不妥，法院予以纠正。至于《有限公司投资框架协议》无法继续履行的责任承担问题,因在《有限公司投资框架协议》中已经明确约定了违约责任的承担方式,双方当事人可以另行主张权利。

专业点评

在实务中,各方投资人签订公司设立合同,在公司未成立时,如某方投资人因经营状况发生变化无法继续投资,继续投资不符合其经营方向,或对其他投资人失去信任等,不愿继续捆绑在一起设立公司,其能否单方要求解除已经签订生效的公司设立合同。对于已生效合同的解除,我国法律规定有协议解除、约定解除和法定解除3种情形。该案一审法院在案件裁判过程中忽略了公司设立合同的特殊性,适用了一般的合同解除,这显然是不妥当的。公司是资合和人合的结合体,在设立公司的协议中,既包含了投资人的财产权(各方投入的资本金),也包含投资人的身份权利(股东身份)。因此,设立公司的协议具有其特殊性,投资人在行使合同解除权时,应充分考虑这一问题。实务中存在大量的类似案件,如双方在签订《投资协议》后,原告因某种原因想退出,遂发函给被告明确解除协议。被告不同意解除协议,起诉到法院,要求原告继续履行协议。各地法院基本都尊重有限公司的人合性质,支持退出设立公司的诉讼请求。需要注意的是,退出后能否退回投资款要具体分析,从公平角度看,退出后给其他投资人造成的损失,退出方应当按照《投资协议》的约定进行赔偿或者支付违约金。如协议没有约定赔偿标准以及违约责任,对在设立公司中产生的各项费用,退出方应当予以分担或给予适当的补偿。从风险防范的角度来说,既然投资人在公司设立阶段可以选择退出,在签订投资协议时,各方应就退出条件、违约责任承担进行具体明确的约定,而不应只用"违约方应承担违约责任"这一句话来概括。

该案二审法院根据诉请先明确合同解除,不需要继续履行,至于曹某的违约责任属于另一法律关系,因为在诉请中没有提出,让双方当事人另行解决并无不当。当然,在审判实践中,如果是一审阶段,法官应当做好充分的释明工作,便于当事人决定是否变更诉讼请求,达到案结事了、减少讼累的效果。

法条链接

《合同法》[①]

第九十四条　有下列情形之一的,当事人可以解除合同:

(一)因不可抗力致使不能实现合同目的;

(二)在履行期限届满之前,当事人一方明确表示或者以自己的行为表明不履行主要债务;

(三)当事人一方迟延履行主要债务,经催告后在合理期限内仍未履行;

(四)当事人一方迟延履行债务或者有其他违约行为致使不能实现合同目的;

(五)法律规定的其他情形。

---

① 现已修改为《民法典》第563条。

第二篇

发起人责任纠纷

导　语

所谓发起人，是指筹划和实施公司设立行为，履行出资义务，对公司设立行为承担相应义务和责任之人。对股份有限公司，由于其涉及人数众多，设立程序复杂，我国《公司法》明确使用发起人概念，并未对有限责任公司的发起人予以法律界定，仅统称为股东、出资人。而在《公司法解释三》第1条中，在有限责任公司中，则直接对发起人进行界定，并指出发起人"包括有限责任公司设立时的股东"。因此，发起人应当指为设立公司而签署公司章程、向公司认购出资或者股份并履行公司设立职责的人，包括有限责任公司设立时的股东和股份有限公司的发起人。

发起人责任，是指发起人在公司设立过程中，因公司不能成立，对认股人所应承担的责任或者在公司成立时因发起人自身的过失行为致使公司利益受损时应当承担的责任。而发起人责任纠纷，强调的是"责任"二字，即设立终局的法律后果承担，包括公司设立成功时的责任和公司设立失败时的责任，无论公司设立结果是成立还是不成立，由设立结果导致的纠纷均应归类为发起人责任纠纷，前者主要是资本充实责任，后者主要是对设立行为产生的债务和费用负连带责任，并返还认股人缴纳的股款和利息。

《公司法》第30条规定，有限责任公司成立后，发现作为设立公司出资的非货币财产的实际价额显著低于公司章程所定价额的，应当由交付该出资的股东补足差额；公司设立时的其他股东承担连带责任。

《公司法》第93条规定，股份有限公司成立后，发起人未按照公司章程的规定缴足出资的，应当补缴；其他发起人承担连带责任。股份有限公司成立后，发现作为设立公司出资的非货币财产的实际价额显著低于公司章程所定价额的，应当由交付该出资的发起人补足其差额；其他发起人承担连带责任。

《公司法解释三》第15条规定："出资人以符合法定条件的非货币财产出资后，因市场变化或者其他客观因素导致出资财产贬值，公司、其他股东或者公司债权人请求该出资人承担补足出资责任的，人民法院不予支持。但是，当事人另有约定的除外。"

《公司法》第94条规定，股份有限公司的发起人应当承担下列责任：(1)公司不能成立时，对设立行为所产生的债务和费用负连带责任；(2)公司不能成立时，对认股人已缴纳的股款，负返还股款并加算银行同期存款利息的连带责任；(3)在公司设立过程中,由于发起人的过失致使公司利益受到损害的,应当对公司承担赔偿责任。

《公司法解释三》第 1 条规定,为设立公司而签署公司章程、向公司认购出资或者股份并履行公司设立职责的人,应当认定为公司的发起人,包括有限责任公司设立时的股东。第 4 条规定,公司因故未成立,债权人请求全体或者部分发起人对设立公司行为所产生的费用和债务承担连带清偿责任的,人民法院应予支持。部分发起人依照前款规定承担责任后,请求其他发起人分担的,人民法院应当判令其他发起人按照约定的责任承担比例分担责任;没有约定责任承担比例的,按照约定的出资比例分担责任;没有约定出资比例的,按照均等份额分担责任。因部分发起人的过错导致公司未成立,其他发起人主张其承担设立行为所产生的费用和债务的,人民法院应当根据过错情况,确定过错一方的责任范围。第 5 条规定,发起人因履行公司设立职责造成他人损害,公司成立后受害人请求公司承担侵权赔偿责任的,人民法院应予支持;公司未成立,受害人请求全体发起人承担连带赔偿责任的,人民法院应予支持。公司或者无过错的发起人承担赔偿责任后,可以向有过错的发起人追偿。

发起人责任纠纷是对公司设立失败的责任如何承担提起诉讼,诉讼中主要对发起人的认定、发起行为的认定、责任如何承担进行裁判。

在发起人的认定方面,《公司法解释三》规定了发起人认定的 3 项要件:(1)为公司设立签署公司章程;(2)向公司认购出资或者股份;(3)履行公司设立职责。在严格认定上,3 项要件缺一不可,但在实践中,往往可以不符合"为公司设立签署公司章程"这一要件。考虑公司设立初期各项工作的不完善性,只需在实质上出资并承担公司设立职责,即可认定为发起人。

在发起行为的认定方面,其具体可以分为以下几种类型:以公司设立为目的的公司筹备行为;以公司开业为目的的筹备行为;为设立公司所实施的提前营业行为。

在责任承担方面,公司设立失败后,主要承担的责任包括:发起人对设立行为的债务和费用负连带责任;对认股人已缴纳的股款,负返还股款并加算银行同期存款利息的连带责任;发起人的出资违约责任;对外签订合同的责任。而责任承担的方式,则主要是对外承担连带责任,对内依据约定的承担比例、出资比例,或在有过错发起人的情况下对部分过错进行追偿的方式承担责任。发起人责任纠纷的地域管辖不同于公司设立纠纷的管辖,不能适用公司设立纠纷由公司住所地管辖的基本原则,而是适用民事诉讼被告住所地管辖的一般原则。

一、发起人过错致公司未成立的责任承担

案件名称

苏某某、陈某某诉庄某某、林某某、李某某发起人责任纠纷案

案号

一审:(2020)苏0106民初2003号;二审:(2021)苏01民终154号

裁判要旨

为设立公司签署公司章程、向公司出资并履行公司设立职责的人,应当认定为公司的发起人。公司因故未成立,全体或者部分发起人应对债权人的债务及设立公司行为所产生的费用对外承担连带清偿责任。部分发起人承担责任后,可以要求其他发起人按照约定的责任承担比例分担责任;没有约定责任承担比例的,按照约定的出资比例分担责任;没有约定出资比例的,按照均等份额分担责任。若因部分发起人的过错导致公司未成立,应当根据过错情况,确定过错一方的责任范围。

案情简介

上诉人(原审原告):苏某某
上诉人(原审原告):陈某某
上诉人(原审被告):庄某某
上诉人(原审被告):林某某
上诉人(原审被告):李某某

2012年11月22日,苏某某、陈某某与庄某某、林某某、李某某5人共同签订河南省驻马店市泌阳县红太阳石业(拟定)有限责任公司公司章程,约定公司名称为红太阳公司。公司注册资本为1000万元,其中,苏某某出资比例为25%,林某某出资比例为15%,陈某某出资比例为20%,庄某某出资比例为20%,李某某出资比例为20%。2012年11月22日,5人通过红太阳公司股东会决议,选举苏某某为公司总经理,出任公司法定代表人,主持公司的日常经营管理工作;选举陈某某为公司副总经理,参与公司经营管理,协助总经理工作,同时担任公司监事。

2012 年 12 月 17 日,原河南省驻马店市泌阳县工商行政管理局对红太阳公司的企业名称予以预先核准,名称保留期至 2013 年 6 月 17 日。5 人均已按照章程约定的出资比例出资到位。

2013 年 1 月 18 日,红太阳公司作为乙方与河南省驻马店市泌阳县春水镇火石山村委会九里岗一组(甲方)签订《合同书》,约定甲方将驻南公路以北全部耕地(长 230 米,宽 180 米)出租给红太阳公司建厂使用。双方约定租期 40 年,每年每亩租金 1200 元,5 年后每亩租金增加 300 元。乙方代表苏某某、陈某某签字并捺手印。2013 年 1 月 18 日,红太阳公司作为乙方和河南省驻马店市泌阳县春水镇火石山村委会九里岗一组(甲方)签订另一份《合同书》,约定甲方将紧邻驻南公路耕地(长 50 米,宽 180 米),约 12.20 亩地自愿永久性租赁给乙方建房,乙方一次性向甲方支付 61 万元租金。乙方代表苏某某、陈某某签字并捺手印。

2015 年 2 月 13 日,红太阳公司作为甲方与乙方韩某某签订《转让合同》,约定甲方将租自河南省驻马店市泌阳县春水镇火石山村委会九里岗一组的驻南公路以北(长 100 米,宽 50 米)的耕地转给乙方,乙方需一次性支付甲方 70 万元。甲方代表苏某某、陈某某签字并捺手印。2015 年 2 月 14 日,韩某某给苏某某中国农业银行 62×××15 账户(以下简称农行 2715 账户)汇入 60 万元,另给付苏某某 10 万元现金。

2015 年 2 月 25 日,苏某某、陈某某、庄某某、林某某、李某某与案外人张某某共同签订《河南省驻马店市泌阳县红太阳石业(拟定)有限公司补充协议》,约定:经五大股东协商一致,就河南红太阳石业原矿山和生产基地所有投资总款一次性折价为人民币壹仟伍佰万元整。张某某出资人民币叁佰万元整,共计壹仟捌佰万元整,组成六大股东,担任总经理职务,全权安排公司的一切事务,并解散以前五大股东的章程……自 2015 年 2 月 25 日前所欠外账由原来五大股东承担……

2015 年 3 月 23 日,苏某某、陈某某、张某某在红太阳公司的资产统计表上签字。资产统计表对红太阳公司的办公楼、厂房、生产设备及相关配套设施统计合计价值为 1500 万元。合同移交清单中显示,承包人为单某中,资产包括配电房及厕所等工程、污水塔基础工程、水井、办公楼等。2015 年 5 月 7 日,河南省驻马店市泌阳县中兴石材工艺有限公司成立,股东为苏某某、陈某某、庄某某、林某某、李某某及另外 4 人(无张某某),林某某为法定代表人。

2017 年 4 月 21 日,因苏某某自 2016 年开始不再支付于 2013 年 1 月 18 日订立的土地租赁合同所约定的租金,且一直无法联系,无法协商解决,河南省驻马店市泌阳县春水镇火石山村委会九里岗一组向河南省泌阳县人民法院起诉苏某某,此案经过一审、二审,最终法院判决:(1)解除河南省驻马店市泌阳县春水镇火石山村委会九里岗一组与苏某某于2013年1月18日签订的合同书(系驻南公路以北长230米，宽180米耕地)；(2)苏某某于判决生效后10日内向河南省驻马店市泌阳县春水镇火石山村委会九里岗一组支付土地租赁费149,200元；(3)苏某某于判决生效后30日内将租赁河南省驻马店市泌阳县春水镇火石山村委会九里岗一组的土地62.1亩恢复至可耕种状态并返还给河南省驻马店市泌阳县春水镇火石山村委会九里岗一组。此案件一审、二审中苏某某共承担诉讼费6584元。经过执行扣划苏某某名下银行账户钱款，案件执行款，包括诉讼费全部到位。

2018年，韩某某认为因苏某某与河南省驻马店市泌阳县春水镇火石山村委会九里岗一组的土地租赁合同已被判决解除，其与苏某某、陈某某签订的关于该土地的土地使用权转让合同亦应当解除，所以其向河南省泌阳县人民法院起诉苏某某、陈某某，诉求为：(1)解除与苏某某、陈某某于2015年2月13日签订的土地使用权转让合同；(2)苏某某、陈某某退还原告土地使用权转让款70万元；(3)苏某某、陈某某承担该案全部诉讼费用。河南省泌阳县人民法院经过审理判决：(1)确认韩某某与苏某某、陈某某于2015年2月13日签订的《转让合同》无效；(2)苏某某、陈某某于判决生效后10日内返还韩某某土地使用权转让款70万元。苏某某、陈某某负担案件受理费5400元。经过执行扣划苏某某、陈某某名下银行账户钱款，案件执行款，包括诉讼费全部到位。

2019年9月3日，苏某某向河南省泌阳县人民法院起诉河南省驻马店市泌阳县春水镇火石山村委会九里岗一组、王某一、王某二，诉求为：(1)依法确认苏某某和河南省驻马店市泌阳县春水镇火石山村委会九里岗一组之间的租赁行为无效；(2)河南省驻马店市泌阳县春水镇火石山村委会九里岗一组归还苏某某61万元；(3)泌阳县春水镇火石山村委会九里岗一组、王某一、王某二承担共同还款责任；(4)河南省驻马店市泌阳县春水镇火石山村委会九里岗一组、王某一、王某二承担该案的全部诉讼费用。河南省泌阳县人民法院经过审理判决：(1)苏某某与河南省驻马店市泌阳县春水镇火石山村委会九里岗一组于2018年1月18日所签订的土地租赁合同(土地为12.2亩)无效；(2)河南省驻马店市泌阳县春水镇火石山村委会九里岗一组于判决生效后10日内返还苏某某土地租赁费459,350元；(3)驳回苏某某的其他诉讼请求。此案苏某某承担诉讼费2368元。

诉讼过程

2020年，公司设立失败导致相应责任承担产生纠纷，苏某某、陈某某以发起人责任纠纷诉庄某某、林某某、李某某至江苏省南京市鼓楼区人民法院，请求判令庄某某、林某某、李某某支付因设立公司支出的费用。江苏省南京市鼓楼区人民法院判决苏某某、陈某某先行承担 705,400 元及 155,784 元的 20% 后，再由各发起人按照出资比例分担责任。后苏某某、陈某某不服，向江苏省南京市中级人民法院提出上诉，被判决驳回上诉，维持原判。

裁判结果

一审判决：(1)被告庄某某给付原告苏某某、陈某某 112,864 元，被告林某某给付原告苏某某、陈某某 84,648 元，被告李某某给付原告苏某某、陈某某 112,864 元；(2)被告庄某某给付原告苏某某 24,925 元，被告林某某给付原告苏某某 18,694 元，被告李某某给付原告苏某某 24,925 元；(3)驳回原告苏某某、陈某某其他诉讼请求。

二审判决：驳回上诉，维持原判。

主要争点

苏某某、陈某某向一审法院起诉请求：(1)判令庄某某、林某某、李某某分别向苏某某、陈某某支付因设立公司支出的费用 705,400 元的 20%、15%、20%（苏某某、陈某某共同获得，无须法院明确具体份额）；(2)判令庄某某、林某某、李某某分别向苏某某支付因设立公司支出的费用 159,794 元的 20%、15%、20%；(3)判令诉讼费用由庄某某、林某某、李某某承担。

苏某某、陈某某上诉请求撤销一审判决中涉及两人承担 20% 的责任部分，改判两人不承担责任，全部责任由庄某某、林某某、李某某承担，诉讼费用由庄某某、林某某、李某某承担。

庄某某、林某某、李某某请求二审法院撤销一审判决，改判驳回苏某某、陈某某的一审诉讼请求。

苏某某、陈某某辩称，河南省驻马店市泌阳县春水镇火石山村委会九里岗一组的 2 块地是以红太阳公司的名义租赁的，是为建设红太阳公司做准备的，不能因为最终红太阳公司未设立而否认最初租赁 2 块地的用途。红太阳公司将耕地转让给韩某某，获利 70 万元，最后判决返还。苏某某、陈某某并非没有损失。在韩某某将 70 万元转给苏某某、陈某某之后，其中 10 万元用于支付中介费，庄某某、林某某、李某某一审也认可了该笔费用，剩余 60 万元已用于公司其他支出，故应由各发起人共同承担该笔债务。

综上所述，该案争议焦点为：(1)苏某某、陈某某对红太阳公司未能设立有无过错及应否承担相应的责任；(2)苏某某、陈某某主张的设立红太阳公司过程中的两笔费用，庄某某、林某某、李某某应否承担相应责任。

裁判说理

一审法院认为，为设立公司签署公司章程、向公司出资并履行公司设立职责的人，应当认定为公司的发起人。苏某某、陈某某、庄某某、林某某、李某某 5 人符合公司发起人的条件，系红太阳公司的发起人。公司因故未成立，债权人请求全体或者部分发起人对设立公司行为所产生的费用和债务承担连带清偿责任的，人民法院应予支持。部分发起人依照前款规定承担责任后，请求其他发起人分担的，人民法院应当判令其他发起人按照约定的责任承担比例分担责任；没有约定责任承担比例的，按照约定的出资比例分担责任；没有约定出资比例的，按照均等份额分担责任。因部分发起人的过错导致公司未成立，其他发起人主张其承担设立行为所产生的费用和债务的，人民法院应当根据过错情况，确定过错一方的责任范围。该案中，河南省泌阳县人民法院判决苏某某支付河南省驻马店市泌阳县春水镇火石山村委会九里岗一组土地租赁费 149,200 元，承担诉讼费 6584 元，是基于 2013 年 1 月 18 日红太阳公司与河南省驻马店市泌阳县春水镇火石山村委会九里岗一组签订《合同书》中约定的支付租金义务，属于设立公司所产生的债务。河南省泌阳县人民法院判决苏某某、陈某某返还韩某某土地使用权转让款 70 万元，承担诉讼费 5400 元，是基于 2015 年 2 月 13 日红太阳公司与韩某某签订《转让合同》后韩某某支付了 70 万元土地使用权转让款。土地使用权转让款 70 万元的用途，从苏某某、陈某某的举证中可以看出 10 万元用于支付中介费，60 万元用于支付红太阳公司的工程款等，即该 70 万元均用于设立公司，现法院判决返还土地使用权转让款 70 万元，属于设立公司所产生的债务。苏某某、陈某某已经履行了生效判决确定的义务，故 705,400 元及 155,784 元应该由全体发起人分担。

关于苏某某要求庄某某、林某某、李某某分担的诉讼费 1642 元及诉讼费 2368 元，一审法院不予支持，因为 1642 元诉讼费的产生与红太阳公司无关，2368 元诉讼费应该由河南省驻马店市泌阳县春水镇火石山村委会九里岗一组履行给付义务时一并结算。苏某某、陈某某在红太阳公司未取得采矿证、工商营业执照、安全许可证的情况下违规作业，导致重大责任事故的发生，虽然苏某某、陈某某辩称，红太阳公司未设立成功与此重大责任事故无关，但苏某某、陈某某作为设立公司的直接经办人并未举证证明红太阳公司未设立的具体原因，故一审法院依法认定因苏某某、陈某某的过错导致红太阳公司未成立。

关于发起人承担 705,400 元及 155,784 元的责任比例，一审法院依据该案债务产生的具体原因及性质,依法认定苏某某、陈某某先行承担705,400元及155,784元的20%后,再由各发起人按照出资比例分担责任,经过计算,705,400元中庄某某承担112,864元、林某某承担84,648元、李某某承担112,864元,155,784元中庄某某承担24,925元、林某某承担18,694元、李某某承担24,925元。705,400元是苏某某、陈某某共同履行法院判决的发起人应承担的义务,苏某某、陈某某要求共同获得庄某某、林某某、李某某应承担的部分,故一审法院依法确定庄某某给付苏某某、陈某某112,864元,林某某给付苏某某、陈某某84,648元,李某某给付苏某某、陈某某112,864元。155,784元是苏某某履行法院判决的义务,故庄某某给付苏某某24,925元,林某某给付苏某某18,694元,李某某给付苏某某24,925元。

二审法院认为,该案二审争议焦点为:(1)苏某某、陈某某对红太阳公司未能设立有无过错及应否承担相应的责任。(2)苏某某、陈某某主张的设立红太阳公司过程中的两笔费用,庄某某、林某某、李某某应否承担相应责任。

发起人是设立中公司的机关,承担公司筹办事务。发起人之间可以约定部分发起人担任一定职务,代表设立中公司从事经营管理活动。代表设立中公司的发起人对设立中公司和其他发起人负有忠实义务和勤勉义务。该案中,庄某某、林某某、李某某和苏某某、陈某某作为红太阳公司的发起人,苏某某被推选为该公司总经理、法定代表人,陈某某被推选为公司副总经理、监事,两人系红太阳公司高级管理人员,相对于庄某某、林某某、李某某而言,苏某某、陈某某对设立红太阳公司负有更重要的义务和职责。现红太阳公司并未成功设立,两人又未能证明系由庄某某、林某某、李某某的原因导致红太阳公司未成立,在此情况下,苏某某、陈某某对未能成功设立红太阳公司存在过错,其对此应承担相应的民事责任。苏某某、陈某某上诉主张,其对未能设立红太阳公司不存在过错,对公司设立过程中的费用不应承担责任,和客观事实不符,一审法院不予支持的判决正确,应予以维持。就第二个争议焦点问题,对于设立公司过程中产生的费用和债务,部分发起人因其过错导致公司未设立,承担相应责任后,不足以覆盖设立公司过程中产生的费用和债务,差额部分应按照各方的出资比例承担。在该案中,苏某某向案外人支付的149,200元和6584元,系红太阳公司与案外人之间签订的合同项下的债务,不是苏某某的个人债务,而是红太阳公司设立过程中产生的债务。苏某某、陈某某收取韩某某70万元后,将钱款用于红太阳公司应支付的中介费及工程款等,系设立公司的支出,现法院判决返还韩某某70万元及承担诉讼费5400元,该笔款项属于设立红太阳公司所产生的债务。庄某某、林某某、李某某上诉主张,该两笔费用不是红太阳公司设立过程中产生的债务和费用,与客观事实不符,法院不予支持。对于红太阳公司设立过程中产生的

155,784 元和 705,400 元的债务和费用，苏某某、陈某某清偿后，苏某某、陈某某主张 5 位股东按股比承担，如前所述，苏某某、陈某某因过错对上述债务应承担 20% 的责任，此后，应按照 5 位股东出资比例承担各自的责任，庄某某、林某某、李某某上诉主张不承担任何责任，缺乏事实及法律依据，一审法院不予支持的判决正确，应予以维持。综上所述，苏某某、陈某某、庄某某、林某某、李某某的上诉请求均不能成立，法院均不予支持。一审法院认定事实清楚，适用法律正确，实体处理无误，应予以维持。

裁判结果

一审判决：(1)该判决生效之日起 15 日内，被告庄某某给付原告苏某某、陈某某 112,864 元，被告林某某给付原告苏某某、陈某某 84,648 元，被告李某某给付原告苏某某、陈某某 112,864 元；(2)该判决生效之日起 15 日内，被告庄某某给付原告苏某某 24,925 元，被告林某某给付原告苏某某 18,694 元，被告李某某给付原告苏某某 24,925 元；(3)驳回原告苏某某、陈某某其他诉讼请求。

二审判决：驳回上诉，维持原判。

专业点评

公司设立失败，发起人责任的承担分为 3 个层次。首先，为保障债权人合法利益，发起人对外承担连带责任。如此设定主要是基于对外保护交易安全的考量。其次，出于对公司意思自治的考量，发起人内部承担责任应先根据事先约定的责任承担比例分担责任；没有约定责任承担比例的，按照约定的出资比例分担责任；没有约定出资比例的，按照均等份额分担责任。最后，如果是因部分发起人的过错导致公司未成立，其他发起人主张其承担设立行为所产生的费用和债务的，人民法院应当根据过错情况，确定过错一方的责任范围。

根据上述规则，在公司设立失败责任的认定中，若无法说明公司设立失败的其他具体原因，则设立人导致的损害公司利益的事故将被认定为致使公司设立失败的事由，从而承担责任。而该案中公司的高级管理人员(法定代表人、总经理、监事等)，因享有更高治理权限，在有过错的情形下，将对公司设立失败承担更多责任。

法条链接

1.《公司法解释三》(2014年)①

第一条　为设立公司而签署公司章程、向公司认购出资或者股份并履行公司设立职责的人，应当认定为公司的发起人，包括有限责任公司设立时的股东。

第四条　公司因故未成立，债权人请求全体或者部分发起人对设立公司行为所产生的费用和债务承担连带清偿责任的，人民法院应予支持。

部分发起人依照前款规定承担责任后，请求其他发起人分担的，人民法院应当判令其他发起人按照约定的责任承担比例分担责任；没有约定责任承担比例的，按照约定的出资比例分担责任；没有约定出资比例的，按照均等份额分担责任。

因部分发起人的过错导致公司未成立，其他发起人主张其承担设立行为所产生的费用和债务的，人民法院应当根据过错情况，确定过错一方的责任范围。

2.《民法典》

第一百五十七条　民事法律行为无效、被撤销或者确定不发生效力后，行为人因该行为取得的财产，应当予以返还；不能返还或者没有必要返还的，应当折价补偿。有过错的一方应当赔偿对方由此所受到的损失；各方都有过错的，应当各自承担相应的责任。法律另有规定的，依照其规定。

二、公司发起人身份认定不能拘泥于三要件

案件名称

鑫源厂诉迈丹公司发起人责任纠纷案

案号

一审：(2019)沪0112民初12246号；二审：(2019)沪01民终12028号

裁判要旨

双方已经存在合意发起设立新的公司的事实，对新公司的投入有初步约定，并已具体实施设立新公司的行为，此时以新的公司并未实际设立为由，要求对方返还

① 现已修改为《公司法解释三》(2020年)第1条、第4条。

其已投入的资金，是发起人之间因公司最终未成立而对设立阶段的责任发生的纠纷，此时发起人的认定无须同时满足“签署公司章程”“向公司认购出资或者股份”“履行公司设立职责”3 个基本条件。

案情简介

上诉人（原审原告）：鑫源厂

被上诉人（原审被告）：迈丹公司

2015 年 12 月 5 日，鑫源厂委托徐某某向迈丹公司员工汪某某账户转入 15 万元；2015 年 12 月 7 日，鑫源厂委托徐某某向迈丹公司员工汪某某账户转入 15 万元。一审审理中，迈丹公司确认诉争 30 万元款项其已收到。

2016 年 4 月 14 日，一审法院立案受理（2016）沪 0112 民初 11106 号鑫源厂、迈丹公司买卖合同纠纷一案。在该案中，鑫源厂向法院提出诉讼请求：（1）解除鑫源厂、迈丹公司间的买卖合同关系，迈丹公司退还鑫源厂货款 30 万元；（2）迈丹公司退还鑫源厂托盘、机器人配件以及试验用防水卷材。后一审法院确认双方之间并非买卖合同关系，鑫源厂以买卖合同为依据提起该案诉讼，缺乏事实及法律依据，故驳回鑫源厂的诉讼请求。

2017 年 7 月 14 日，一审法院立案受理（2017）沪 0112 民初 20627 号鑫源厂与迈丹公司技术合作开发合同纠纷一案，鑫源厂提出诉讼请求：（1）判决解除双方的技术合作开发合同关系，迈丹公司退还鑫源厂合同款 30 万元；（2）判决迈丹公司退还鑫源厂托盘、机器人配件以及试验用防水卷材。一审法院以合同无效为由驳回鑫源厂的诉讼请求，后鑫源厂上诉至上海知识产权法院。该院认为，鑫源厂并未举证证明其与迈丹公司之间建立了技术合作开发合同关系，在双方无法达成补充协议的情况下，应当由鑫源厂承担不能举证的法律后果，故对鑫源厂基于技术合作开发合同关系成立所主张的上诉请求难以支持，判决驳回上诉，维持原判。

诉讼过程

2019 年 3 月 19 日，因公司发起成立失败产生纠纷，鑫源厂以发起人责任纠纷为由诉迈丹公司至上海市闵行区人民法院，请求判令迈丹公司归还因设立公司支付的款项及利息。上海市闵行区人民法院一审驳回鑫源厂诉讼请求。后鑫源厂不服，上诉至上海市第一中级人民法院，被判决驳回上诉，维持原判。

裁判结果

一审判决:驳回原告鑫源厂的诉讼请求。

二审判决:驳回上诉,维持原判。

主要争点

鑫源厂向一审法院起诉,请求判令迈丹公司退还其30万元并支付以30万元为本金,自2015年12月7日起算至实际偿清日止,按照中国人民银行同期贷款基准利率计算的利息损失。

被告迈丹公司辩称,不同意原告的诉讼请求。原告提供资金,被告提供技术人员,开发机器人,共同成立新的公司生产机器人,销售后的盈利双方分成。原告未履行资金投入的承诺。2015年6月原告、被告合意成立新公司,新成立的公司名称已经于2015年7月13日通过核准,但是原告承诺的资金截至核准日一直没有到位。直到2015年12月5日及7日,原告才投资,共计30万元。投资30万元后,原告改变了成立新公司的初衷,违反原告当时的承诺,将这30万元的用途改为买卖。被告自2015年6月至12月已有大量研发资金投入,所以原告的诉讼请求不合理,依据公司法司法解释,原告过错在先。

鑫源厂上诉请求撤销一审判决,改判支持其一审诉讼请求。事实和理由为:双方当事人均确认共同发起成立新的公司生产机器人,并已于2015年7月13日核准了新公司的名称。后双方成立公司的计划失败,故该案系公司发起人责任纠纷。(2018)沪73民终401号民事判决对此已有认定,迈丹公司对此亦予以确认。一审法院认为双方之间没有具备"签署公司章程""向公司认购出资或者股份""履行公司设立职责"3个条件,故无法认定该案属于发起人责任纠纷,与事实不符,缺乏法律依据。鑫源厂已就同一法律事实提起3次诉讼,法院作出了4次判决。如一审法院认为鑫源厂依据的基础法律关系不正确或依据不足,应当庭释明,避免讼累。鑫源厂于2015年12月将诉争30万元支付给迈丹公司,该款项已被迈丹公司全部用于制作机器人样机。迈丹公司于2017年年初,提出要鑫源厂追加投资数百万元或以200万元购买其样机,遭鑫源厂拒绝。后迈丹公司独占样机,拒绝与鑫源厂分享,故理应退还诉争投资款。

综上所述,该案争议焦点为鑫源厂是否能被认定为公司发起人。

裁判说理

一审法院认为，根据法律规定，为设立公司而签署公司章程、向公司认购出资或者股份并履行公司设立职责的人，应当认定为公司的发起人，包括有限责任公司设立时的股东。“签署公司章程”“向公司认购出资或者股份”“履行公司设立职责”作为构成公司发起人的 3 个基本条件应同时满足。在该案中，根据鑫源厂的举证情况，鑫源厂、迈丹公司之间并未就设立公司的具体内容达成书面协议，鑫源厂亦无法举证证明双方已明确约定迈丹公司系公司设立过程中的发起人，更未对迈丹公司具体义务进行详细约定，故仅凭企业名称核准之事宜，无法当然认定该案中双方之间已就设立公司达成协议，并由迈丹公司作为发起人设立公司。因此，该举证不利的法律后果理应由鑫源厂承担，鑫源厂以发起人责任为请求权基础，不具备相应事实及法律依据，一审法院不予支持。

二审法院认为，在该案诉讼之前，鑫源厂以同一事实曾两次起诉迈丹公司，在该两案中，鑫源厂均述称双方曾经口头商谈共同成立机器人公司，并确认其一方是货币投入，迈丹公司是技术、人员投入。迈丹公司则自始至终坚称，双方是合意设立新的机器人公司关系。前两案的生效判决认定，双方之间并非买卖合同关系或技术开发合同关系，驳回了鑫源厂要求迈丹公司返还诉争款项的诉讼请求。现鑫源厂提起该案诉讼，确认其与迈丹公司之间合意成立新的机器人公司，并投入诉争款项。根据双方当事人的诉讼主张，结合双方共同申请工商部门预先核准新的公司名称的行为，应当认定双方合意发起设立新的机器人公司是事实，双方对新公司的投入有初步约定，并已具体实施设立新公司的行为。现鑫源厂以新的公司并未实际设立为由，要求迈丹公司返还其已投入的资金，是发起人之间对公司最终未成立而对设立阶段的责任发生的纠纷，故该案定性为发起人责任纠纷正确。一审法院因双方未就设立公司的具体内容达成书面协议，及未同时满足“签署公司章程”“向公司认购出资或者股份”“履行公司设立职责”3 个基本条件为由，认定双方并未达成设立新的公司的协议，缺乏依据，属于认定案件基本事实错误，应予纠正。

根据《公司法解释三》第 4 条第 3 款的规定，因部分发起人的过错导致公司未成立，其他发起人主张其承担设立行为所产生的费用和债务的，人民法院应当根据过错情况，确定过错一方的责任范围。在该案中，依双方口头约定，鑫源厂一方负责资金投入，迈丹公司以人员、技术投入。新的公司名称已获核准，但鑫源厂在投入 30 万元资金后，即以其他名目为由连续起诉要求返还款项，该行为表明其不愿意继续投资，故对新的公司最终未能实际成立负有不可推卸的过错。迈丹公司主张鑫源厂承担设立行为所产生的费用和债务，有法律依据。鑫源厂应承担相应过错责任。

迈丹公司已经提交证据证明,新的公司在发起阶段已开支85万余元,即使各半分担,鑫源厂支付的30万元亦不足以偿付其承担的金额。故鑫源厂要求迈丹公司返还其30万元并支付相应利息的请求,法院不予支持。鑫源厂对迈丹公司主张的开支数额提出异议,但未提出相反证据证明其异议成立,故对鑫源厂的该异议,法院不予采信。

综上所述,鑫源厂的上诉理由不能成立,其上诉请求应予驳回。一审判决认定案件事实不清,适用法律错误,但判决结果并无不当,应予维持。

专业点评

该案一审法院认为,公司设立人的认定需严格同时满足"签署公司章程""向公司认购出资或者股份""履行公司设立职责"3个基本条件,而该案中双方实际并未有过书面协议,因此不属于发起人责任纠纷。而二审法院则以双方事实上进行了公司设立行为为由认定双方为公司发起人。但在九拍教育公司、刘某等发起人责任纠纷案[(2021)鲁06民终3336号]中,"签署公司章程"又被作为发起人认定的依据。当然,在后一案例中,其主要认定依据是当事人仅为参与公司设立资金募集的人员,并无"履行公司设立职责"的义务,又未签署公司章程,因而综合考量不认定为发起人。

结合两案,可见公司发起人认定的重点在于"履行公司设立职责",是否"签署公司章程",并不实质影响发起人的认定。发起人认定的本质在于确认当事人的真实意思表示及其在公司设立中起到的作用。作为公司设立合意的提出者与认可者,其必须承担发起人的责任,而仅对他人募集设立中的公司提供资金,不影响公司设立的权利,则亦无承担责任的义务,不应认定为发起人。

该案虽然一审、二审裁判原告败诉,但是,所基于的裁判理由完全不同。从诉讼策略上来讲,鑫源厂对于迈丹公司为设立公司所支出的费用没有提供相反的证据进行质证比较可惜。因为,既然鑫源厂提供资金,迈丹公司提供技术,鑫源厂在打款后不久就提出异议，那么迈丹公司当时应当也是明知的，鑫源厂一方应当将关注点集中在迈丹公司后续行为的设立费用支出是否有 85 万元，迈丹公司是否有让损失人为扩大的行为存在等真实性的质疑上。

法条链接

《公司法解释三》（2014 年）①

第一条 为设立公司而签署公司章程、向公司认购出资或者股份并履行公司设立职责的人，应当认定为公司的发起人，包括有限责任公司设立时的股东。

第四条第三款 因部分发起人的过错导致公司未成立，其他发起人主张其承担设立行为所产生的费用和债务的，人民法院应当根据过错情况，确定过错一方的责任范围。

三、向募集设立的公司出资的，无法认定为公司发起人

案件名称

刘某岩诉九拍教育公司、刘某等发起人责任纠纷案

案号

一审：（2020）鲁 0681 民初 4716 号；二审：（2021）鲁 06 民终 3336 号

裁判要旨

募集设立，是指由发起人认购公司应发行股份份额的一部分，其余股份份额向社会公开募集或者向特定对象募集而设立的公司。公司募集设立过程中，当事人签署集资入股协议而非公司章程，仅负有出资义务，非负有履行公司设立职责之义务，故不能认定为公司发起人。

① 现已修改为《公司法解释三》（2020 年）第 1 条、第 4 条第 3 款。

案情简介

上诉人(一审被告):九拍教育公司

上诉人(一审被告):刘某

上诉人(一审被告):范某英

被上诉人(一审原告):刘某岩

九拍教育公司系被告范某英独资的有限责任公司,刘某系该公司监事。范某英与刘某系母女关系。2016 年 12 月 12 日,刘某岩与刘某签订九拍鼓校嘉元盛世旗舰校区集资入股协议一份,协议约定:甲方为刘某,乙方为刘某岩。九拍鼓校嘉元盛世旗舰校区于 2016 年 11 月 1 日筹集,校区估值 100 万元,现将股权分配如下:(1)1 万元为一股,每一股占校区 1% 的股份,每人入股不超过 10 万元。(2)乙方入股 10 万元,占九拍鼓校嘉元盛世旗舰校区 10% 的股份。(3)双方本着自愿、公平、平等、互利的原则签订入股协议,乙方不参与九拍鼓校嘉元盛世旗舰校区的管理工作。(4)九拍鼓校嘉元盛世旗舰校区每季度召开一次股东大会,向股东汇报学校经营、财务管理情况。每年向股东分红一次。重要事项需向股东大会汇报并商议通过。(5)关于退股,股东不得在建校前 3 年退股。退股交由股东大会表决通过,通过以后以九拍鼓校嘉元盛世旗舰校区当时的财产状况进行结算。(6)关于股权转让,若有股东退股,其股权转让,其他股东具有优先购买权。(7)关于盈余分配、风险承担,按股权比例分配。(8)合同期间如发生纠纷,应协商,本着有利于九拍鼓校嘉元盛世旗舰校区发展的原则予以解决,如协商不成,可诉至法院。九拍教育公司在集资入股协议上盖章确认。协议签订后,刘某岩于当日将 10 万元股权投资款汇入被告刘某的账户。

2016 年 10 月 1 日,白某云与刘某签订九拍鼓校嘉元盛世旗舰校区集资入股协议一份,协议约定甲方为刘某,乙方为白某云。九拍鼓校嘉元盛世旗舰校区于 2016 年 10 月 1 日筹集,校区估值 100 万元,现将股权分配如下:……(具体内容与原告刘某岩签订的协议一致)九拍教育公司在集资入股协议上盖章确认。协议签订后,白某云将 10 万元股权投资款汇入被告刘某的账户。

2016 年 11 月 3 日,张某芹与刘某签订九拍鼓校嘉元盛世旗舰校区集资入股协议一份,协议约定:甲方为刘某,乙方为张某芹。九拍鼓校嘉元盛世旗舰校区于 2016 年 10 月 1 日筹集,校区估值 100 万元,现将股权分配如下:……(具体内容与刘某岩签订的协议一致)协议签订后,张某芹于当日将 10 万元股权投资款汇入刘某的账户。

因另一出资股东王某飞于 2017 年退出集资并取回出资款,2017 年 11 月 14 日,被告刘某将退出的10%的股份以6万元的价格转让给张某芹，张某芹于当日将股权转让款6万元汇入被告刘某的账户。

2017年11月15日，白某云将其出资给九拍鼓校嘉元盛世旗舰校区的10万元的股权以6万元的价格转让给刘某岩，刘某岩于当日将股权转让款6万元支付给白某云。

后张某芹要求刘某退股并于2020年3月29日将九拍教育公司、刘某、范某英诉至法院，经法院主持调解达成调解协议，2020年6月29日，山东省龙口市人民法院出具(2020)鲁0681民初1830号民事调解书，载明：九拍教育公司、刘某、范某英一次性给付原告张某芹16万元(已履行)。张某芹自愿放弃其他诉讼请求。双方纠纷一次性了结，今后双方互不追究。

另查明，拟设立的九拍鼓校嘉元盛世校区因未取得办学资质，未获得工商部门正式登记，未正式设立，但校区曾进行过实际运营，后已停止。

2020年6月30日，刘某岩以向九拍教育公司投资未取得股东地位为由将九拍教育公司、刘某、范某英诉至法院，案由为股权转让纠纷。2020年8月14日，法院作出(2020)鲁0681民初3157号民事判决书，认定九拍教育公司、刘某为九拍鼓校嘉元盛世旗舰校区集资入股协议的共同一方当事人，该协议为九拍教育公司、刘某与刘某岩签订的一个公司设立协议，刘某岩支付的款项为九拍鼓校嘉元盛世旗舰校区的投资款，并非向九拍教育公司投资入股的款项，故判决驳回刘某岩的诉讼请求。

诉讼过程

2020年，因对发起资金权属产生纠纷，刘某岩以发起人责任纠纷为由诉范某英至山东省龙口市人民法院，请求判令解除与九拍教育公司、刘某签署的集资入股协议，返还投资款20万元并由范某英承担连带付款责任，山东省龙口市人民法院一审判决部分支持原告诉讼请求。后九拍教育公司、刘某、范某英不服，向山东省烟台市中级人民法院提起上诉，被判决驳回上诉，维持原判。

裁判结果

一审判决：(1)解除原告刘某岩与被告九拍教育公司、刘某签订的九拍鼓校嘉元盛世旗舰校区集资入股协议。(2)被告九拍教育公司、刘某于此判决生效之日起10日内返还原告刘某岩的认股款20万元及利息(其中10万元认股款的利息，应自2016年12月12日起至实际履行之日止，按中国人民银行同期存款利息计算；另10

万元认股款的利息,应自2016年10月1日起至实际履行之日止,按中国人民银行同期存款利息计算)。(3)被告范某英对上述款项负连带给付责任。(4)驳回原告刘某岩的其他诉讼请求。

二审判决:驳回上诉,维持原判。

主要争点

一审原告刘某岩向一审法院起诉请求:(1)依法解除原告与被告九拍教育公司、刘某签署的集资入股协议,依法判令两名被告返还原告的投资款20万元及自2016年11月3日起至实际给付之日止以20万元为基数按全国银行间同业拆借中心公布的贷款市场报价利率计算的利息。(2)依法判令由被告范某英承担连带付款责任。(3)依法判令由被告承担该案诉讼费用。

上诉人九拍教育公司、刘某、范某英上诉请求:依法改判驳回被上诉人的全部诉讼请求或发回重审;案件受理费及保全费由被上诉人承担。理由为:(1)被上诉人的一审起诉违反了民事诉讼“一事不再理”原则,是对(2020)鲁0681民初3157号案件的重复起诉,依法应裁定驳回起诉。(2)双方属于合伙关系,如果散伙,也只能进行合伙清算,而不是要求返还出资款。

被上诉人刘某岩答辩称,该案并不适用一事不再理的原则,与(2020)鲁0681民初3157号民事判决的诉讼请求、案由及所依据的法律基础完全不同,一审判决适用法律,并无不当。上诉人的上诉理由缺乏事实和法律依据,也无证据支持,应依法驳回上诉。

综上所述,该案争议焦点为刘某岩是否为九拍鼓校嘉元盛世旗舰校区的公司发起人。

裁判说理

法院生效裁判认为,《公司法解释三》第1条规定,为设立公司而签署公司章程、向公司认购出资或者股份并履行公司设立职责的人,应当认定为公司的发起人,包括有限责任公司设立时的股东。从双方于2016年12月12日所签订的集资入股协议及内容看,被上诉人仅负有出资10万元的出资义务,并无证据证明被上诉人签署了公司章程,被上诉人也非负有履行公司设立职责之人,故不能认定被上诉人系九拍鼓校嘉元盛世旗舰校区的公司发起人,上诉人主张被上诉人系该公司发起人,与约不合,证据不足,法院不予支持。募集设立,是指由发起人认购公司应发行股份份额的一部分，其余股份份额向社会公开募集或者向特定对象募集而设立公司。从查明的事实看，被上诉人已履行了约定出资义务，并受让了白某云的认股款10万元，现双方因办学资质的问题导致公司设立不能，一审法院据此判决解除双方所签订的集资入股协议，并判令上诉人返还认股款及利息，于法有据，并无不当。上诉人在庭审中所提供的证据并主张其为运营产生的费用和债务，应适用于发起人之间，不能以此约束被上诉人，因公司未能设立，也不存有清算的问题。

关于被上诉人的起诉是否违反一事不再理原则。一事不再理原则是一项重要的民事诉讼制度，它包含禁止重复起诉和不能再次起诉；重复起诉系人民法院对案件一经受理，当事人不得再就同一诉讼标的，以同一理由向任何一个人民法院起诉；再次起诉是对人民法院已经生效的判决再行起诉。就该案而言，被上诉人的主张为解除集资入股协议并返还认股款，所依据的系双方所签订的集资入股协议书因故不能实现合同目的；而在案涉（2020）鲁0681民初3157号民事判决书中，被上诉人虽也依据案涉的集资入股协议并主张返还认股款，但被上诉人却主张为股权转让纠纷，并将集资入股协议所设立的目标公司及返还款项的主体指向九拍教育公司，显属不当；现被上诉人再行主张权利，并不违反一事不再理的原则，也不应以此来限制被上诉人主张权利。另外，范某英作为九拍教育公司自然人股东，在不能证明其财产独立于公司财产的情况下，依法应对九拍教育公司的债务承担连带责任。

专业点评

发起人是创立和组合公司的人，可以是一人，也可以是几人。在公司成立过程中，发起人大致有三个方面工作要做：一是筹集资本；二是用筹集来的资本购买必要的生产要素，使公司运行起来；三是安排成立公司。根据《公司法》第79条第2款规定："发起人应当签订发起人协议，明确各自在公司设立过程中的权利和义务。"《公司法解释三》第1条规定：为设立公司而签署公司章程、向公司认购出资或者股份并履行公司设立职责的人，应当认定为公司的发起人，包括有限责任公司设立时的股东。如果公司设立不成，发起人应当返还认股人已缴纳的股款并加算银行同期存款利息。全体发起人对此承担连带责任。在该案中，"签署公司章程"被作为发起人认定的依据。其主要认定依据是当事人仅为参与公司设立资金募集的人员，并无“履行公司设立职责”的义务，又未签署公司章程，因而综合考量不能被认定为发起人。而在鑫源厂诉迈丹公司发起人责任纠纷案中，一审法院认为公司设立人的认定需严格同时满足“签署公司章程”“向公司认购出资或者股份”“履行公司设立职责”3个基本条件，而该案中双方实际并未有过书面协议，因此不属于发起人责任纠纷。

《公司法解释三》第3条第1款规定：“发起人以设立中公司名义对外签订合同，公司成立后合同相对人请求公司承担合同责任的，人民法院应予支持。”第4条第1款规定：“公司因故未成立，债权人请求全体或者部分发起人对设立公司行为所产生的费用和债务承担连带清偿责任的，人民法院应予支持。”

结合两案，可见公司发起人认定的重点在于是否“履行公司设立职责”，而是否“签署公司章程”并不实质影响发起人的认定。发起人认定的本质在于确认当事人在公司设立中起到的作用。作为公司设立合意的提出者与认可者，其需承担发起人的责任，而对他人募集设立中的公司提供资金，不影响公司设立的权力，亦无承担责任的义务，不应认定为发起人。

该案中拟设立公司并没有发起设立，而是先有发起人，再由发起人募集设立，所以不能仅凭认购股份一个事实就认定发起人身份，事实上，后面认购股份者并不承担设立公司的职责，自然也就不应当承担发起人的责任，因为他们没有参与公司设立，所以也就无法控制风险，也就不用承担公司设立不能的责任。

法条链接

1.《公司法》(2018年)

第六十三条　一人有限责任公司的股东不能证明公司财产独立于股东自己的财产的，应当对公司债务承担连带责任。

第九十四条　股份有限公司的发起人应当承担下列责任：

(一)公司不能成立时，对设立行为所产生的债务和费用负连带责任；

（二）公司不能成立时，对认股人已缴纳的股款，负返还股款并加算银行同期存款利息的连带责任；

（三）在公司设立过程中，由于发起人的过失致使公司利益受到损害的，应当对公司承担赔偿责任。

2.《合同法》[①]

第八条　依法成立的合同，对当事人具有法律约束力。当事人应当按照约定履行自己的义务，不得擅自变更或者解除合同。

依法成立的合同，受法律保护。

第九十四条　有下列情形之一的，当事人可以解除合同：

（一）因不可抗力致使不能实现合同目的；

（二）在履行期限届满之前，当事人一方明确表示或者以自己的行为表明不履行主要债务；

（三）当事人一方迟延履行主要债务，经催告后在合理期限内仍未履行；

（四）当事人一方迟延履行债务或者有其他违约行为致使不能实现合同目的；

（五）法律规定的其他情形。

第九十七条　合同解除后，尚未履行的，终止履行；已经履行的，根据履行情况和合同性质，当事人可以要求恢复原状、采取其他补救措施，并有权要求赔偿损失。

3.《公司法解释三》（2020 年）

第一条　为设立公司而签署公司章程、向公司认购出资或者股份并履行公司设立职责的人，应当认定为公司的发起人，包括有限责任公司设立时的股东。

第三条　发起人以设立中公司名义对外签订合同，公司成立后合同相对人请求公司承担合同责任的，人民法院应予支持。

公司成立后有证据证明发起人利用设立中公司的名义为自己的利益与相对人签订合同，公司以此为由主张不承担合同责任的，人民法院应予支持，但相对人为善意的除外。

第四条　公司因故未成立，债权人请求全体或者部分发起人对设立公司行为所产生的费用和债务承担连带清偿责任的，人民法院应予支持。

部分发起人依照前款规定承担责任后，请求其他发起人分担的，人民法院应当判令其他发起人按照约定的责任承担比例分担责任；没有约定责任承担比例的，按照约定的出资比例分担责任；没有约定出资比例的，按照均等份额分担责任。

---

① 现已修改为《民法典》第 465 条、第 563 条、第 566 条。

因部分发起人的过错导致公司未成立，其他发起人主张其承担设立行为所产生的费用和债务的，人民法院应当根据过错情况，确定过错一方的责任范围。

四、以借款形式提供设立费用者是否具备提起发起人责任纠纷主体资格

案件名称

天能电源公司诉曾某某、徐某某发起人责任纠纷案

案号

一审：（2018）浙0522民初1918号；二审：（2019）浙05民终1204号

裁判要旨

尽管未记载于公司设立文件，但参与公司设立过程中涉及的股权架构设置、机构设置、人员薪酬安排、业务范围确定等事宜的整体性约定，且以借款形式提供设立费用，是实质履行发起人职责，能被认定为发起人。

案情简介

上诉人（原审被告）：曾某某

被上诉人（原审原告）：天能电源公司

原审被告：徐某某

2016年11月23日，天能集团周某某、朱某某、韩某某、沈某某（甲方）与曾某某、徐某某（乙方）签订《会议纪要》一份。《会议纪要》载明双方拟成立一家公司，注册资本暂定1000万元，甲方占股55%，乙方占股45%。公司筹备小组拟定9人，甲方4人，出任公司董事长、财务总监、销售总经理和行政专员。乙方5人，出任公司总裁、副总裁、研发总经理、生产总经理和研发总经理助理。曾某某月薪8万元，徐某某月薪3万元，孙某某月薪3万元，赵某某月薪2万元，龙某某月薪2万元。《会议纪要》同时载明，项目筹备期以曾某某的名义向甲方借支，其费用支出作为业务费，凭正规发票报销，作为拟设公司的成本费用。公司筹备期间费用限额不超过200万元。

《会议纪要》签订后，双方开始筹备公司的设立工作，陆续产生部分费用。2017

年 10 月 31 日，天能电源公司向曾某某邮寄一份信函，载明天能电源公司为设立公司已花费 230 万元，而公司尚未设立。告知曾某某设立公司期间产生的工资、业务费用等 85 万元由双方按占股比例承担。曾某某一方向天能电源公司的借款扣除天能电源公司应承担的部分，应归还天能电源公司 103.5 万元。曾某某一方应自该函寄出之日起 7 日内或确认收到该函之日起 3 日内前往天能电源公司对上述事项进行确认，逾期视为同意上述处理意见。曾某某于 2017 年 11 月 6 日收到上述函件。

诉讼过程

2018 年 3 月 8 日，因曾某某收到函件后未予回复，天能电源公司以发起人责任纠纷为由诉曾某某、徐某某至浙江省长兴县人民法院，请求判令终止天能电源公司与曾某某、徐某某签订的《会议纪要》，并要求曾某某、徐某某返还天能电源公司出资款 1,035,000 元，浙江省长兴县人民法院一审判决支持原告诉讼请求。后曾某某不服判决，向浙江省湖州市中级人民法院提起上诉，被判决驳回上诉，维持原判。

裁判结果

一审判决：(1)天能电源公司与曾某某、徐某某于 2016 年 11 月 23 日签订的《会议纪要》于判决生效之日终止履行；(2)曾某某、徐某某返还天能电源公司公司设立费用 989,921.68 元，限于判决生效后 10 日内付清；(3)驳回天能电源公司其他的诉讼请求。如果未按判决指定的期间履行给付金钱义务，应当依照《民事诉讼法》第 253 条之规定，加倍支付迟延履行期间的债务利息。

二审判决：驳回上诉，维持原判。

主要争点

天能电源公司向一审法院起诉请求：(1)判令终止天能电源公司与曾某某、徐某某签订的《会议纪要》；(2)判令曾某某、徐某某返还天能电源公司出资款 1,035,000 元，逾期付款利息 17,008.5 元(逾期付款利息按中国人民银行同期同类贷款利率即年利率 4.35%，自 2017 年 11 月 15 日暂计算至 2018 年 3 月 31 日)，之后的逾期付款利息计算至款项付清之日；(3)案件诉讼费用由曾某某、徐某某承担。在诉讼过程中，天能电源公司放弃了对逾期付款利息的主张。

曾某某上诉请求：撤销一审判决，依法改判或发回重审，驳回天能电源公司的起诉，案件一审、二审诉讼费用由天能电源公司承担。事实和理由为：(1)天能电源公司原告主体资格不适格,其并非《会议纪要》的签订主体,并非公司设立的主体。(2)曾某某已经完成了《会议纪要》中约定的提供技术的义务,天能电源公司无权单方面终止《会议纪要》。(3)天能电源公司列出的费用清单,并非公司设立费用,与该案无关。(4)曾某某与天能集团、天能电源公司之间的关系并非公司设立关系。

天能电源公司辩称:(1)关于该案的原告主体资格问题,天能集团是一个大的概念,并非单独的一个企业,天能电源公司也是天能集团的一员,天能集团是一个松散型的机构,具体履行协议时,该案所涉的相关费用以及社保等,都是由天能电源公司履行的,原告的主体资格不存在问题。(2)关于该案公司设立过程中的费用开支,天能电源公司已经尽到了举证责任。(3)天能集团与曾某某和其他人一起合作,希望设立一个军工产品公司,在这个大前提下,前期的费用开支都是由天能集团来垫付,直至达到《会议纪要》约定的数额,如果还不能设立,即终止。

徐某某二审未发表意见。

综上所述,该案争议焦点为:(1)天能电源公司是否为该案的适格原告;(2)曾某某是否已经以技术出资的形式完成了出资义务,是否应当承担该案所涉的费用支出。

裁判说理

一审法院认为,关于案件争议焦点一,天能电源公司是否具有原告资格。首先,《会议纪要》中载明的甲方为周某某、朱某某、韩某某、沈某某。其中周某某、韩某某以及天能电源公司、天能集团已向该院出具情况说明,载明《会议纪要》中载明的甲方为天能电源公司。其次,在公司设立过程中,产生的所有费用均为天能电源公司支出。综上所述,法院认为《会议纪要》是由天能电源公司实际履行的,天能电源公司具有原告资格。

关于案件争议焦点二,设立公司过程中,共产生多少费用。首先,《会议纪要》中载明乙方委派曾某某、徐某某、孙某某、赵某某担任公司高管,同时载明龙某某担任总经理助理,故上述人员均为公司设立期间的工作人员,上述人员在公司设立期间花费的款项,应为设立公司产生的费用。另外,由案外人周某、孙某、王某某、骆某、胡某某、卢某某、商某、魏某某、徐某、许某某出面产生的费用,从款项来源上看,与曾某某等人相同,均为天能电源公司支付的款项;从报销程序上看,与曾某某等人相同;从发生的时间上看,均为同一时间段。同时,上述人员所有产生的费用均记载在装订好的同一账册内。故上述人员在公司设立期间花费的款项,应为设立公司产生的费用。经计算,公司设立过程中,花费招待费、办公用房费用 513,075.31 元,工资

710,050.64 元,其他款项 976,700 元,合计 2,199,825.95 元。

关于案件争议焦点三,设立公司产生的费用,如何承担。因部分发起人的过错导致公司未成立,其他发起人主张其承担设立行为所产生的费用和债务的,人民法院应当根据过错情况,确定过错一方的责任范围。在该案中,双方均无证据证明对方对公司未成功设立存在过错,故对公司设立中产生的费用,应按照约定的责任承担比例分担责任;没有约定责任承担比例的,按照约定的出资比例分担责任。《会议纪要》中约定甲方占股 55%,乙方占股 45%。故曾某某、徐某某应对公司设立的过程中产生的费用 2,199,825.95 元承担 45% 的责任,即 989,921.68 元。因公司设立过程中产生的费用均由天能电源公司支付,故曾某某、徐某某应向天能电源公司返还 989,921.68 元。

对于天能电源公司要求终止《会议纪要》的诉讼请求,天能电源公司在 2017 年 10 月 31 日函告曾某某,明确要求终止合同,并告知应自函寄出之日起 7 日内或确认收到函之日起 3 日内确认相关内容,逾期回复视为认可函告内容,故双方签订的《会议纪要》已于 2017 年 11 月 9 日解除。合同解除,合同的权利义务终止,故对天能电源公司要求终止《会议纪要》的诉讼请求,应予以支持。在诉讼过程中,天能电源公司放弃了对逾期付款利息的主张,是其对权利的自由处分,应予以认可。

二审法院认为,该案二审主要争议焦点为:(1)天能电源公司是否为该案的适格原告。(2)曾某某是否已经以技术出资的形式完成了出资义务。(3)曾某某是否应当承担该案所涉的费用支出。第一,2016 年 11 月 23 日,甲方天能集团周某某、朱某某、韩某某、沈某某与乙方曾某某、徐某某签订的《会议纪要》系双方对该案所涉公司设立过程中涉及的股权架构设置、机构设置、人员薪酬安排、业务范围确定等事宜进行的整体性约定,而根据该案查明的事实和现有的证据,关于公司设立期间的费用,实际是以曾某某向天能电源公司借支的形式支出,天能电源公司作为该案的原告,系适格的主体。第二,曾某某在二审中提交的技术方案、工程设计说明书、新产品开发评审、技术协议等材料,仅表明曾某某团队提供的相关技术曾处于开发、评估、改进阶段,但曾某某未能提供其提供的技术符合投产要求以及投入实质性生产的相关证据,不能视为曾某某已完成了技术出资义务。第三,关于曾某某应当承担的费用支出,该案双方当事人均无证据证明对方对公司未成功设立存在过错,故对公司设立中产生的费用,应按照约定的责任承担比例分担责任;没有约定责任承担比例的,按照约定的出资比例分担责任。根据该案《会议纪要》的约定,甲方占股 55%,乙方占股 45%。故曾某某、徐某某应对公司设立的过程中产生的费用承担 45% 的责任,一审认定的数额并无不当。

专业点评

根据《公司法解释三》第1条的规定,为设立公司而签署公司章程、向公司认购出资或者股份并履行公司设立职责的人,应当认定为公司的发起人,包括有限责任公司设立时的股东。严格按照此规定,认定公司发起人必须具备3个要件:(1)为设立公司而签署公司章程;(2)向公司认购出资或者股份;(3)履行公司设立职责。在该案中,尽管双方没有具体订立公司章程,但记载拟设立的公司的注册资本、股权结构、人员结构等内容的《会议纪要》承担了类似功能,双方均被认定为发起人。同时,即使《会议纪要》中没有出现天能电源公司,但法院依然依据实际情况,以甲方人员均为天能电源公司人员、甲方替乙方垫资为由将天能电源公司认定为发起人。由此可见,公司发起人认定的3个条件中,"签署公司章程"并非必要条件,认定的实质在于出资并承担公司设立职责。

另根据《公司法解释三》第4条第2款关于"部分发起人依照前款规定承担责任后,请求其他发起人分担的,人民法院应当判令其他发起人按照约定的责任承担比例分担责任;没有约定责任承担比例的,按照约定的出资比例分担责任;没有约定出资比例的,按照均等份额分担责任"的规定,公司设立失败,在双方均无法证明对方有过错的情况下,责任的承担会转向约定或依据出资比例分配。在此方面,可以做一定的风险规避工作,即在一开始就明确分工、明确责任、明确若公司设立不能所产生的费用承担规则。

法条链接

1.《公司法解释三》(2014年)①

第四条　公司因故未成立,债权人请求全体或者部分发起人对设立公司行为所

① 现已修改为《公司法解释三》(2020年)第4条。

产生的费用和债务承担连带清偿责任的，人民法院应予支持。

部分发起人依照前款规定承担责任后，请求其他发起人分担的，人民法院应当判令其他发起人按照约定的责任承担比例分担责任；没有约定责任承担比例的，按照约定的出资比例分担责任；没有约定出资比例的，按照均等份额分担责任。

因部分发起人的过错导致公司未成立，其他发起人主张其承担设立行为所产生的费用和债务的，人民法院应当根据过错情况，确定过错一方的责任范围。

2.《合同法》①

第九十一条　有下列情形之一的，合同的权利义务终止：

（一）债务已经按照约定履行；

（二）合同解除；

（三）债务相互抵销；

（四）债务人依法将标的物提存；

（五）债权人免除债务；

（六）债权债务同归于一人；

（七）法律规定或者当事人约定终止的其他情形。

第九十四条　有下列情形之一的，当事人可以解除合同：

（一）因不可抗力致使不能实现合同目的；

（二）在履行期限届满之前，当事人一方明确表示或者以自己的行为表明不履行主要债务；

（三）当事人一方迟延履行主要债务，经催告后在合理期限内仍未履行；

（四）当事人一方迟延履行债务或者有其他违约行为致使不能实现合同目的；

（五）法律规定的其他情形。

第九十六条　当事人一方依照本法第九十三条第二款、第九十四条的规定主张解除合同的，应当通知对方。合同自通知到达对方时解除。对方有异议的，可以请求人民法院或者仲裁机构确认解除合同的效力。

法律、行政法规规定解除合同应当办理批准、登记等手续的，依照其规定。

第九十七条　合同解除后，尚未履行的，终止履行；已经履行的，根据履行情况和合同性质，当事人可以要求恢复原状、采取其他补救措施，并有权要求赔偿损失。

---

① 现已修改为《民法典》第557条、第563条、第565条、第566条。

五、出资方式违反法律规定的，将无法认定为发起人

案件名称

武某涛诉郑某龙发起人责任纠纷案

案号

一审：(2020)陕1025民初385号；二审：(2021)陕10民终101号

裁判要旨

出资方式若违反《公司法》及相关管理条例规定，将导致公司设立相关文件、合同履行不能。此后，若双方并未达成补充协议，对权责作出新的约定，将导致公司设立登记中无法记载违法出资的一方，无法认定该方为发起人或公司股东。

案情简介

上诉人(原审原告)：武某涛

被上诉人(原审被告)：郑某龙

原审第三人：张某莹

2014年上半年，武某涛经人介绍认识了时任陕西省商洛市镇安县××组长、分管秦绣工作的张某莹。武某涛拟在镇安经营秦绣生意，张某莹便引荐其姐夫郑某龙与武某涛合作。2014年6月5日，双方在镇安县签订《合作协议》，协议约定双方共同设立锦鸿秦绣文化发展有限公司，郑某龙作为甲方负责外围关系，制定发展规划，策划企业活动、宣传营销，公司管理和人员招聘等，以经营管理和创意占企业股份的30%，武某涛作为乙方按郑某龙的规划和创意，出资创办秦绣展厅并负责生产发展所需资金，以资金入股占企业股份的70%，协议同时约定了其他权责条款。

2014年6月11日，经报送审查，工商部门预先核准的企业名称为商洛秦绣文化发展有限公司。经张某莹介绍和联系，2014年6月12日，武某涛与陕西秀山创业投资有限公司(以下简称秀山公司)签订《房屋租用协议》，租赁该公司位于镇安县××庄××街××段××层房屋作为拟设立公司的经营办公用房，武某涛向秀山公司支付了第一年房租3万元。

2014年6月30日,张某莹协助武某涛到陕西省商洛市镇安县工商部门办理公司注册登记,向登记部门提交了股东仅为武某涛一人的商洛秦绣文化发展有限公司章程、武某涛担任执行董事兼经理、聘请郑某龙为公司监事的股东决定等文件材料,注册成立了商洛秦绣文化发展有限公司,企业类型为有限责任公司(自然人独资),股东为武某涛。公司成立后,武某涛经营了一段时间,郑某龙自始至终未以任何身份参与公司的经营活动。

2019年3月,秀山公司以武某涛拖欠2015年6月12日后的房租为由,将武某涛诉至法院,一审法院经审理,判决解除双方签订的房屋租用协议、武某涛限期搬离所租房屋并按每年3万元的标准支付自2015年6月12日起至腾房之日止的房屋租金及房屋租金10%的违约金。武某涛不服,向陕西省商洛市中级人民法院提起上诉,经审理,判决驳回上诉,维持原判。秀山公司于2020年4月依据上述生效判决向一审法院申请强制执行。

诉讼过程

因被催收房租,武某涛以发起人责任纠纷为由诉郑某龙、张某莹至陕西省镇安县人民法院,请求判令郑某龙及张某莹连带承担公司债务,即房屋租金20万元并负担案件受理费,陕西省镇安县人民法院一审判决驳回原告诉讼请求。后武某涛不服判决,向陕西省商洛市中级人民法院提起上诉,被判决驳回上诉,维持原判。

裁判结果

一审判决:(1)武某涛与郑某龙于2014年6月5日签订的《合作协议》有效;(2)驳回武某涛其他诉讼请求;(3)案件受理费4300元,由武某涛负担。

二审判决:驳回上诉,维持原判。

主要争点

武某涛向一审法院起诉请求:(1)判令认定2014年6月5日签订的《合作协议》有效;(2)判令郑某龙及张某莹连带承担公司债务,即房屋租金20万元;(3)案件受理费由郑某龙及张某莹负担。

武某涛上诉请求:(1)撤销陕西省镇安县人民法院(2020)陕1025民初385号民事判决,改判被上诉人与原审第三人连带承担债务;(2)该案诉讼费由被上诉人承担。事实及理由为:(1)一审法院认定事实不清,证据不足。上诉人与被上诉人以及第三人已达成发起公司的合意。首先，上诉人与被上诉人之间系合伙关系，被上诉人是公司股东这一点有协议可以证实。其次，第三人为隐名股东。原审证人的证言可以与原审第三人自认的事实形成完全的证据链，证明第三人一直参与公司设立发起行为，从事相关事务，进一步证明第三人系公司隐名股东。(2)一审法院适用法律错误。一审法院已经认定上诉人与被上诉人之间的《合伙协议》有效和被上诉人为出资不实的案件事实，那么根据《公司法》的相关规定，就应该要求出资不实股东补缴差额，在出资不实的范围内对公司不能清偿部分承担补充责任，而一审法院却判决被上诉人不承担责任，不符合法律规定。综上所述，一审法院判决错误，请求二审法院依法改判或者发回重审。

郑某龙辩称：(1)一审法院认定事实清楚，证据充分。郑某龙自始至终未以监事、股东、发起人等任何身份参加过商洛秦绣文化发展有限公司的经营活动，其并不具备发起人身份，不应承担20万元债务。(2)一审法院适用法律正确。郑某龙不是公司的发起人，也就无须承担对外债务，郑某龙签字预备设立的公司名称是鸿锦秦绣文化发展有限公司，但之后这个公司并未实际设立，郑某龙无须承担实际注册的商洛秦绣文化发展有限公司设立产生的对外责任。综上所述，请求二审法院驳回上诉，维持原判。

原审第三人张某莹的意见同郑某龙。

综上所述，该案争议焦点为郑某龙是否具备发起人资格。

裁判说理

一审法院认为，案涉合作协议系原、被告在平等、自愿的基础上，就设立公司事项明确彼此权利义务所达成，其中约定被告以经营管理和创意出资，占拟设立公司30%股权。依照我国《公司法》及《公司登记管理条例》的规定，股东可以货币出资，也可以用货币估价并可依法转让的非货币财产作价出资，但不得以劳务、信用等作价出资。因此，双方约定被告以经营管理和创意出资，违反了上述法律和行政法规的管理性强制性规定，但协议并不因此无效，双方可以补充协议补正被告以其他合法方式出资。原告主张与自己达成共同设立公司合意的相对人是第三人，被告只是名义上的合同相对人，被告及第三人对此均予否认，原告除本人陈述及与该案有利害关系的证人邵某某的证言外，未能提供有效证据对此加以证明，故其事实主张不能成立。依据协议载明的双方当事人，一审法院认定协议双方为原告与被告。综上所述，由于合作协议签订后原告已单独注册成立个人独资公司的事实，以及公司现在的经营状况和被告在该案中的应诉主张，原告、被告已无可能就合作协议中的出资方式通过补充协议加以补正,但这不影响原合作协议效力。原告在合作协议签订后未按协议履行,注册成立了由其全资持股的自然人独资公司即商洛秦绣文化发展有限公司。该公司作为原告个人独资公司成立后,被告未以股东身份认缴和补缴出资,自始至终未以任何身份参与公司经营,原告也未能提供有效证据证明第三人系该公司隐名股东或以股东身份参与了公司经营,且案涉租金债务产生于公司成立近一年时间之后,因此,被告及第三人对公司均不具有法定或约定的权利义务,在此情况下,原告诉请被告及第三人对该公司成立后存续期间所产生的经营办公用房租金债务承担责任,无事实和法律依据,一审法院依法不予支持。

二审法院认为,该案二审涉及的争议焦点为被上诉人郑某龙、第三人张某莹应否对上诉人武某涛支付的房屋租金承担连带清偿责任。上诉人主张郑某龙、张某莹2人实际系公司股东,应承担责任。依据该案证据,当事人签订《合作协议》所约定的出资方式,违反了《公司法》及《公司登记管理条例》的规定,公司设立登记为上诉人全资持股的自然人独资公司,《合作协议》履行不能后,双方并未达成补充协议对权责作出新的约定。上诉人依据《合作协议》主张被上诉人为公司股东,无事实依据。上诉人亦未提供其他有效证据证实郑某龙、张某莹具有公司股东身份,其上诉理由法院不予采信。故上诉人武某涛主张被上诉人郑某龙、张某莹对其支付房屋租金承担连带清偿责任的诉求,法院不予采纳。

专业点评

股东可以货币出资,也可以用实物、知识产权、土地使用权等可以用货币估价并可以依法转让的非货币财产作价出资。在认定公司发起人的3项要件中,"向公司认购出资或者股份"的要件,要求股东出资形式符合上述规定。在该案中,尽管双方签订的《合作协议》约定了"创意"出资,但这种出资方式违反了法律和行政法规的管理性强制性规定,因此该"出资人"无法被认定为发起人,更无法承担公司债务。该案原告与被告出于何种目的签订《合作协议》不得而知,但最初约定"不平等"条款,又无后续补正,最终导致权责的失衡,致使原告在被催讨债务后想要再请求被告承担股东责任毫无可能。

因此,尽管发起人的认定在当前司法实务中讲求"实质"认定,但各发起人仍需注意发起要件的规范性，其无论对自身认定发起人身份，还是追求共同承担责任，都有重要意义。

该案中，先确认原告、被告签订的合作协议有效，同时又认定该协议没有履行，已经被原告后续的一系列行为事实上进行了变更，所以，并没有按照合作协议明确的股权比例分配债务承担责任，角度比较新颖。

法条链接

1.《公司法》（2018 年）

第二十七条　股东可以用货币出资，也可以用实物、知识产权、土地使用权等可以用货币估价并可以依法转让的非货币财产作价出资；但是，法律、行政法规规定不得作为出资的财产除外。

对作为出资的非货币财产应当评估作价，核实财产，不得高估或者低估作价。法律、行政法规对评估作价有规定的，从其规定。

第六十条　一人有限责任公司章程由股东制定。

2.《公司登记管理条例》（2016 年）①

第十四条　股东的出资方式应当符合《公司法》第二十七条的规定，但股东不得以劳务、信用、自然人姓名、商誉、特许经营权或者设定担保的财产等作价出资。

① 现已修改为《市场主体登记管理条例》第 13 条。

第三篇

请求变更公司登记纠纷

导　语

公司登记是将公司应予公示的事项到有关主管机关进行登记,变更公司登记是在市场监督主管部门进行的改变公司名称、住所、经营方式、注册资金、经营期限等原来的登记注册事项,以及增设或撤销公司分支机构时所作的登记。

《公司法》第13条规定:"公司法定代表人依照公司章程的规定,由董事长、执行董事或者经理担任,并依法登记。公司法定代表人变更,应当办理变更登记。"

《公司法》第32条规定:"有限责任公司应当置备股东名册,记载下列事项:(一)股东的姓名或者名称及住所;(二)股东的出资额;(三)出资证明书编号。记载于股东名册的股东,可以依股东名册主张行使股东权利。公司应当将股东的姓名或者名称向公司登记机关登记;登记事项发生变更的,应当办理变更登记。未经登记或者变更登记的,不得对抗第三人。"

《公司法解释三》第23条规定:"当事人依法履行出资义务或者依法继受取得股权后,公司未根据公司法第三十一条、第三十二条的规定签发出资证明书、记载于股东名册并办理公司登记机关登记,当事人请求公司履行上述义务的,人民法院应予支持。"

《市场主体登记管理条例》第3条规定:"市场主体应当依照本条例办理登记。未经登记,不得以市场主体名义从事经营活动。法律、行政法规规定无需办理登记的除外。市场主体登记包括设立登记、变更登记和注销登记。"

《市场主体登记管理条例》第8条规定:"市场主体的一般登记事项包括:(一)名称;(二)主体类型;(三)经营范围;(四)住所或者主要经营场所;(五)注册资本或者出资额;(六)法定代表人、执行事务合伙人或者负责人姓名。除前款规定外,还应当根据市场主体类型登记下列事项:(一)有限责任公司股东、股份有限公司发起人、非公司企业法人出资人的姓名或者名称;(二)个人独资企业的投资人姓名及居所;(三)合伙企业的合伙人名称或者姓名、住所、承担责任方式;(四)个体工商户的经营者姓名、住所、经营场所;(五)法律、行政法规规定的其他事项。"

《市场主体登记管理条例》第9条规定:"市场主体的下列事项应当向登记机关办理备案:(一)章程或者合伙协议;(二)经营期限或者合伙期限;(三)有限责任公司股东或者股份有限公司发起人认缴的出资数额,合伙企业合伙人认缴或者实际缴付的出资数额、缴付期限和出资方式;(四)公司董事、监事、高级管理人员;(五)农民专业合作社(联合社)成员;(六)参加经营的个体工商户家庭成员姓名;(七)市场主体登记联络员、外商投资企业法律文件送达接受人;(八)公司、合伙企业等市场主体受益所有人相关信息;(九)法律、行政法规规定的其他事项。"

《市场主体登记管理条例》第16条规定:"申请办理市场主体登记,应当提交下列材料:(一)申请书;(二)申请人资格文件、自然人身份证明;(三)住所或者主要经营场所相关文件;(四)公司、非公司企业法人、农民专业合作社(联合社)章程或者合伙企业合伙协议;(五)法律、行政法规和国务院市场监督管理部门规定提交的其他材料。国务院市场监督管理部门应当根据市场主体类型分别制定登记材料清单和文书格式样本,通过政府网站、登记机关服务窗口等向社会公开。登记机关能够通过政务信息共享平台获取的市场主体登记相关信息,不得要求申请人重复提供。"

《市场主体登记管理条例》第24条规定:"市场主体变更登记事项,应当自作出变更决议、决定或者法定变更事项发生之日起30日内向登记机关申请变更登记。市场主体变更登记事项属于依法须经批准的,申请人应当在批准文件有效期内向登记机关申请变更登记。"

《市场主体登记管理条例》第26条规定:"市场主体变更经营范围,属于依法须经批准的项目的,应当自批准之日起30日内申请变更登记。许可证或者批准文件被吊销、撤销或者有效期届满的,应当自许可证或者批准文件被吊销、撤销或者有效期届满之日起30日内向登记机关申请变更登记或者办理注销登记。"

《市场主体登记管理条例》第29条规定:"市场主体变更本条例第九条规定的备案事项的,应当自作出变更决议、决定或者法定变更事项发生之日起30日内向登记机关办理备案。农民专业合作社(联合社)成员发生变更的,应当自本会计年度终了之日起90日内向登记机关办理备案。"

《市场主体登记管理条例》第31条规定:"市场主体因解散、被宣告破产或者其他法定事由需要终止的,应当依法向登记机关申请注销登记。经登记机关注销登记,市场主体终止。市场主体注销依法须经批准的,应当经批准后向登记机关申请注销登记。"

《市场主体登记管理条例》第32条规定:"市场主体注销登记前依法应当清算的,清算组应当自成立之日起10日内将清算组成员、清算组负责人名单通过国家企业信用信息公示系统公告。清算组可以通过国家企业信用信息公示系统发布债权人公告。清算组应当自清算结束之日起30日内向登记机关申请注销登记。市场主体申请注销登记前,应当依法办理分支机构注销登记。”

《市场主体登记管理条例》第34条规定:“人民法院裁定强制清算或者裁定宣告破产的,有关清算组、破产管理人可以持人民法院终结强制清算程序的裁定或者终结破产程序的裁定,直接向登记机关申请办理注销登记。”

一方面,我国公司登记属于宣示登记,不作为权利得失、变更的依据,其作用仅在于向外宣示标的物的权利状态。另一方面,结合商事外观主义原则,公司事项变更未进行登记,又不得对抗第三人。这提示各股东及利益相关人员:首先,对于公司情况的变更,需要及时进行登记,规避风险;其次,对于未登记的变更内容,也需及时搜集、保留相关依据,做好应诉准备。

请求变更公司登记纠纷是股东对公司登记中记载的事项请求予以变更而产生的纠纷。公司登记直接关系到股东资格的确认与股权的行使,与股东利益密切相关。由于其具有一定延迟性,且一般情况下属于宣示登记,因此,当有限责任公司相关事项发生变化时,公司应当向公司登记机关申请变更登记。若变更登记不及时,则不得对抗第三人,甚至可能进而影响相应股东的利益,从而引发请求变更公司登记纠纷。这类纠纷经常发生在公司控制权发生移转、股东之间进行控制权争夺或者股东资格纷争等情况。根据《公司法解释三》第27条第2款的规定,股权发生变更后,企业高级管理人员应及时为股权受让方办理股权变更登记手续。董事、高级管理人员违反法律法规等对其职责的要求,致使股权受让方因未变更登记受损的,董事、高级管理人员应当在其过错范围内承担相应的损害赔偿责任。如果受让方由于自己过错未能及时办理股权变更登记致使其自身利益受损的,根据民法过失相抵原则,受让方应当根据其过失程度承担相应的损害后果。

一、新股东支付价款受让股权后,即有权要求进行工商变更登记

案件名称

陈某忠诉华港公司、第三人毛某人、吴某军请求变更公司登记纠纷案①

案号

一审:(2012)丽龙商初字第811号;二审:(2013)浙丽商终字第72号

① 参见浙江法院2013年涉企案件审判十大典型案例。

裁判要旨

有限责任公司应当将股东的姓名及其出资额向公司登记机关登记,登记事项发生变更的,应当办理变更登记。即使合同约定在股权转让 10 年后再行办理变更登记,当受让方支付全部款项后,出让方再行登记为公司股东、法定代表人等身份已无实质性民事权益,受让方主张变更登记的,应当支持。

案情简介

上诉人(原审被告):华港公司

被上诉人(原审原告):陈某忠

原审第三人:毛某人

原审第三人:吴某军

毛某人与其母亲毛某花原为华港公司股东,各占 95%、5% 的股份。2007 年 12 月 22 日,陈某忠、吴某军与毛某人就华港公司的股权转让签订了《转让合同》,约定毛某人将华港公司 100% 股份(包含毛某花的 5% 股份)转让给陈某忠、吴某军。2010 年 12 月 16 日,陈某忠与吴某军签订《股份转让协议》,约定陈某忠受让取得吴某军持有的华港公司 50% 股份。为此,陈某忠于 2010 年 12 月 16 日通过泰隆商业银行将 260 万元转让款全部支付给吴某军,并由吴某军出具了收款收条。至此,陈某忠转让取得华港公司 100% 的股权。

按照各方的合同约定,自 2007 年 12 月 22 日股权转让协议签订后,毛某人不得参与公司经营、履行公司义务,也不得行使公司章程所规定的职权。但实际上,毛某人、吴某军在已不是华港公司股东的情况下,仍登记为华港公司股东,其中吴某军占股 25%、毛某人占股 45%,且毛某人登记担任公司的执行董事、法定代表人,原告为维护自身的合法权益,与被告华港公司和第三人协商无果,故起诉请求依法判决:(1)华港公司将登记在毛某人名下 22.5% 的股份(45% 的一半属于吴某军的份额)变更登记到陈某忠名下;(2)华港公司将登记在吴某军名下 25% 的股份变更登记到陈某忠名下。

诉讼过程

因股权登记产生纠纷,陈某忠以请求变更公司登记纠纷为由诉华港公司至浙江省龙泉市人民法院,请求判令变更股权登记,浙江省龙泉市人民法院一审判决支持原告诉讼请求。后华港公司不服判决,向浙江省丽水市中级人民法院提起上诉,被判决驳回上诉,维持原判。

裁判结果

一审判决:华港公司于判决生效之日起10日内到工商部门办理股权变更登记手续,将毛某人持有的22.5%的股权、吴某军持有的25%的股权变更登记至陈某忠名下,毛某人、吴某军应予配合。

二审判决:驳回上诉,维持原判。

主要争点

被告华港公司与第三人毛某人共同书面答辩称:陈某忠请求变更公司登记违反了合同约定,也缺乏法律依据。理由是:(1)陈某忠未完全按约履行付款义务,仅支付转让款3,472,880元,尚有转让款1,027,120元未付,其行为已构成根本性违约,按约不能完全享有股权。而根据双方合同的约定,陈某忠、吴某军付清全部转让款,毛某人将其中50%的股份转让给陈某忠及吴某军后,另外50%股份及毛某人法定代表人身份在2016年1月1日才可变更。现陈某忠既未付清转让款,且双方约定的变更登记期限尚未届至,故陈某忠依约不得请求变更登记。此外,根据双方合同的约定,450万元为土地、厂房、设备的转让价款,不能理解为股权转让价款。(2)陈某忠与吴某军之间的股权转让协议及收条、银行付款委托书上的"吴某军"签名与该案讼争的转让合同中的签名完全不一样,并非吴某军本人签署。对该证据材料,浙江省龙泉市人民法院审理的(2011)丽龙商初字第1317号案件已作出判决,认定陈某忠与吴某军之间的股权转让不属于变更公司登记的审理范畴,不予确认上述证据材料,故陈某忠的起诉主体不适格。因此,答辩人要求驳回陈某忠的诉讼请求。

第三人吴某军书面答辩称:陈某忠起诉主张的股权转让属实,答辩人确实将在华港公司所享有的全部股权(包括登记在自身名下以及登记在毛某人名下的股权)转让给陈某忠,且已收取了全部的转让款260万元,故华港公司应当为陈某忠办理股权变更登记手续。

华港公司不服,上诉称:(1)被上诉人没有完全履行付款义务,仅支付了3,472,880元的转让款,尚有1,027,120元未支付,构成根本性违约,按约不能完全享有股权。且合同约定,被上诉人和吴某军只有付清全部转让款之后,毛某人才将其中50%的股份转让给被上诉人和吴某军,另外50%股份及毛某人法定代表人身份在2016年1月1日才可变更,现被上诉人既未付清转让款,且变更登记期限尚未届至,故被上诉人依约不得请求变更登记。(2)根据合同的约定,450 万元为土地、厂房、设备的转让价款,不能理解为股权转让价款。(3)被上诉人与吴某军之间的股权转让协议及收条、银行付款委托书上吴某军的签名与该案诉争的转让合同中的签名完全不一样,并非吴某军亲自签署。另一案件判决已经认定被上诉人与吴某军之间的股权转让不属于变更公司登记的审理范畴,故被上诉人的起诉主体不适格。综上所述,请求二审法院查明事实,并作出公正判决。

被上诉人陈某忠答辩称:(1)被上诉人陈某忠及吴某军已全额支付了 450 万元股权转让费,毛某人出具的两张收条金额为 450 万元,是经过(2011)丽龙商初字第 1317 号民事判决予以确认,该案审理的是被上诉人要求上诉人进行变更股权登记。(2)450 万元是否为股权转让款,根据生效的判决已经定性为双方签订的合同股权转让协议。第三人吴某军在一审中提交了书面答辩,已表明吴某军的股权份额已全部转让给了陈某忠。综上所述,请求二审法院驳回上诉,维持原判。

综上所述,该案争议焦点为转让人与受让人签订股权转让协议,约定转让人转让股权 10 年后,再办理股权变更登记。但在上述约定时间前,受让人支付了全部股权转让款,受让人是否有权要求办理股权变更登记。

裁判说理

一审法院认为,有限责任公司应当将股东的姓名及其出资额向公司登记机关登记,登记事项发生变更的,应当办理变更登记。在该案中,毛某人与陈某忠、吴某军于 2007 年 12 月 22 日签订的《转让合同》系转让双方的真实意思表示,合同内容未违反法律法规的禁止性规定,合同性质、效力以及双方履约事实,经生效的(2011)丽龙商初字第 1317 号案件判决认定。依据该生效判决,陈某忠、吴某军共同有效受让了毛某人在华港公司持有的 95% 股份,并已完全支付了双方在合同中约定的 450 万元转让款。故被告华港公司及第三人毛某人在该案中提出的受让方陈某忠、吴某军未完全履行 450 万元转让款的付款义务以及该 450 万元转让款应作为华港公司土地、厂房和设备的转让价款,不应理解为股权转让款的抗辩理由不能成立,法院不予采纳。陈某忠、吴某军有效受让华港公司 95% 股份,致使该公司股东及出资额等登记事项发生变更,华港公司依法应当办理变更登记手续。在案件中,毛某人与陈某忠、吴某军虽在 2007 年 12 月 22 日的《转让合同》中约定毛某人持有的华港公司工商登记的 50% 股份、法定代表人身份,董事长名称,必须保留至 2015 年 12 月 30 日,从 2016 年 1 月 1 日起,相应的股权和工商登记才作出变更。但在双方协议签订后,毛某人仍代表华港公司实际行使职权,违反了双方在《转让合同》中约定的毛某人不参与公司经营的合同义务，已构成违约。合同相对方陈某忠、吴某军依法可以在双方约定的变更登记期限届满前，要求毛某人履行法定变更登记义务，故华港公司及毛某人主张陈某忠无权要求变更公司登记的抗辩理由不能成立，法院不予支持。同时，依照相关法律法规的规定，有限责任公司的股东之间可以相互转让其全部或者部分股权。在该案中，吴某军在受让毛某人股份后，于 2010 年 12 月 16 日将其持有的华港公司股权［包括登记在吴某军名下 25% 的股权和毛某人名下的 22.5% 的股权（45% 的一半）］全部转让给陈某忠，并收受了陈某忠支付的股权转让款，依法将其在华港公司的股东权利让渡给陈某忠，华港公司的股东姓名和出资额再次发生了变更事由，华港公司理应依法向公司登记机关办理变更登记。因此，原告陈某忠受让取得华港公司股权，其要求华港公司办理工商登记的诉讼请求符合法律规定，法院予以支持。

二审中，双方当事人的主要争议焦点是：(1)陈某忠和吴某军是否已经按照合同约定付清 450 万元转让款。(2)该案合同转让为何种性质。(3)陈某忠是否享有吴某军所有的股权。

关于争议焦点一，法院认为，2007 年 12 月 22 日，毛某人与陈某忠、吴某军之间签订的《转让合同》约定，毛某人将其拥有的华港公司的土地、厂房、设备等资产以 450 万元转让给陈某忠和吴某军，合同签订后陈某忠与吴某军陆续支付了合同转让款，毛某人分别于 2008 年 2 月 1 日、2009 年 4 月 7 日出具收条两张，确认收到吴某军、陈某忠转让款 50 万元和 400 万元，该两张收条的真实性，毛某人并无异议。因此，根据毛某人确认的收条，认定陈某忠与吴某军在合同签订后已经按约支付了 450 万元转让款。华港公司主张陈某忠与吴某军仅支付了 3,472,880 元转让款，没有事实依据，法院不予支持。

关于争议焦点二，法院认为，双方当事人在签订《转让合同》时，分别在第 1 条、第 4 条中进行了明确，其中第 4 条明确了毛某人转让的就是个人股份，故原审确定股权转让并要求毛某人依法进行变更登记并无不当。上诉人的上诉主张，没有事实和法律依据，法院不予支持。

关于争议焦点三，法院认为，陈某忠与吴某军在支付转让款后，即取得华港公司相应的股权，吴某军与陈某忠之间签订的股权转让系双方的真实意思表示，吴某军在原审中对其与陈某忠之间的股权转让无异议并予以确认。而在(2011)丽龙商初字第 1317 号案件中，因吴某军并非该案当事人，故吴某军与陈某忠之间的股权转让当然不属于该案审理范围。而此案中吴某军为案件当事人，原审对其股权转让事项进行审理并无不当，上诉人的上诉理由，缺乏事实与法律依据。

专业点评

商事登记采取的是外观主义原则，无论从交易安全考量，还是从真实意思表示角度考量，商事登记应该秉持如实登记的原则，除非不涉及第三人善意保护的情形下，方能根据当事人意思自治，允许股权代持等认定与登记不一致的情形的相对效力。该案中，双方当事人依据法律规定签订股权转让协议时，虽约定转让人转让的股权保留至10年后，相应的股权和工商登记才可变更，但在此之前，受让人已经全额支付股权转让款，转让人亦出具收条确认收到股权转让款的，双方的股权转让行为合法有效。受让人基于股权转让已经取得转让人享有的公司股权，有权要求该公司将受让人的姓名及其出资额向公司登记机关办理变更登记。而且，股权受让方在支付全部股权转让款后，协议约定出让方不再继续参与经营管理，继续登记为股东，对股权出让者并不存在实质意义上的民事权益，反而影响了股权受让方的权利行使和潜在交易对象的判断，不利于正常交易的开展和交易秩序的稳定。在该案中，约定股权转让受让方支付转让款的10年后再行变更工商登记，是否有违公平是值得探讨的。

法条链接

1.《公司法》(2005年)①

第三十三条第三款　公司应当将股东的姓名或者名称及其出资额向公司登记机关登记；登记事项发生变更的，应当办理变更登记。未经登记或者变更登记的，不得对抗第三人。

2.《合同法》②

第五十一条　无处分权的人处分他人财产，经权利人追认或者无处分权的人订立合同后取得处分权的，该合同有效。

---

① 现已修改为《公司法》(2018年)第32条第3款。

② 现已修改为《民法典》第311条、第509条、第578条。

第六十条　当事人应当按照约定全面履行自己的义务。当事人应当遵循诚实信用原则,根据合同的性质、目的和交易习惯履行通知、协助、保密等义务。

第一百零八条　当事人一方明确表示或者以自己的行为表明不履行合同义务的,对方可以在履行期限届满之前要求其承担违约责任。

二、被冒名登记为公司股东的,可以直接起诉变更登记

案件名称

杨某华等诉东方上宇公司请求变更公司登记纠纷案

案号

一审:(2013)大民初字第11155号;二审:(2015)二中民(商)终字第12365号

裁判要旨

冒用他人名字登记为股东的,被冒名人不承担法律责任,法律并不赋予被冒名人任何公司股东的义务,因此被冒名人亦不应享有任何公司股东的权利,从而被冒名人无权请求变更公司工商登记,但为妥善解决公司工商登记中股东名实不符问题,减少可能产生的矛盾和纠纷,被冒名股东有义务协助办理股东变更登记手续。

案情简介

上诉人(原审原告):杨某华

上诉人(原审原告):范某

被上诉人(原审被告):东方上宇公司

原告杨某华、范某诉称:东方上宇公司原法定代表人张某民,为一己私利,于2009年5月对东方上宇公司进行工商变更登记,在没有召开任何股东会的情况下,将事先准备好的材料让范某签字,又在杨某华不知情的情况下虚假代替其签字,形成所谓的2009年5月6日东方上宇公司股东会决议。而后,依据无效协议于2009年5月26日向原北京市工商行政管理局大兴分局申请工商变更登记,该局于2009年6月4日准予变更。该虚假变更被杨某华和范某发现后,二人于2012年1月向北京市大兴区人民法院提起诉讼,请求该院依法确认2009年5月6日东方上宇公司作

出的股东会决议无效。根据《公司法》第22条的规定，公司根据股东会或者股东大会、董事会决议已办理变更登记的，人民法院宣告该决议无效或撤销该决议后，公司应当向公司登记机关申请撤销变更登记。故杨某华和范某提起诉讼，请求：(1)依法判决东方上宇公司立即申请撤销依据2009年5月6日东方上宇公司股东会决议所作出的相关工商变更登记；(2)诉讼费用由东方上宇公司承担。在一审诉讼过程中，杨某华与范某明确其诉讼请求为判令东方上宇公司在判决生效后10日内向登记机关申请撤销东方上宇公司依据2009年5月6日东方上宇公司股东会决议所作出的2009年6月4日工商变更登记，恢复到变更前的登记状态，具体变更登记为：张某民的出资额占东方上宇公司注册资本的49%，范某的出资额占东方上宇公司注册资本的49%，杨某华的出资额占东方上宇公司注册资本的2%。

诉讼过程

因认为东方上宇公司未及时撤销变更登记，杨某华、范某以请求变更公司登记纠纷为由诉东方上宇公司至北京市大兴区人民法院，请求判令撤销变更登记，北京市大兴区人民法院一审判决驳回原告诉讼请求。后杨某华、范某不服判决，向北京市第二中级人民法院提起上诉，被判决驳回上诉，维持原判。

裁判结果

一审判决：驳回杨某华和范某的全部诉讼请求。

二审判决：驳回上诉，维持原判。

主要争点

杨某华与范某均不服一审法院上述民事判决，提起上诉，其主要上诉理由是：北京市大兴区人民法院在(2012)大民初字第1204号民事判决书中认定，范某主张确认的东方上宇公司2009年5月6日的股东会决议无效，于法有据，予以支持，并据此判决要求确认东方上宇公司2009年5月6日的股东会决议无效。但该案一审判决对前述判决作出了全盘否定。杨某华和范某认为，该案一审判决适用法律不当，其判决理由和结论与事实及诉讼请求严重不符，于法无据。

东方上宇公司服从一审法院上述民事判决，其向北京市第二中级人民法院书面答辩称：一审判决认定事实清楚，适用法律正确。东方上宇公司有2名股东，即张某民与范某。包括2008年3月20日及2009年5月6日在内的几次股东会决议均由上述2名股东签名确认,说明上述股东会决议是真实的。根据杨某华的陈述,其根本不知道东方上宇公司,也没有签署过任何1份东方上宇公司股东会决议。2012年,杨某华与范某向一审法院提起诉讼,以2009年5月6日东方上宇公司股东会决议中杨某华的签名并非其本人所签,其不认可该股东会决议为由,请求一审法院确认2009年5月6日东方上宇公司股东会决议无效,一审法院作出(2012)大民初字第1204号民事判决,支持了杨某华与范某的诉讼请求。之后,由于东方上宇公司未履行该判决,故杨某华与范某提起此案诉讼。东方上宇公司认为根据《合同法》第3条、第6条的规定,(2012)大民初字第1204号民事判决是不公正的。杨某华根本不知道东方上宇公司,东方上宇公司的几次股东会决议中杨某华的签名均是他人代签的,有关东方上宇公司股权的转让及收回均是张某民制造的虚假事实,都应是无效的。因此,东方上宇公司认为该案一审判决是公正的、正确的。

综上所述,该案争议焦点为杨某华是否被冒名登记为东方上宇公司股东。

裁判说理

一审法院判决认定:杨某华与范某起诉要求东方上宇公司在法院作出生效判决确认2009年5月6日东方上宇公司的股东会决议无效后,向工商部门申请恢复变更登记为张某民的出资额占东方上宇公司注册资本的49%,范某的出资额占东方上宇公司注册资本的49%,杨某华的出资额占东方上宇公司注册资本的2%。但是基于东方上宇公司在此次股东会决议被确认无效之前,通过法定方式进行了增资,且进行了相应登记,以及范某已将其股份转让等事实,一审法院对于杨某华与范某的诉讼请求不予支持,具体理由如下:(1)东方上宇公司在2009年5月6日无效的股东会决议作出和变更登记后,2009年5月12日公司注册资本进行了增资,由100万元增至500万元,该增资已经过审计部门验资确认,且经过了工商变更登记,距今已6年,该注册资本经过变更登记的公示后,形成了一定公示公信力,如果撤销恢复至原来登记状态,公司注册资本也要变更为增资前的100万元,不利于对公示登记信赖的不特定第三人利益的保护,违反了商法促进交易效率的法律原则;(2)杨某华在不能恢复登记的情况下,可以通过提起损害赔偿的方式要求张某民与范某承担伪造其股东会决议签名的赔偿责任;(3)范某已将其所持有的东方上宇公司全部股份转让给案外人张某顺,且范某已收到股权转让款270万元。综上所述,一审法院认为应当驳回杨某华和范某的诉讼请求。

二审法院认为:该案中,根据杨某华的自述,杨某华与东方上宇公司无任何关系,在东方上宇公司作出2008年3月20日及2009年5月6日股东会决议时,杨某华不知道东方上宇公司的存在,其从未参与过东方上宇公司的经营管理活动。在上述股东会决议中,杨某华的签名系东方上宇公司原法定代表人冒用杨某华的名义签署的。由此可见,虽然杨某华曾被登记为东方上宇公司的股东,但是其在被登记为东方上宇公司股东时,既没有出资设立东方上宇公司,参与东方上宇公司的经营管理、分享利润和承担风险的意思表示,也没有与东方上宇公司其他股东共同设立东方上宇公司的合意,系他人冒用其名义进行了登记,且其当时也不知其名义被冒用。《公司法解释三》第28条规定:“冒用他人名义出资并将该他人作为股东在公司登记机关登记的,冒名登记行为人应当承担相应责任;公司、其他股东或者公司债权人以未履行出资义务为由,请求被冒名登记为股东的承担补足出资责任或者对公司债务不能清偿部分的赔偿责任的,人民法院不予支持。”根据上述法律规定,冒用他人名义进行登记的行为人应当就其冒用行为向公司、其他股东、公司债权人等承担法律责任,而被冒名人不承担相关法律责任,也就是说法律并不赋予被冒名人任何公司股东的义务,反之,被冒名人亦不应享有任何公司股东的权利。据此,不应将杨某华视为法律上的东方上宇公司股东。综上所述,虽然2009年5月6日东方上宇公司股东会决议已被生效法律文书确认为无效,但是由于杨某华并非法律上的东方上宇公司股东,故其要求变更东方上宇公司的工商登记为杨某华在东方上宇公司占有2%的出资额的上诉请求,缺乏事实和法律依据,法院不予支持。而范某作为东方上宇公司的股东签署了涉案股东会决议,应视为涉案股东会决议内容系其真实意思表示,现其要求变更东方上宇公司的工商登记为范某在东方上宇公司占有49%的出资额的上诉请求,亦缺乏事实和法律依据,法院不予支持。

专业点评

冒名登记,是指未经他人同意,冒用他人名义出资并将他人登记为公司法定代表人或是股东,以此来规避、转嫁股东和公司的可能发生的法律责任的行为。被冒名者因不知情,且从未有过持股的意思表示、实际不出资、不参与公司管理经营,反而面临着承担债务、民事纠纷的风险,其不应被视为法律上的股东。此类事项本质上属于姓名权侵权,区别于股权代持中的显名股东和隐名股东。

《公司法解释三》第28条特别规定了冒用他人名义出资并将该他人作为股东在公司登记机关登记的,冒名登记行为人应当承担相应责任;公司、其他股东或者公司债权人以未履行出资义务为由,请求被冒名登记为股东的承担补足出资责任或者对公司债务不能清偿部分的赔偿责任的,人民法院不予支持。该规定赋予被冒名股东向法院起诉否认股东资格的权利。

实践中,被冒名的形式非常多,既有当事人被冒名为公司法定代表人的,也有被冒名登记为公司股东、监事等高级管理人员的。行为方式也是纷繁复杂,但因为工商登记机关对公司登记一般只采取形式审查标准,冒名行为在公司登记中屡见不鲜,而当事人却很难发现自己已被冒名登记。在司法实践中,当事人发现自己被冒名注册公司而提起诉讼一般存在以下几种情形:一是具有公职身份的人员在组织审查过程中发现存在经商办企业的情况而无法通过组织审查;二是当事人在申请办理公司注册登记时,被工商登记机关发现存在不良记录而无法正常设立公司;三是债权人以股东损害其利益为由起诉被冒名者,要求其承担补充赔偿责任。

对于这种被冒名登记为股东的情形,究竟应该采取哪些法律措施进行救济?从民事侵权角度看,构成了侵权责任法所规定的侵权行为,被冒名人可以提起侵权之诉;从登记机关行政行为结果看,被冒名人可以向行政机关进行投诉、举报或者直接向人民法院提起行政诉讼。在前述处理过程中,如果发现刑事犯罪行为,可以向有关机关移送相关线索。通过民事、行政、刑事 3 种途径形成一张全面的权益保护网。

法条链接

1.《公司法》(2013 年)①

第二十二条　公司股东会或者股东大会、董事会的决议内容违反法律、行政法规的无效。

① 现已修改为《公司法》(2018 年)第 22 条。

股东会或者股东大会、董事会的会议召集程序、表决方式违反法律、行政法规或者公司章程，或者决议内容违反公司章程的，股东可以自决议作出之日起六十日内，请求人民法院撤销。

股东依照前款规定提起诉讼的，人民法院可以应公司的请求，要求股东提供相应担保。

公司根据股东会或者股东大会、董事会决议已办理变更登记的，人民法院宣告该决议无效或者撤销该决议后，公司应当向公司登记机关申请撤销变更登记。

2.《公司法解释三》（2014年）①

第二十八条　冒用他人名义出资并将该他人作为股东在公司登记机关登记的，冒名登记行为人应当承担相应责任；公司、其他股东或者公司债权人以未履行出资义务为由，请求被冒名登记为股东的承担补足出资责任或者对公司债务不能清偿部分的赔偿责任的，人民法院不予支持。

三、驳回变更法定代表人登记诉讼请求

案件名称

司某民诉盛大公司请求变更公司登记纠纷案

案号

一审：（2019）苏1322民初6481号；二审：（2020）苏13民终435号

裁判要旨

公司法定代表人的选任属于公司内部事务，由公司依据相关法律规定及公司章程作出决定。请求公司办理公司法定代表人工商变更登记，应当举证证明公司已经就法定代表人变更事项作出了新的有效变更决议或决定。未能举证证明的，法院不予支持。

案情简介

上诉人（原审原告）：司某民

① 现已修改为《公司法解释三》（2020年）第28条。

被上诉人(原审被告):盛大公司

原审第三人:徐某友

原审第三人:周某

原审第三人:张某

原审第三人:玺鑫公司

原审原告向一审法院提出诉讼,请求判令被告变更法定代表人登记手续。事实和理由为:被告盛大公司原有股东为本案原告、案外人曹某霞、严某3人,公司股东于2011年1月1日召开股东会,并作出股东会决议,将原股东所占出资额全部转让给第三人徐某友,并增资扩股,第三人玺鑫公司、张某及周某成为盛大公司新股东。股东会决议第6条载明,免去原告执行董事职务,并另行选举执行董事。后被告进行了公司变更登记,但在未经原告同意的情况下,仍将原告列为被告的法定代表人。现因被告失信行为,原告作为登记法定代表人亦被列入失信名单,严重影响原告的正常生活工作,故向法院起诉要求变更公司登记。

诉讼过程

因作为登记法定代表人被列入失信名单,司某民以请求变更公司登记纠纷为由诉盛大公司至江苏省宿迁市沭阳县人民法院,请求判令变更公司登记,江苏省宿迁市沭阳县人民法院一审裁定驳回原告起诉。后司某民不服判决,向江苏省宿迁市中级人民法院上诉,被裁定驳回上诉,维持原裁定。

裁判结果

一审裁定:驳回原告司某民的起诉。

二审裁定:驳回上诉,维持原裁定。

主要争点

上诉人司某民上诉请求:撤销一审裁定,指令一审法院继续审理;诉讼费由盛大公司承担。事实和理由如下:

(1)上诉人一审诉讼请求具体明确,符合起诉条件。上诉人在一审诉讼中提出的诉讼请求中,要求履行义务对象为被上诉人,要求履行义务的内容为变更法定代表人登记的诉讼请求是明确的。一审裁定认为未明确提出变更后的替代主体,推导出诉讼请求不具体不能成立。因为变更登记替代主体显然是被上诉人应当履行的法定义务,至于其变更替代主体与该案的审理并不存在必然联系。因此,上诉人的诉讼请求明确具体,并不存在违反民事诉讼法立案条件的情形。

(2)《民事案件案由规定》中存在请求公司变更登记纠纷案由,上诉人诉请的变更公司法定代表人属于人民法院民事诉讼受案范围。《民事案件案由规定》第八部分"与公司、证券、保险、票据等有关的民事纠纷"第244项明确载明请求变更公司登记纠纷案由,且根据《公司登记管理条例》第9条、第30条的规定,公司法定代表人系公司登记事项,公司法定代表人的变更亦需要进行变更登记。显而易见,上诉人诉请变更登记法定代表人为人民法院民事诉讼受案范围。一审裁定认为公司法定代表人的变更系公司自治范畴推导出该案不属于民事诉讼受案范围无法律依据,请求撤销一审裁定,指令一审法院继续审理该案。

盛大公司二审未作答辩。

综上所述,该案争议焦点为司某民要求盛大公司办理法定代表人工商变更登记有无事实和法律依据。

裁判说理

一审法院认为,该案司某民之起诉不符合民事诉讼法规定的起诉条件。理由如下:其一,司某民提出的诉讼请求并不明确、具体。诉讼请求,是指原告起诉时通过受诉法院向被告提出的实体权利主张。诉讼请求应当明确、具体,否则人民法院无法对案件进行审理和裁判。在该案中,司某民仅是提出要求变更法定代表人登记手续,但并未明确提出变更后的替代主体,即司某民起诉要求变更的登记事项并不具体。其二,该案并不属于人民法院受理民事诉讼的范围。由谁担任法定代表人,此乃公司自治的范畴。在公司内部尚未另行选举或决定新的法定代表人的情况下,司法不应介入公司治理而为其强行选择新的法定代表人。综上所述,该案中司某民提出的诉讼请求不具体,其所涉争议事项亦不属于法院行使审判权的职权范围,因此,司某民的起诉不符合起诉条件,依法应予驳回。

二审法院认为:根据《民事诉讼法》第119条的规定,起诉必须符合下列条件:(1)原告是与本案有直接利害关系的公民、法人和其他组织;(2)有明确的被告;(3)有具体的诉讼请求和事实、理由;(4)属于人民法院受理民事诉讼的范围和受诉人民法院管辖。所谓具体的诉讼请求,即在人民法院判决后如果被告拒绝履行,人民法院可以通过执行程序强制其履行。该案中,司某民主张盛大公司办理法定代表人变更登记手续,但未明确变更后的替代主体。根据《公司法》第13条的规定,公司法定代表人依照公司章程的规定,由董事长、执行董事或者经理担任,并依法登记。

公司法定代表人变更,应当办理变更登记。法定代表人的任免源于公司章程的规定,公司法定代表人的变更,一般通过股东会、股东大会或者董事会决议确定,属公司自治的内容,产生新的法定代表人后,应当由公司持相关手续材料向公司注册登记机关申请办理变更登记。因此,如果没有股东就股东会、股东大会或者董事会决议提出异议之诉,人民法院则不应通过国家强制力直接干预公司自治范畴内的事务。在该案中,司某民未明确法定代表人变更后的替代主体,仅要求涤除其作为盛大公司法定代表人的登记事项,且在人民法院不能强制盛大公司选任法定代表人的情况下,可能造成盛大公司法定登记事项的空缺。故司某民的诉讼请求不明确,其提起该案诉讼不符合起诉条件,依法应予驳回。

专业点评

在实践中,很多所谓的"挂名"法定代表人并非公司股东,实际也并未参加公司经营,却可能因公司债务而被列入失信人、被限制高消费。我们可以要求公司变更法定代表人,但在公司拒绝配合变更登记时,该"挂名"法定代表人是否可以通过诉讼方式要求公司变更登记?部分法院判决认为,公司法定代表人的选任属于公司内部事务,应由公司依据相关法律规定及公司章程作出决定。在公司办理法定代表人变更登记时,工商部门都要求公司提交股东会决议、董事会决议或其他任免文件,股东会决议应由股东签署,董事会决议由公司董事签字,若被"挂名"的法定代表人无相应公司决议诉讼请求公司变更法定代表人,因无明确的变更后的法定代表人,法院因无可执行的内容,无法作出相应的判决。在实务中,这种观点存在很多争议,在一个案例中,即张某宇诉钰龙公司请求变更公司登记纠纷案,法院对此作出不同判决。

法条链接

1.《公司法》(2018 年)

第十三条 公司法定代表人依照公司章程的规定,由董事长、执行董事或者经理担任,并依法登记。公司法定代表人变更,应当办理变更登记。

第四十五条第二款 董事任期届满未及时改选,或者董事在任期内辞职导致董事会成员低于法定人数的,在改选出的董事就任前,原董事仍应当依照法律、行政法规和公司章程的规定,履行董事职务。

2.《公司登记管理条例》(2016 年)①

第九条 公司的登记事项包括:

(一)名称;

(二)住所;

(三)法定代表人姓名;

(四)注册资本;

(五)公司类型;

(六)经营范围;

(七)营业期限;

(八)有限责任公司股东或者股份有限公司发起人的姓名或者名称。

第三十条 公司变更法定代表人的,应当自变更决议或者决定作出之日起 30 日内申请变更登记。

3.《民事诉讼法》(2017 年)②

第一百二十二条 当事人起诉到人民法院的民事纠纷,适宜调解的,先行调解,但当事人拒绝调解的除外。

4.《民事案件案由规定》(2011 年)③

第八部分 与公司、证券、保险、票据等有关的民事纠纷

二十一、与公司有关的纠纷

244. 请求变更公司登记纠纷

四、除非章程明确排除股权继承,否则股权继承者有权请求公司作出变更登记

案件名称

张某宇诉钰龙公司请求变更公司登记纠纷案

① 2022 年 3 月 1 日《市场主体登记管理条例》施行,《公司登记管理条例》同时废止。现已修改为《市场主体登记管理条例》第 12 条。

② 现已修改为《民事诉讼法》(2021 年)第 125 条。

③ 现已修改为《民事案件案由规定》(2021 年)第 244 项。

案号

一审:(2020)京0112民初9883号;二审:(2021)京03民终3662号

裁判要旨

对于有限责任公司,因股东死亡引发的股权继承案件,只要公司章程未作排除股权继承的约定,则股东的继承人有权请求公司办理变更登记,公司不得以未形成股东会决议为由拒绝办理。

案情简介

上诉人(原审被告、反诉原告):钰龙公司

上诉人(原审第三人):游某勇

上诉人(原审第三人):游某宪

被上诉人(原审原告、反诉被告):张某宇

张某宇系柴某枝与前夫之子;柴某枝与游某勇系夫妻关系。柴某枝于2016年3月28日进行遗嘱公证,其中第5项为:"在本人百年后,本人占有钰龙公司的股份(出资550万元人民币,占公司股权的55%)由我儿子张某宇个人继承。"柴某枝于2016年4月7日去世。

之后,张某宇、董某花(柴某枝之母)以遗嘱继承纠纷为由将游某勇、游某浩(柴某枝之继子)诉至北京市大兴区人民法院(以下简称大兴法院),其中诉讼请求第8项为"钰龙公司50%的股份归张某宇所有"。2018年5月30日,大兴法院作出(2017)京0115民初5437号民事判决书,认定"钰龙公司注册资本300万元,游某勇、柴某枝共同出资290万元,占96.67%",并据此判决"钰龙公司柴某枝所持的48.34%股份对应的财产权益归张某宇所有……"后张某宇不服该判决,上诉至北京市第二中级人民法院(以下简称北京二中院),北京二中院于2018年8月29日作出(2018)京02民终8017号民事判决书,判决驳回上诉,维持原判。

2019年1月2日,游某勇以遗嘱继承纠纷为由将张某宇诉至大兴法院,其中诉讼请求第4项为"张某宇所有的钰龙公司48.34%股份对应的财产权益及该部分其他权益(完整股权)归游某勇所有……"后大兴法院作出(2019)京0115民初474号民事判决书,判决"确认钰龙公司48.34%股份……归游某勇所有"。

2002年8月9日,钰龙公司成立。注册资本为30万元,股东柴某枝、游某勇、游某宪分别出资10万元,均为货币出资。2008年1月15日,钰龙公司注册资本增加至300万元,其中柴某枝增资270万元,出资方式为货币;其他股东及出资没有变更。2014年9月11日,钰龙公司注册资本增加至1000万元,出资变更情况如下:柴某枝出资550万元,其中货币出资280万元、知识产权出资270万元;游某勇出资440万元,其中货币出资10万元、知识产权出资430万元;游某宪出资10万元,出资方式为货币。钰龙公司章程对股东资格的继承没有进行约定。

2016年4月26日,钰龙公司股东游某勇、游某宪召开股东会,并作出决议:"一、不同意张某宇为本公司的股东;二、已故股东柴某枝的股份待相关继承问题解决之后,按照公司章程的有关规定处理。"

一审庭审中,张某宇称,对于(2017)京0115民初5437号民事判决书,认为其主张的是判令钰龙公司50%的股份归其所有,但是大兴法院仅判令钰龙公司柴某枝所持的48.34%股份相对应的财产权益归其所有;按照钰龙公司章程的记载,张某宇应该享有钰龙公司柴某枝、游某勇共同持有的99%股份的一半,股份变更应以公证书记载和工商登记记载为准。对于钰龙公司章程修正案,钰龙公司称,2014年增资系使用的游某勇个人专利,且钰龙公司也申请减资,但因为涉诉没有办理;钰龙公司实际出资就是300万元。另外,钰龙公司称其主张的3,398,066元债务系柴某枝的个人债务,是柴某枝向钰龙公司的借款。

诉讼过程

因多次要求变更公司登记被拒,张某宇以请求公司变更登记纠纷为由诉钰龙公司至北京市通州区人民法院,请求判令变更公司登记,北京市通州区人民法院一审判决支持原告诉讼请求。后钰龙公司和游某勇、游某宪不服,向北京市第三中级人民法院提起上诉,被判决驳回上诉,维持原判。

裁判结果

一审判决:(1)被告(反诉原告)钰龙公司于判决生效之日起15日内将登记于柴某枝名下的股权中的出资额495万元、占比49.5%的股权变更至原告(反诉被告)张某宇名下;(2)第三人游某勇、游某宪协助原告(反诉被告)张某宇、被告(反诉原告)钰龙公司办理上述工商变更登记手续。

二审判决:驳回上诉,维持原判。

主要争点

钰龙公司、游某勇、游某宪上诉称：

(1)张某宇在一审中的起诉属于重复起诉，其提起继承公司股份的诉讼事项，已被生效的一审、二审判决驳回，一审判决违反《民事诉讼法》第124条第5款的规定，对判决、裁定、调解书已经发生法律效力的案件，当事人又起诉的，告知原告申请再审，但人民法院准许撤诉的裁定除外，一审法院应裁定驳回张某宇的起诉。如果张某宇对原生效的一审、二审判决不服，其可以依法在规定的期限内向北京市高级人民法院申请再审，而不是重复起诉。

(2)一审判决认定："柴某枝持有的钰龙公司49.5%股份由张某宇继承，即张某宇通过继承的方式取得钰龙公司出资额为495万元、占比49.5%的股权。"该认定事实错误。生效的(2017)京0115民初5437号和(2018)京02民终8017号民事判决确定："钰龙公司柴某枝所持的48.34%股份相对应的财产权益归张某宇所有，驳回张某宇的其他诉讼请求。"生效判决确定张某宇只能继承公司48.34%股份相对应的财产权益，张某宇没有取得公司股东的资格。

(3)一审判决认定张某宇继承公司股份事实的错误，导致适用法律错误，即适用《公司法》第32条第3款错误，导致作出错误判决，应当予以撤销。张某宇只能继承公司48.34%股份相对应的财产权益，张某宇没有取得公司股东的资格，而适用该法的前提是确认公司的股东后，才能进行登记，故一审法院适用该法错误。另外，柴某枝已经去世，已经丧失民事权利能力，其已经不是钰龙公司的股东，不能持有公司股权。双方当事人遗嘱继承案件已经裁决，张某宇只能继承公司48.34%股份相对应的财产权益，张某宇没有取得公司股东的资格，故一审判决变更登记是错误的。

(4)一审判决第1项判决股权变更错误，导致判决第2项协助变更登记也是错误的，应当予以撤销判决。另外，公司股权变更登记，属于公司与市场监督管理部门的行政行为，无须公司股东协助，故上诉人游某勇、游某宪无协助义务。

张某宇辩称，同意一审判决，请求驳回钰龙公司、游某勇、游某宪的上诉请求。该案与已生效的继承纠纷案由、主体均不同，不存在重复起诉情形。根据法院查明的事实，钰龙公司在2014年9月11日增加资本到1000万元，其中柴某枝出资550万元、游某勇出资440万元、游某宪出资10万元，柴某枝与游某勇共同出资990万元，占公司99%的股份。张某宇继承柴某枝遗产占公司股份49.5%，符合公司章程约定和公司法律规定。

综上所述，该案争议焦点为股东死亡引发的股权继承案件，公司章程未作排除股权继承的约定，股东的继承人是否有权请求公司办理变更登记。

裁判说理

一审法院认为,根据《公司法》第 75 条规定,自然人股东死亡后,其合法继承人可以继承股东资格;但是,公司章程另有规定的除外。该案中,钰龙公司章程中对股东资格的继承并无限制性规定,在此情况下,钰龙公司自然人股东的合法继承人均能够继承股东资格。相应地,柴某枝持有的钰龙公司的股份亦可由其合法继承人继承。关于钰龙公司提出的股东游某勇、游某宪“不同意张某宇为本公司的股东;已故股东柴某枝的股份待相关继承问题解决之后,按照公司章程的有关规定处理”的抗辩意见,因钰龙公司章程并未对股东资格的继承进行限制性规定,上述意见,一审法院不予采信。

关于柴某枝持有的钰龙公司的股份份额,虽然柴某枝在公证遗嘱中载明其 550 万元出资(占公司股权的 55%)均由张某宇个人继承,根据婚姻法及继承法相关规定,柴某枝、游某勇共同持有的钰龙公司股份的一半才属于柴某枝的遗产范围。根据已查明的事实,2014 年钰龙公司增资至 1000 万元,柴某枝、游某勇共同出资 990 万元、占公司股权的 99%,故根据遗嘱公证内容并结合已查明事实,柴某枝持有的钰龙公司 49.5% 股份由张某宇继承,即张某宇通过继承的方式取得钰龙公司占比 49.5% 的股权。

根据《公司法》第 32 条第 3 款的规定,公司应当将股东的姓名或者名称向公司登记机关登记;登记事项发生变更的,应当办理变更登记。未经登记或者变更登记的,不得对抗第三人。故上述继承发生后,钰龙公司应办理相应工商变更登记手续。钰龙公司股东游某勇、游某宪应予以协助。

二审法院认为,该案为请求变更公司登记纠纷,系股东对公司登记中记载的事项请求予以变更而产生的纠纷。钰龙公司、游某勇、游某宪主张,存在生效的继承纠纷民事判决书与该案构成重复诉讼,缺乏法律依据,法院不予采信。

自然人股东死亡后,其合法继承人可以继承股东资格;但是,公司章程另有规定的除外。钰龙公司章程中对股东资格的继承并无限制性规定。现柴某枝的遗嘱已为生效民事判决确认有效。张某宇作为继承人,有权请求法院判令变更工商登记。依据该案现已查明的事实,柴某枝去世前,钰龙公司注册资本为 1000 万元,其中柴某枝与游某勇共同出资 990 万元,其后未发生变更,故钰龙公司应将柴某枝名下出资额 495 万元的对应之股权变更至张某宇名下。一审法院认定钰龙公司将涉案股权变更至张某宇名下并无不当,二审法院予以维持。

专业点评

《公司法》第 75 条规定："自然人股东死亡后,其合法继承人可以继承股东资格,但是,公司章程另有规定的除外。"如果公司章程中并无禁止性规定,自然就可以继承股份,同时继承被继承人作为股东的各项权利和义务,并不需要经过股东会决议通过。但公司需要保持股权稳定,不希望不熟悉的第三人加入公司,公司可在章程中对股权的继承问题进行事先约定。

如果有限责任公司章程规定禁止股权继承的,则在股东去世后,其继承人只能通过转让股权来实现财产继承。有限责任公司的股权转让遵循公司法的一般规定,为保障其他股东的优先购买权,转让股份前应当书面通知其他股东,并经公司股东过半数同意,但其他股东自接到书面通知之日起 30 日内未答复的,视为同意。其他股东半数以上不同意转让的,不同意的股东应当购买该转让的股权;不购买的,视为同意转让。

因有限责任公司具有人和性,所以《公司法》对有限责任公司股权继承作了特别规定,但是股份有限公司因为只具有资合性,并不存在股份继承的障碍问题。这也是我国《公司法》只在有限责任公司章节部分规定股权继承,而没有在股份有限公司章节部分规定股份继承的原因。换句话说,即股份有限公司的股权继承是当然继承,而有限责任公司的股权继承是允许通过公司章程中明确约定的方式予以排除或者给予相应限制。立法之所以作出如此规定,主要是为了各方主体的利益平衡,也便于定分止争。

法条链接

1.《公司法》(2018 年)

第三十二条　有限责任公司应当置备股东名册,记载下列事项:

(一)股东的姓名或者名称及住所;

(二)股东的出资额;

(三)出资证明书编号。

记载于股东名册的股东,可以依股东名册主张行使股东权利。

公司应当将股东的姓名或者名称向公司登记机关登记;登记事项发生变更的,应当办理变更登记。未经登记或者变更登记的,不得对抗第三人。

第七十五条　自然人股东死亡后,其合法继承人可以继承股东资格;但是,公司章程另有规定的除外。

2.《公司登记管理条例》(2016年)①

第三十四条　有限责任公司变更股东的,应当自变更之日起30日内申请变更登记,并应当提交新股东的主体资格证明或者自然人身份证明。

有限责任公司的自然人股东死亡后,其合法继承人继承股东资格的,公司应当依照前款规定申请变更登记。

有限责任公司的股东或者股份有限公司的发起人改变姓名或者名称的,应当自改变姓名或者名称之日起30日内申请变更登记。

3.《民事诉讼法》(2017年)②

第一百二十四条　人民法院对下列起诉,分别情形,予以处理:

(一)依照行政诉讼法的规定,属于行政诉讼受案范围的,告知原告提起行政诉讼;

(二)依照法律规定,双方当事人达成书面仲裁协议申请仲裁、不得向人民法院起诉的,告知原告向仲裁机构申请仲裁;

(三)依照法律规定,应当由其他机关处理的争议,告知原告向有关机关申请解决;

(四)对不属于本院管辖的案件,告知原告向有管辖权的人民法院起诉;

(五)对判决、裁定、调解书已经发生法律效力的案件,当事人又起诉的,告知原告申请再审,但人民法院准许撤诉的裁定除外;

(六)依照法律规定,在一定期限内不得起诉的案件,在不得起诉的期限内起诉的,不予受理;

(七)判决不准离婚和调解和好的离婚案件,判决、调解维持收养关系的案件,没有新情况、新理由,原告在六个月内又起诉的,不予受理。

---

① 2022年3月1日《市场主体登记管理条例》施行,《公司登记管理条例》同时废止。现已修改为《市场主体登记管理条例》第8条、第24条。

② 现已修改为《民事诉讼法》(2021年)第127条。

五、法定代表人辞职后，公司怠于变更登记，法定代表人具有诉权

案件名称

王某某诉赛瑞公司、曹某刚请求变更公司登记案①

案号

一审：(2019)新28民初25号；二审：(2019)新民终392号；再审：(2020)最高法民再88号

裁判要旨

公司的法定代表人辞职后，因公司拒不办理法定代表人变更登记，起诉要求公司履行股东决议办理变更公司法定代表人工商登记的，系平等主体之间的民事争议，属于人民法院受理民事诉讼的范围。原告对此有诉的利益，符合起诉条件，不具有提起诉讼的障碍事由的，人民法院应当予以立案受理。至于原告的诉讼请求是否具有事实和法律依据，应否予以支持，应通过案件的实体审理予以判定。

案情简介

再审申请人(一审起诉人、二审上诉人)：王某某

再审被申请人：赛瑞公司、曹某刚

2011年3月，赛瑞公司聘请王某某担任法定代表人，并于2011年4月1日用王某某身份证办理了公司法定代表人登记。后因赛瑞公司股东存在股权纠纷，王某某未实际参与公司经营管理，并于2011年5月30日辞职。

2011年11月15日，赛瑞公司作出股东决议，指定曹某彪担任法定代表人。此后王某某与赛瑞公司再无任何关系及往来。经王某某多次要求，赛瑞公司仍未办理变更法定代表人工商登记，故王某某提起该案诉讼。

2016年，王某某曾以曹某刚为被告向新疆维吾尔自治区巴音郭楞蒙古自治州中级人民法院提起诉讼，其中一项诉讼请求是要求曹某刚立即办理注销其所担任的赛

---

① 参见《最高人民法院第六巡回法庭2020年度参考案例》6号。

瑞公司法定代表人职务，新疆维吾尔自治区巴音郭楞蒙古自治州中级人民法院于2017年3月23日作出(2016)新28民初84号民事判决，驳回王某某的诉讼请求。

诉讼过程

2019年，因赛瑞公司未及时办理法定代表人变更登记，王某某以请求变更公司登记诉赛瑞公司、曹某刚至新疆维吾尔自治区巴音郭楞蒙古自治州中级人民法院，请求判令赛瑞公司、曹某刚履行公司股东决定并办理变更公司法定代表人工商登记，新疆维吾尔自治区巴音郭楞蒙古自治州中级人民法院一审裁定不予受理起诉。后王某某不服，向新疆维吾尔自治区高级人民法院提起上诉，被裁定驳回上诉。王某某仍不服，向最高人民法院申请再审，被裁定指定受理。

裁判结果

一审裁定：对王某某的起诉，一审法院不予受理。

二审裁定：驳回上诉，维持原裁定。

再审裁定：(1)撤销新疆维吾尔自治区高级人民法院(2019)新民终392号民事裁定和新疆维吾尔自治区巴音郭楞蒙古自治州中级人民法院(2019)新28民初25号民事裁定；(2)对于王某某关于判令赛瑞公司、曹某刚办理变更公司法定代表人工商登记的诉讼请求，指令新疆维吾尔自治区巴音郭楞蒙古自治州中级人民法院立案受理；(3)对于王某某关于判令赛瑞公司任何法律行为与其无关的诉讼请求，不予受理。

主要争点

王某某再审请求：撤销一审、二审裁定，依法立案受理此案。事实与理由为：王某某已从赛瑞公司辞职，不再参与公司经营管理，不应再作为赛瑞公司法定代表人。赛瑞公司、曹某刚将王某某继续登记为法定代表人，违反了《公司法》第13条以及《国家工商行政管理局对变更公司法定代表人有关问题的答复》的规定，致使王某某因赛瑞公司债务的执行问题被列入失信被执行人名单，侵害了王某某的合法权益。另案，新疆维吾尔自治区巴音郭楞蒙古自治州中级人民法院(2016)新28民初84号判决驳回王某某诉讼请求认定事实及适用法律错误，该案应当以曹某刚主体不适格为由驳回王某某的起诉，因此此案不构成重复起诉。王某某请求赛瑞公司和曹某刚办理法定代表人变更登记、确认赛瑞公司的任何法律行为与其无关，具有诉的利益和事实、法律依据，应当立案受理。

综上所述，该案争议焦点为未变更的商事登记效力如何，对于王某某的起诉应否立案受理。

裁判说理

法院生效裁判认为，判断人民法院应否受理王某某的起诉，应依据其诉讼请求及事实理由予以具体分析。

首先，关于王某某提出的判令赛瑞公司、曹某刚办理变更公司法定代表人工商登记的诉讼请求应否受理的问题。王某某该项诉讼请求系基于其已离职之事实，请求终止其与赛瑞公司之间法定代表人的委任关系并办理法定代表人变更登记，该纠纷属于平等主体之间的民事争议。王某某称其自 2011 年 5 月 30 日已从赛瑞公司离职，至今已近 9 年，足见赛瑞公司并无自行办理法定代表人变更登记的意愿。因王某某并非赛瑞公司股东，其亦无法通过召集股东会等公司自治途径，就法定代表人的变更事项进行协商后作出决议。若人民法院不予受理王某某的起诉，则王某某因此所承受的法律风险将持续存在，而无任何救济途径。故王某某对赛瑞公司办理法定代表人变更登记的诉讼请求具有诉的利益，该纠纷系平等主体之间的民事争议，属于人民法院受理民事诉讼的范围。需要明确的是，王某某的该项诉讼请求是否具有事实和法律依据，是否应予支持，应通过实体审理予以判断。

其次，关于王某某提出的判令赛瑞公司任何法律行为与其无关的诉讼请求应否受理的问题。依据《民事诉讼法》第 119 条第 3 项的规定，起诉必须符合"有具体的诉讼请求和事实、理由"的条件。王某某的该项诉讼请求中"赛瑞公司任何法律行为"指向不明，不符合上述法律规定。一审、二审法院对于王某某该项诉讼请求裁定不予受理，并无不当。

最后，关于王某某的起诉是否构成重复起诉的问题。《民事诉讼法解释》第 247 条第 1 款规定："当事人就已经提起诉讼的事项在诉讼过程中或者裁判生效后再次起诉，同时符合下列条件的，构成重复起诉：(一)后诉与前诉的当事人相同；(二)后诉与前诉的诉讼标的相同；(三)后诉与前诉的诉讼请求相同，或者后诉的诉讼请求实质上否定前诉裁判结果。"经查，(2016)新 28 民初 84 号案件的被告为曹某刚，王某某在该案中系以其姓名权、名誉权、信用权受到侵害为由，要求曹某刚办理注销王某某赛瑞公司法定代表人职务的登记手续而停止侵权，这两个案件的当事人、诉讼请求及事实理由均有不同，故此案不构成重复起诉。

专业点评

该案法院接受起诉的理由，关键在于未变更的商事登记依然对外产生效力，即是对公司对内、对外矛盾不同处理方式的延展应用。由于商事外观主义，在公司内部人事已经发生变化，而商事登记未变更的情况下，对外（不知情第三人）依然以商事登记为准，因此，股东、公司都应注意商事登记的即时性。

法条链接

1.《公司法》（2018 年）

第十三条　公司法定代表人依照公司章程的规定，由董事长、执行董事或者经理担任，并依法登记。公司法定代表人变更，应当办理变更登记。

2.《民事诉讼法》（2017 年）①

第一百一十九条　起诉必须符合下列条件：

（一）原告是与本案有直接利害关系的公民、法人和其他组织；

（二）有明确的被告；

（三）有具体的诉讼请求和事实、理由；

（四）属于人民法院受理民事诉讼的范围和受诉人民法院管辖。

3.《民事诉讼法解释》（2015 年）②

第二百四十七条　当事人就已经提起诉讼的事项在诉讼过程中或者裁判生效后再次起诉，同时符合下列条件的，构成重复起诉：

（一）后诉与前诉的当事人相同；

（二）后诉与前诉的诉讼标的相同；

（三）后诉与前诉的诉讼请求相同，或者后诉的诉讼请求实质上否定前诉裁判结果。

当事人重复起诉的，裁定不予受理；已经受理的，裁定驳回起诉，但法律、司法解释另有规定的除外。

---

① 现已修改为《民事诉讼法》（2021 年）第 122 条。

② 现已修改为《民事诉讼法解释》（2022 年）第 247 条。

4.《国家工商行政管理局对变更公司法定代表人有关问题的答复》①

一、有限责任公司变更法定代表人的议事方式和表决程序,应由公司章程依法作出规定。有限责任公司修改章程的决议,必须经代表三分之二以上表决权(按出资比例)的股东通过。

二、不设董事会的有限责任公司更换法定代表人需要由股东会作出决议。原法定代表人(执行董事)不能或者不履行职责,致使股东会不能依照法定程序召开的,可以由该公司出资最多或者持有最大股份表决权的股东(指单个股东)或其委派的代表召集和主持会议,依法作出决议,否则,企业登记机关不予办理变更登记。

六、家庭成员处理公司股权行为的合法性认定

案件名称

秦某红诉兴达公司请求变更公司登记纠纷案②

案号

一审:(2018)苏 0206 民初 4456 号;二审:(2019)苏 02 民终 1578 号

裁判要旨

父母私下出具协议处理其家庭财产,应认定该协议为赠与合同。作为公司股东,未经合法程序私自转让股权,不能认定该行为合法有效。公司负责人将公司财产作为其个人受让股权款支付的行为违法,不能予以支持。公司注册资本变更系股东合意而成,应认定该行为合法有效。

案情简介

上诉人(原审被告):兴达公司

上诉人(原审第三人):张某云

① 根据 2006 年 6 月 23 日国家工商行政管理总局发布的《关于废止有关工商行政管理规章、规范性文件的决定》,该文件已废止。

② 参见赵建聪、赵蔚:《家庭成员处理公司股权行为的合法性认定》,载《人民司法·案例》2020 年第 14 期。

上诉人（原审第三人）：秦某祥

被上诉人（原审原告）：秦某红

秦某祥与张某云系夫妻，共育有3女，秦某红系其小女儿。2009年7月15日，秦某祥与张某云签署财产分配协议一份，约定对秦某祥、张某云在兴达公司的全部权利及家庭部分财产进行分配：（1）兴达公司资产估算为1050万元左右，现全部归并给秦某红所有，由秦某红支付转让、归并款。协议签订后，企业的所有权、经营权归秦某红所有，企业由秦某红独立经营。（2）秦某红基于对企业的归并受让，应给付秦某祥、张某云各250万元，秦凤某（秦某红二姐）50万元。为保证企业的正常运转，秦某祥、张某云的资金放在企业留用，但如果秦某祥需要使用，其250万元可以提前领取。秦凤某的50万元由秦某红每半年支付5万元，分5年付清，资金留用期间不计利息。协议还对秦某祥、张某云两人家庭的其他财产作了分割。

兴达公司于2001年9月7日成立，注册资本为50万元，秦某红持股10%，张某云持股90%，法定代表人为张某云。兴达公司名为股份制公司，实为家族式管理企业，未能建立现代企业管理制度，股东与企业高级管理人员职责不清，未明确规定企业高级管理人员薪酬、股东红利分配等。张某云、秦某红均承认未将企业资产与家庭财产进行准确区分，致使将企业资金用于支付家庭成员生活开支费用等。张某云、秦某红均认可财产分配协议中除股权之外处分家庭财产的条款均已履行完毕。当时公司生产经营由张某云负责。

2003年，秦某红到兴达公司工作，2007年以后秦某红开始担任总经理，具体负责生产经营事务，但张某云任法定代表人始终未变。2015年5月14日，秦某红私自在工商管理部门将公司注册资本变更至300万元，秦某红的出资比例为85%，张某云的出资比例为15%。张某云知情后对此不满，于2017年11月23日，秦某红与张某云又签订股权转让协议一份，约定秦某红将在兴达公司75%的股权以225万元的价格转让给张某云，股权转让后，秦某红在兴达公司中按出资比例承担的权利义务由张某云按照出资比例承继。2017年11月28日，工商管理部门又重新核准登记，明确公司注册资本为300万元，张某云持有90%的股权，秦某红持有10%的股权。因母女俩矛盾日深，一时难以化解，张某云于2017年5月2日重新执掌兴达公司生产经营大权。

诉讼过程

2018年7月30日，因张某云拒不将其名下兴达公司的股权变更至秦某红名下，秦某红以股权归属确认纠纷为由诉兴达公司、第三人张某云、秦某祥至江苏省无锡市惠山区人民法院，请求确认并变更张某云名下的兴达公司90%的股权至秦某红名下，江苏省无锡市惠山区人民法院一审判决支持原告诉讼请求。后兴达公司、张某云、秦某祥不服，向江苏省无锡市中级人民法院提起上诉，被判决撤销一审判决，驳回秦某红的全部诉讼请求。

裁判结果

一审判决：(1)确认张某云名下的兴达公司90%的股权归属于秦某红；(2)兴达公司于该判决生效之日起10日内至公司登记机关办理变更登记。

二审判决：撤销一审民事判决，驳回秦某红的全部诉讼请求。

主要争点

秦某红一审诉称，2009年7月15日，秦某祥、张某云签署的财产分配协议合法有效。后秦某红按约履行了义务，并接手兴达公司的经营管理，但张某云拒不将其名下兴达公司的股权变更至秦某红名下，故请求法院判令：(1)确认张某云名下的兴达公司90%的股权归属于秦某红；(2)将张某云名下的90%股权变更至秦某红名下。

兴达公司辩称，秦某红的诉讼请求基于股权转让，应当以张某云为被告，以兴达公司为第三人，秦某祥与该案无关联性，不应作为第三人。案涉财产分配协议系秦某祥、张某云协商处分家庭财产的意向，仅在秦某祥、张某云之间有约束力，对第三人秦某红不发生法律效力，秦某红以此确认股权归属缺乏依据，故请求法院驳回秦某红的诉讼请求。

张某云、秦某祥共同述称，同意兴达公司的答辩意见。

兴达公司、张某云、秦某祥三方的上诉请求为：撤销一审判决，依法改判或驳回秦某红的一审诉讼请求；一审、二审案件受理费均由秦某红承担。

秦某红辩称，一审判决认定事实清楚，适用法律正确，应予维持。

综上所述，该案争议焦点为：(1)《财产分配协议》的性质以及效力；(2)秦某红是否履行《财产分配协议》中约定的义务；(3)2017年11月23日，兴达公司股权变更行为的效力及其对《财产分配协议》的影响。

裁判说理

一审法院认为：(1)关于《财产分配协议》的性质和效力。该协议虽然名为财产分配协议，仅有张某云及秦某祥以及见证人的签字，但从其内容看，亦约定了秦某红享有的权利及应负担的义务，且秦某红对该协议内容知情，亦同意履行协议约定之义务，故该协议实际系双务合同，对张某云、秦某祥、秦某红的权利义务均进行了约定，而非仅仅是张某云与秦某祥作出的单方意思表示。《财产分配协议》明确将兴达公司的股权归并给秦某红所有，同时约定由秦某红向秦某祥、张某云、秦某霞支付相应的款项，并约定了付款条件，故该分配协议中关于兴达公司股权的约定并非赠与性的约定，而是需要支付对价的转让性的约定，该约定不能随意撤销。

(2)秦某红是否履行《财产分配协议》中约定的付款义务，并不影响该协议关于股权权属的约定。根据《财产分配协议》的约定，秦某红基于受让股权而承担向张某云、秦某祥、秦某霞给付相应款项的义务。其中，秦某霞已经确认收到相应款项，秦某红对张某云、秦某祥的付款义务亦通过上述协议约定了不同的付款条件，即应支付给秦某祥、张某云的资金放在企业留用，但如果秦某祥需要使用资金时，其 250 万元可以提前通知秦某红领取，现兴达公司仍然处于正常经营的状态，也无证据证明秦某祥已经通知秦某红领取 250 万元款项，故上述款项的付款条件未成就，兴达公司、张某云、秦某祥并不能以秦某红未付股权归并款阻却其要求确认股权归属的诉讼请求。若张某云、秦某祥认为付款条件已成就且秦某红未按上述协议的约定支付款项，可以另行凭据主张。

(3)关于 2017 年兴达公司进行股权变更登记是否构成对《财产分配协议》中约定的股权归属的变更。虽然兴达公司通过增资的形式将股权结构变更为秦某红持有 85% 的股权，张某云持有 15% 的股权，又于 2017 年 11 月 23 日通过签订《股权转让协议》的形式将兴达公司的股权结构变更为秦某红持有 10% 的股权、张某云持有 90% 的股权，但张某云实际未支付股权转让款，秦某红同意变更股权登记是因张某云向工商部门的举报，只是将兴达公司的股权结构恢复到增资前的状态，而非对兴达公司的股权归属形成了新的合意。工商变更登记并不是设权性登记，而是宣示性登记，只是公示相关变更事实。公司内部股东之间的权利的确定，不应以工商变更登记为依据，而应当根据实际权利义务进行确认，故该案中仍然应当按照《财产分配协议》的约定确定股权归属，即张某云名下的兴达公司 90% 的股权归属于秦某红所有。公司应当将股东的姓名或者名称向公司登记机关登记；登记事项发生变更的，应当办理变更登记。当事人依法继受取得股权后，有权请求公司办理变更登记，故秦某红要求兴达公司办理股权变更登记手续的诉讼请求，法院予以支持。

二审法院认为，该案二审的争议焦点为：(1)《财产分配协议》的性质以及效力；(2)秦某红是否履行《财产分配协议》中约定的义务；(3)2017 年 11 月 23 日，兴达公司股权变更行为的效力及其对《财产分配协议》的影响。

对于争议一,《财产分配协议》系张某云、秦某祥夫妻处置家庭财产的协议,不能作为兴达公司股权转让的协议。首先,从该协议的形式要件看,该协议只有张某云、秦某祥两人签字,没有秦某红及其他人员签字。许多被处置的财产是张某云、秦某祥夫妻的共同家庭财产,且受让人均为其子女,属于家庭财产赠与,但将公司财产作为家庭财产处置给家庭成员,明显违反我国《公司法》的相关规定,有可能损害兴达公司债权人和股东的利益。其次,我国《公司法》及兴达公司的章程均规定股东之间可以相互转让其部分或全部股权,其他股东具有优先购买权。因此,在实际操作中,股东在转让股权之前,应先征求其他股东意见,在同等条件下由其他股东行使优先购买权。该案中,兴达公司只有张某云、秦某红两名股东,张某云如需依法有偿转让股权,一般应对股权价值进行评估,通知秦某红召开股东会议,征求秦某红是否行使股东优先购买权。而事实上,张某云没有按此规定流程进行操作,在签订《财产分配协议》时,既未对股权进行评估,仅是私自进行估算,又未通知秦某红召开股东会,征求秦某红的意见,明显违反了相关法律规定。另外,秦某祥不是兴达公司的股东,无权处置兴达公司的股权,其将兴达公司的股权作为家庭财产处理,也违反了相关法律规定。最后,从该协议内容来看,协议载明"现以归并方式全部归给秦某红所有(依法办理工商变更),由秦某红支付转让、归并款。本协议签订后,企业的所有权、经营权均归秦某红所有,企业由秦某红独立经营,他人不再予以干涉"。尽管张某云有权处置其所持有的兴达公司股权,但因该协议系其单方行为,未经秦某红签字认可,对张某云没有约束力。此外,张某云私自估算兴达公司资产价值1050万元,仅要求秦某红支付550万元归并转让款,应认定该股权转让并非等价有偿转让,而是存在一定的赠与性质,但对于赠与多少,无证据予以证明。根据《合同法》第186条第1款的规定:"赠与人在赠与财产的权利转移之前可以撤销赠与。"因此,即使《财产分配协议》成立,因其具有一定的赠与性质,张某云依法仍拥有任意撤销权。迄今为止,张某云仍未放弃兴达公司的股东身份和法定代表人资格,也未将所持股权转让给秦某红,说明其未实际履行该实践合同性质的协议。

对于争议二,法院认为,秦某红未履行《财产分配协议》中约定的义务。如上所述,该协议并非股权转让协议,故对秦某红不发生股权转让的法律效力。秦某红作为兴达公司的股东和高级管理人员,其个人正常收入应通过高级管理人员薪酬和股权分红取得。事实上,兴达公司未建立合法规范的企业管理制度,致使秦某红在掌管兴达公司期间,未严格区分企业利润及个人所得,在未得到股东和法定代表人张某云的同意下,私自支配兴达公司财产,违反了我国《公司法》第20条的规定,且有可能侵害兴达公司债权人和股东的利益。在秦某红自认无法区分其向他人付款资金系源于个人财产还是公司财产的情况下,不能确认秦某红付款行为的合法性,故不能认定其履行了《财产分配协议》中约定的义务。

需要提醒的是,我国《公司法》第 4 条明确规定:“公司股东依法享有资产受益、参与重大决策和选择管理者等权利。”公司法人的财产与法人投资者的其他财产是相分离的,投资者投资的财产属于法人所有。股东股权体现的财产权与公司的财产权在属性、范围上并不相同,不能混为一谈,应严格区别对待。有限责任公司在其现有的独立财产范围内对外承担民事责任,股东或公司高级管理人员不得利用其职务便利违反公司法人财产独立的原则,将公司财产任意处置或据为己有,侵害公司的财产权,影响公司债权人和股东的利益。为此,《刑法》第 271 条规定:职务侵占罪是指公司、企业或者其他单位的人员,利用职务上的便利,将该单位财物非法占为己有,数额较大的行为。兴达公司自设立至今,一直未对此问题予以高度重视,存在很大的法律风险,作为企业主要负责人和直接责任人均要吸取教训,及时加以整改,避免承担更大的法律责任。

对于争议三,法院认为,2017 年 11 月 23 日兴达公司股权变更行为合法有效。首先,《财产分配协议》系张某云单方的意思表示,且其不具有合同的相对性,故无法产生法律约束力。其次,张某云并未实际履行协议中有关股权转让的内容,秦某红单方变更兴达公司股权后,又于 2017 年 11 月与秦某红重新协商,双方达成一致意见,再次明确各自拥有兴达公司股权的份额,即张某云持股 90%,秦某红持股 10%。鉴于 2017 年 11 月兴达公司的注册资本为 300 万元,不同于 2001 年 9 月设立时的注册资本 50 万元,尽管张某云、秦某红两位股东的持股比例不变,但因股东依法要补足相应的出资数额,故两位股东所要承担的股东义务已经前后不相一致。对此,应认定此时张某云、秦某红就兴达公司股权达成了新的合意。秦某红既然认可该股权变更决定,却又反悔,以《财产分配协议》来推翻后来达成的双方合意,不仅自相矛盾,而且也违反常理和法律规定,依法不能支持。即使秦某红确有可能因考虑其与张某云之间母女关系的特殊情况而作出此决定,也应对其行为负责,不能随意推翻。一审法院在没有推翻张某云、秦某红合意的足够证据的情况下,认定 2017 年 11 月兴达公司工商变更登记为宣示性登记,而不是设权性登记缺乏法律依据,二审法院不能予以认同。

另外,一审判决认定案由缺乏依据,二审法院依法予以纠正,案由应认定为请求变更公司登记纠纷。

专业点评

该案主要对家庭成员处理公司资产作出了合规性的判决与建议。首先，需明确界分公司资产与家庭、个人资产，法人财产独立，将公司的股权作为家庭财产处理的行为显然无效；其次，处理公司资产时，应当经过合法股东会决议；最后，公司合法决议作出后，若涉及需登记的事项，不仅应当登记，更应当切实履行。

另外，该案中，二审裁判对一审裁判进行变更的一点理由在于"宣示登记与设权登记"边界的认定不同。公司登记在一般情况下属于宣示登记，不作为权利得失变更的依据。而在该案中，二审法院进一步指出，在一般情况下，依然需要遵循公司登记制度，登记是设定权利的基础，必须有足够的证据才能推翻登记内容的合意，将公司登记视为设权登记。这实际上与一般司法实践的"内部争议依据股东会决议认定"相矛盾，学界通说也认为，"商事登记属于宣示性的登记，仅产生对抗第三人的效力，而非股权变动的效力"，该案中的认定方式是否为家族企业矛盾解决的特殊处理途径，值得深思。

法条链接

1.《合同法》①

第一百八十六条　赠与人在赠与财产的权利转移之前可以撤销赠与。

具有救灾、扶贫等社会公益、道德义务性质的赠与合同或者经过公证的赠与合同，不适用前款规定。

2.《公司法》(2018 年)

第三条　公司是企业法人，有独立的法人财产，享有法人财产权。公司以其全部财产对公司的债务承担责任。

有限责任公司的股东以其认缴的出资额为限对公司承担责任；股份有限公司的股东以其认购的股份为限对公司承担责任。

---

① 现已修改为《民法典》第 658 条。

第四条　公司股东依法享有资产收益、参与重大决策和选择管理者等权利。

第二十条　公司股东应当遵守法律、行政法规和公司章程,依法行使股东权利,不得滥用股东权利损害公司或者其他股东的利益;不得滥用公司法人独立地位和股东有限责任损害公司债权人的利益。

公司股东滥用股东权利给公司或者其他股东造成损失的,应当依法承担赔偿责任。

公司股东滥用公司法人独立地位和股东有限责任,逃避债务,严重损害公司债权人利益的,应当对公司债务承担连带责任。

第一百四十七条　董事、监事、高级管理人员应当遵守法律、行政法规和公司章程,对公司负有忠实义务和勤勉义务。

董事、监事、高级管理人员不得利用职权收受贿赂或者其他非法收入,不得侵占公司的财产。

第一百四十八条　董事、高级管理人员不得有下列行为:

(一)挪用公司资金;

(二)将公司资金以其个人名义或者以其他个人名义开立账户存储;

(三)违反公司章程的规定,未经股东会、股东大会或者董事会同意,将公司资金借贷给他人或者以公司财产为他人提供担保;

(四)违反公司章程的规定或者未经股东会、股东大会同意,与本公司订立合同或者进行交易;

(五)未经股东会或者股东大会同意,利用职务便利为自己或者他人谋取属于公司的商业机会,自营或者为他人经营与所任职公司同类的业务;

(六)接受他人与公司交易的佣金归为己有;

(七)擅自披露公司秘密;

(八)违反对公司忠实义务的其他行为。

董事、高级管理人员违反前款规定所得的收入应当归公司所有。

七、变更登记对法定代表人认定的效力

案件名称

赵某琦诉乡奢艺术公司请求变更公司登记纠纷案

案号

一审:(2020)鲁0911民初6749号;二审:(2021)鲁09民终1380号

裁判要旨

法人在性质上属于法律拟制人格,其对外开展民事活动主要是通过其法定代表人进行,这就要求法定代表人与其代表的法人之间存在实质关联性。就公司法人来说,其法定代表人与公司之间的实质关联性,就在于法定代表人要参与公司的经营管理。既非公司的股东,亦不再参与公司的经营管理,同时明确表示不再担任公司的法定代表人,在此情况下,即使法定代表人登记未变更,登记册上的代表人也无法代表公司行使法定代表人的职权,其已不具备对外代表公司的基本条件和能力。

案情简介

上诉人(原审被告):乡奢艺术公司

被上诉人(原审原告):赵某琦

乡奢艺术公司成立于2016年8月24日,股东为泰安大汶口文化产业投资有限公司和泰安大汶口文化产业发展有限公司。泰安大汶口文化产业发展有限公司成立于2015年5月14日,其股东之一为中天公司。中天公司成立于2008年11月10日,法定代表人为张某山。兴飞公司成立于2013年8月21日,法定代表人为原告赵某琦。

2013年2月6日,山东省泰安市岱岳区政府与中天公司的子公司投资公司签署《大汶口古镇一期整治开发工作协议书》,约定由中天公司负责大汶口古镇项目的实施工作,负责建设回迁小区,落实搬迁安置资金等。2014年6月6日,中天公司(甲方)与兴飞公司(乙方)签订《合作协议》,鉴于甲方与山东省泰安市政府签订的大汶口国际生态旅游规划与合作开发框架协议,鉴于乙方有项目运作的经验与团队,双方同意形成统一公司开发大汶口国际生态旅游项目,考虑甲方已经成立项目运作公司而乙方不能以股权形式入股甲方所成立的项目运作公司,为了解决此问题,双方约定如下:(1)甲乙双方形成统一公司架构,并统一按照甲方身份开展工作,甲方董事长为总裁,乙方董事长为执行总裁,双方部门统一编制,形成统一工作模式;(2)双方约定乙方人员费用先期由乙方自行负担,甲方每半年向乙方统一支付一次,具体费用按照乙方实际人员工资结算,目前实际费用为150万元/年;(3)在项目运作过程中,甲方只承担乙方人工费用,乙方利润在项目结算时按照项目总利润进行结算,结算依据为总利润的15%，结算时间按每个独立项目完成的时间结算。为便于兴飞公司服务团队履行上述合作协议有关服务的内容，被告乡奢艺术公司办理工商注册登记时，将原告赵某琦登记为其法定代表人。兴飞公司自2015年至2016年为上述项目了制作《大汶口古镇保护性建设方案（项目简介）》PPT、召开研讨会、进行资料收集、周边产品的包装设计和商业运营、配合拆迁、配合涉案项目的实际建设等。

2017年12月20日，未经兴飞公司服务团队同意，中天公司法定代表人张某山取走6枚公司公章。因资金压力等问题，兴飞公司与中天公司就款项的给付问题协商未果，兴飞公司自2018年停止与中天公司的合作，此后原告赵某琦未能继续行使被告乡奢艺术公司法定代表人的职权。2019年9月13日，原告赵某琦在齐鲁晚报刊登声明，声明自2017年12月20日起辞去乡奢艺术公司法定代表人的职务。2019年9月20日，原告赵某琦以快递的方式向被告乡奢艺术公司邮寄了《关于尽快办理乡奢艺术公司法定代表人工商变更登记的函》，要求被告乡奢艺术公司尽快办理工商变更登记，将法定代表人变更为其他人，该快递于2020年9月24日被签收。2020年9月27日，原告赵某琦通过快递方式向被告乡奢艺术公司邮寄了《关于办理法定代表人工商变更登记的通知》，要求被告乡奢艺术公司尽快办理法定代表人工商变更登记，将原告赵某琦从被告乡奢艺术公司法定代表人工商登记中涤除，该快递被拒收。

诉讼过程

2020年，因乡奢艺术公司拒不变更法定代表人的登记事项，赵某琦以请求变更公司登记纠纷为由诉乡奢艺术公司至山东省泰安市岱岳区人民法院，请求判令乡奢艺术公司3日内到公司登记机关涤除赵某琦作为乡奢艺术公司法定代表人的登记事项，山东省泰安市岱岳区人民法院一审判决支持原告诉讼请求。后乡奢艺术公司不服，向山东省泰安市中级人民法院提起上诉，被判决驳回上诉，维持原判。

裁判结果

一审判决：被告乡奢艺术公司于该判决生效之日起30日内涤除原告赵某琦作为乡奢艺术公司法定代表人的登记事项。

二审判决：驳回上诉，维持原判。

主要争点

原告赵某琦向一审法院起诉请求：(1)判令被告3日内到公司登记机关涤除原告作为被告乡奢艺术公司法定代表人的登记事项；(2)该案诉讼费用由被告负担。

乡奢艺术公司上诉请求：(1)撤销一审判决；(2)改判驳回被上诉人的诉讼请求；(3)一审、二审诉讼费用由被上诉人承担。

综上所述，该案争议焦点为赵某琦是否应当认定为乡奢艺术公司的法定代表人。

裁判说理

一审法院认为，法人在性质上属于法律拟制人格，其对外开展民事活动主要是通过其法定代表人进行，这就要求法定代表人与其代表的法人之间存在实质关联性。就公司法人而言，其法定代表人与公司之间的实质关联性，就在于法定代表人要参与公司的经营管理。《公司法》第13条规定："公司法定代表人依照公司章程的规定，由董事长、执行董事或者经理担任，并依法登记。公司法定代表人变更，应当办理变更登记。"该案中，为便于兴飞公司服务团队履行《合作协议》的有关服务内容，原告赵某琦被登记为乡奢艺术公司法定代表人，但中天公司与兴飞公司已终止履行《合作协议》，双方自2018年停止合作，此后原告赵某琦未能继续行使乡奢艺术公司法定代表人的职权。综上所述，原告赵某琦既非乡奢艺术公司的股东，亦不再参与乡奢艺术公司的经营管理，同时明确表示不再担任乡奢艺术公司的法定代表人，在此情况下，其已无法代表乡奢艺术公司行使法定代表人的职权，已不具备对外代表乡奢艺术公司的基本条件和能力，故原告赵某琦提出的要求被告乡奢艺术公司办理涤除其作为法定代表人登记事项的主张，符合《公司法》的规定，应予支持。公司变更登记虽系公司内部自治范围，但乡奢艺术公司在明知原告多次要求变更法定代表人的情况下，违反法律规定，怠于办理变更法定代表人的相关手续，在此情况下，一审法院考虑原告对此问题已无其他救济途径，为维护社会正常经济秩序，维护当事人的合法权益，应当赋予原告司法救济途径。综上所述，依照《民法总则》第61条、第81条，《公司法》第13条之规定，判决被告乡奢艺术公司于该判决生效之日起30日内涤除原告赵某琦作为乡奢艺术公司法定代表人的登记事项。案件受理费25元，由被告乡奢艺术公司承担。

二审法院认为，赵某琦基于其已离职之事实提出该案诉讼请求。该案中，自中天公司与兴飞公司于2018年停止合作后，赵某琦既未能继续行使乡奢艺术公司法定代表人的职权，又于2019年9月13日登报声明辞去乡奢艺术公司法定代表人的职务,并先后两次发函要求乡奢艺术公司尽快办理法定代表人变更登记,直至形成该案诉讼。以上足以表明,乡奢艺术公司并无自行办理法定代表人变更登记的意愿。同时,因赵某琦并非乡奢艺术公司股东,其亦无法通过召集股东会等公司自治途径,就法定代表人的变更事项进行协商后作出决议。在此情形下,鉴于赵某琦与乡奢艺术公司之间已无实质关联,其已不具备代表乡奢艺术公司的基本条件和能力,故一审法院认定应赋予赵某琦司法救济途径并判决乡奢艺术公司涤除有关登记事项,并无不当之处,二审法院予以维持。

专业点评

公司变更登记属于宣示登记,而非设权登记,当公司法定代表人已经离职,并两次登报声明不再担任某公司法定代表人职务,但公司又迟迟不予办理变更登记的时候,无论是从保护登记为公司法定代表人的自然人权利考量,还是从保护公司债权人利益角度考量,抑或是让公司登记名实相符的角度而言,都必须敦促公司的实际控制人、大股东和经营管理者积极履行变更登记的义务。同时,该案也表明公司法定代表人并非一定以工商登记为准,公司法人的认定需要进行实质认定,在事实已经发生变化,而公司怠于变更登记时,登记事项对内也会失去效力。最终的变更实质是为了使变更事项对外产生效力。

法条链接

1.《公司法》(2018 年)

第十三条　公司法定代表人依照公司章程的规定,由董事长、执行董事或者经理担任,并依法登记。公司法定代表人变更,应当办理变更登记。

2.《民法总则》①

第六十一条　依照法律或者法人章程的规定,代表法人从事民事活动的负责人,为法人的法定代表人。

---

① 现已修改为《民法典》第 61 条、第 81 条。

法定代表人以法人名义从事的民事活动，其法律后果由法人承受。

法人章程或者法人权力机构对法定代表人代表权的限制，不得对抗善意相对人。

第八十一条　营利法人应当设执行机构。

执行机构行使召集权力机构会议，决定法人的经营计划和投资方案，决定法人内部管理机构的设置，以及法人章程规定的其他职权。

执行机构为董事会或者执行董事的，董事长、执行董事或者经理按照法人章程的规定担任法定代表人；未设董事会或者执行董事的，法人章程规定的主要负责人为其执行机构和法定代表人。

3.《民事诉讼法》(2017年)①

第一百七十条　第二审人民法院对上诉案件，经过审理，按照下列情形，分别处理：

(一)原判决、裁定认定事实清楚，适用法律正确的，以判决、裁定方式驳回上诉，维持原判决、裁定；

(二)原判决、裁定认定事实错误或者适用法律错误的，以判决、裁定方式依法改判、撤销或者变更；

(三)原判决认定基本事实不清的，裁定撤销原判决，发回原审人民法院重审，或者查清事实后改判；

(四)原判决遗漏当事人或者违法缺席判决等严重违反法定程序的，裁定撤销原判决，发回原审人民法院重审。

原审人民法院对发回重审的案件作出判决后，当事人提起上诉的，第二审人民法院不得再次发回重审。

4.《企业法人法定代表人登记管理规定》(1999年)②

第四条　有下列情形之一的，不得担任法定代表人，企业登记机关不予核准登记：

(一)无民事行为能力或者限制民事行为能力的；

(二)正在被执行刑罚或者正在被执行刑事强制措施的；

(三)正在被公安机关或者国家安全机关通缉的；

(四)因犯有贿赂罪、侵犯财产罪或者破坏社会主义市场经济秩序罪，被判处刑

① 现已修改为《民事诉讼法》(2021年)第177条。

② 2022年3月1日《市场主体登记管理条例》施行，《企业法人法定代表人登记管理规定》同时废止。现已修改为《市场主体登记管理条例》第12条。

罚,执行期满未逾五年的;因犯有其他罪,被判处刑罚,执行期满未逾三年的;或者因犯罪被判处剥夺政治权利,执行期满未逾五年的;

(五)担任因经营不善破产清算的企业的法定代表人或者董事、经理,并对该企业的破产负有个人责任,自该企业破产清算完结之日起未逾三年的;

(六)担任因违法被吊销营业执照的企业的法定代表人,并对该企业违法行为负有个人责任,自该企业被吊销营业执照之日起未逾三年的;

(七)个人负债额较大,到期未清偿的;

(八)有法律和国务院规定不得担任法定代表人的其他情形的。

第四篇

公司合并纠纷

导　语

公司合并是当今世界各国优化产业结构的重要手段,也是公司实现扩张、壮大发展的有效途径。随着我国经济的纵深发展和改革开放脚步的加快,公司法律制度及其律师实务正面临着新的挑战和诸多崭新的问题。公司合并,是指两个或两个以上的公司通过订立合并协议,依照公司法及其有关法律、行政法规的规定,组建一个新的公司的法律行为。公司合并可以采取吸收合并或者新设合并的方式。一个公司吸收其他公司为吸收合并,被吸收的公司解散。两个以上公司合并设立一个新公司为新设合并,合并各方解散。在吸收合并中,并入的公司其法人资格消灭,应当到工商行政管理部门进行注销登记;而接受并入的公司应当到市场监督管理部门进行变更登记,并以合并后存续的公司开展经营活动。在新设合并中,原来公司的法人资格均终止,各方均应到工商行政管理部门办理注销手续;新设公司应当到市场监督管理部门办理新设登记,取得法人资格。由此可见,公司合并的法定方式为吸收合并和新设合并两种,实践中吸收合并运用居多。无论吸收合并还是新设合并,一般都是为了合并后的公司在市场经济中取得有利的竞争地位,并减少管理费、税费等费用,降低经营成本,增加公司利润。

公司合并产生两个方面的法律后果:一是公司组织结构的变化;二是权利义务的转移。因此,公司合并涉及多家公司股东和债权人的利益,为了防止公司合并侵害中小股东和债权人利益,《公司法》规定了公司合并的严格程序。公司合并需要由合并各方签订合并协议,经过股东会决议通过,编写资产负债表及财产清单,并应通知或公告债权人,最终履行相应的登记程序。常见的公司合并纠纷是公司合并无效纠纷,主要原因有:合并协议无效、合并决议瑕疵、合并违反债权人保护程序等。

某些时候,公司在吸收合并另一家公司时,出于规避风险的考虑,往往会采取设立全资子公司进行三角合并的方式。三角合并,是指并购母公司先设立一个全资子公司,然后通过子公司收购目标公司(吸收合并)。三角合并(并购)的优势在于:根据《公司法》第174条“公司合并时,合并各方的债权、债务,应当由合并后存续的公司或者新设的公司承继”的规定,因此一般情况下公司吸收合并后容易出现目标企业潜在的各类债权债务纠纷以及劳资纠纷,合并公司需要承继被兼并企业的所需承担的法律风险。在三角并购模式中,收购公司成立收购子公司,由收购子公司以收购子公司的名义兼并目标公司,收购子公司兼并目标公司后面临的法律风险与收购母公司之间没有必然联系,形成一定程度上的风险隔离。

《公司法》第172条第1款规定,公司合并可以采取吸收合并或者新设合并。第2款规定,一个公司吸收其他公司为吸收合并,被吸收的公司解散。两个以上公司合并设立一个新的公司为新设合并,合并各方解散。

《公司法》第173条规定,公司合并,应当由合并各方签订合并协议,并编制资产负债表及财产清单。公司应当自作出合并决议之日起10日内通知债权人,并于30日内在报纸上公告。债权人自接到通知书之日起30日内,未接到通知书的自公告之日起45日内,可以要求公司清偿债务或者提供相应的担保。

《公司法》第174条规定,公司合并时,合并各方的债权、债务,应当由合并后存续的公司或者新设的公司承继。

《公司法》第37条规定,股东会行使下列职权:……(9)对公司合并、分立、解散、清算或者变更公司形式作出决议……对前款所列事项股东以书面形式一致表示同意的,可以不召开股东会会议,直接作出决定,并由全体股东在决定文件上签名、盖章。

《公司法》第43条规定,股东会的议事方式和表决程序,除《公司法》有规定的外,由公司章程规定。股东会会议作出修改公司章程、增加或者减少注册资本的决议,以及公司合并、分立、解散或者变更公司形式的决议,必须经代表2/3以上表决权的股东通过。

《市场主体登记管理条例》第3条规定,市场主体应当依照本条例办理登记。未经登记,不得以市场主体名义从事经营活动。法律、行政法规规定无需办理登记的除外。市场主体登记包括设立登记、变更登记和注销登记。

原国家工商行政管理总局《关于做好公司合并分立登记支持企业兼并重组的意见》(工商企字〔2011〕226号)第2条规定:"进一步提供良好的公司合并分立登记服务(一)支持公司采取多种方式合并分立重组。公司合并可以采取两种形式:一种是吸收合并,指一个公司吸收其他公司后存续,被吸收公司解散;另一种是新设合并,指两个或者两个以上公司归并为一个新公司,原有各公司解散。公司分立可以采取两种形式:一种是存续分立,指一个公司分出一个或者一个以上新公司,原公司存续;另一种是解散分立,指一个公司分为两个或者两个以上新公司,原公司解散。(二)支持各类企业合并分立重组。支持依法设立的内资公司按照本意见办理合并、分立登记。外商投资的公司分立,存续或者新设的公司属于内资公司的,可以参照有关法律、行政法规、规章和本意见办理登记。(三)支持公司自行选择重组公司类型。合并、分立后存续或者新设的公司,只要符合《公司法》规定的条件,可以选择有限责任公司或者股份有限公司类型。(四)支持公司同时办理重组登记。因公司合并、分立申请办理公司登记,自公告刊登之日起45日后,申请人可以同时申请办理公司注销、设立或者变更登记。其中,不属于同一登记机关管辖的,相关登记机关应当加强登记衔接。需要层级衔接的,上级登记机关要主动协调;需要区域衔接的,先收到有关咨询、申请的登记机关要主动协调。(五)支持公司自主约定注册资本数额。因合并而存续或者新设的公司,其注册资本、实收资本数额由合并协议约定,但不得高于合并前各公司的注册资本之和、实收资本之和。合并各方之间存在投资关系的,计算合并前各公司的注册资本之和、实收资本之和时,应当扣除投资所对应的注册资本、实收资本数额。因分立而存续或者新设的公司,其注册资本、实收资本数额由分立决议或者决定约定,但分立后公司注册资本之和、实收资本之和不得高于分立前公司的注册资本、实收资本。(六)支持公司自主约定股东出资份额。因合并、分立而存续或者新设的公司,其股东(发起人)的出资比例、认缴或者实缴的出资额,由合并协议、分立决议或者决定约定。法律、行政法规或者国务院决定规定公司合并、分立涉及出资比例、认缴或者实缴的出资额必须报经批准的,应当经过批准。合并、分立前注册资本未足额缴纳的公司,合并、分立后存续或者新设公司的注册资本应当根据合并协议、分立决议或者决定的约定,按照合并、分立前规定的出资期限缴足。(七)支持分公司办理隶属关系变更。因合并而解散或者分立的公司有分公司的,应当在合并协议、分立决议或者决定中载明其分公司的处置方案。处置方案中载明分公司注销的,应当在公司合并、分立前办理分公司注销登记;处置方案中载明分公司归属于存续或者新设的公司的,可以按照分公司名称变更程序办理分公司隶属关系的变更登记……"

《企业国有资产监督管理暂行条例》第21条规定,国有资产监督管理机构依照法定程序决定其所出资企业中的国有独资企业、国有独资公司的分立、合并、破产、解散、增减资本、发行公司债券等重大事项。其中,重要的国有独资企业、国有独资公司分立、合并、破产、解散的,应当由国有资产监督管理机构审核后,报本级人民政府批准。

国有资产监督管理机构依照法定程序审核、决定国防科技工业领域其所出资企业中的国有独资企业、国有独资公司的有关重大事项时,按照国家有关法律、规定执行。

最高人民法院《关于审理与企业改制相关的民事纠纷案件若干问题的规定》第30条规定,企业兼并协议自当事人签字盖章之日起生效。需经政府主管部门批准的,兼并协议自批准之日起生效;未经批准的,企业兼并协议不生效。但当事人在一审法庭辩论终结前补办报批手续的，人民法院应当确认该兼并协议有效。第 31 条规定，企业吸收合并后，被兼并企业的债务应当由兼并方承担。第 33 条规定，企业新设合并后，被兼并企业的债务由新设合并后的企业法人承担。第 34 条规定，企业吸收合并或新设合并后，被兼并企业应当办理而未办理工商注销登记，债权人起诉被兼并企业的，人民法院应当根据企业兼并后的具体情况，告知债权人追加责任主体，并判令责任主体承担民事责任。第 35 条规定，以收购方式实现对企业控股的，被控股企业的债务，仍由其自行承担。但因控股企业抽逃资金、逃避债务，致被控股企业无力偿还债务的，被控股企业的债务则由控股企业承担。

《财政部、税务总局关于继续执行企业事业单位改制重组有关契税政策的公告》（财政部、税务总局公告 2021 年第 17 号）第 3 条规定，两个或两个以上的公司，依照法律规定、合同约定，合并为一个公司，且原投资主体存续的，对合并后公司承受原合并各方土地、房屋权属，免征契税。

《外商投资企业合并与分立规定》第 12 条规定，分立后公司的注册资本额，由分立前公司的最高权力机构，依照有关外商投资企业法律、法规和登记机关的有关规定确定，但分立后各公司的注册资本额之和应为分立前公司的注册资本额。根据我国法律和规范性文件的规定，外商投资企业分立的各公司注册资本之和应为分立前公司的注册资本额，而内资企业可以小于分立前公司的注册资本之和。

公司合并诉讼主要争点包括股东合并纠纷中的主体资格问题，原公司股东可以提起公司合并之诉，有权提起确认公司合并协议无效之诉，但是无权请求解除合并协议。股东并不是公司合并之诉的适格被告。公司合并后新加入的股东无权提起公司合并之诉。公司合并之诉的解除仍然依照《民法典》中合同解除的相关规定，而且合并协议解除后合并期间的经营活动仍然有效。

一、公司合并完成前，各方均不具备继续履行的主观意愿，公司治理结构无法正常运营的情况下，应当认定符合根本解除的条件

案件名称

华源亿泊公司诉实圣达公司公司合并纠纷案

案号

一审：（2017）京 0107 民初 14664 号；二审：（2018）京 01 民终 6499 号；重审一审：（2018）京 0107 民初 27951 号；重审二审：（2019）京 01 民终 6946 号；再审：（2020）京

民申1561号

裁判要旨

判断合同是否根本解除，可以从协议中约定的各方合同义务及进度事项的履行情况、合作意愿、履行条件等方面进行判断。合同当事人对协议履行产生重大分歧且无法正常召开股东会，不具备继续履行的主观意愿，客观上也不具有协商一致条件，如继续推进协议履行，在股东会、董事会等公司内部权力、执行机构无法正常运行的情况下，公司将陷入僵局乃至解散，与继续履行协议的目的不符，亦不利于保护各方股东及公司法人权益，当事人提出根本解除的，人民法院应予支持。

案情简介

再审申请人（一审被告、反诉原告、二审上诉人）：实圣达公司

被申请人（一审原告、反诉被告、二审被上诉人）：华源亿泊公司

一审第三人：泊尔公司

2016年7月5日，华源亿泊公司、实圣达公司、泊尔公司共同签订《关于联合资产评估的决议》，其中载明：因联合所需，华源亿泊公司、实圣达公司、泊尔公司三方协商聘请博睿评估公司分别对3家公司及联合整体进行资产评估。2016年7月5日，华源亿泊公司、实圣达公司、泊尔公司共同与博睿评估公司签订《资产评估业务约定书》，约定博睿评估公司为3家公司资产合并进行评估。

2016年10月8日，三方法定代表人康某泉、邓某、杜某群在《资产评估结果》表格上签字确认，该表格表头标注有成本法、收益法、平均值及比例四项。其中“比例”一项为各公司依成本法及收益法所得评估数据的平均值占3家公司合计平均值的比例，具体为华源亿泊公司占65.20%、实圣达公司占26.62%、泊尔公司占8.18%。

2016年10月17日，博睿评估公司出具《华源亿泊公司股东权益价值项目资产评估报告》《华源亿泊公司股东权益价值项目资产评估说明》，最终确定合并后的华源亿泊公司股东权益价值为3439.73万元。

2016年11月29日，华源亿泊公司（甲方）、实圣达公司（乙方）、泊尔公司（丙方）签订《企业吸收合并合作协议》，约定甲、乙、丙三方以企业吸收合并方式进行重组，保留甲方原有品牌，甲方对乙方、丙方进行吸收合并，实现甲、乙、丙3家公司资产、业务资源的真正合并。协议中“合作方式”部分约定，甲、乙、丙三方均同意实行吸收合并，甲方吸收乙方、丙方而继续存续，甲方为吸收合并后的业务主体公司。

甲、乙、丙三方合并后业务主体公司甲方的注册资本叠加为人民币2000万元。甲、乙、丙三方共同选择专业的第三方资产评估机构，评估基准日为2016年5月31日，根据三方共同确认的原则进行资产评估，出具具有公信力的资产评估报告书。资产评估结果确定的三方各占合并后主体公司的股权比例为：甲方65.20%、乙方26.62%、丙方8.18%。吸收合并后的业务主体公司的股东由三方股东（共7人）组成，分别为：康某泉、董某华、邓某、王某华、马某操、杜某群、李某寅。7名股东一致同意，在吸收合并完成后，将各自持有的合并后业务主体公司股权向7人共同新设的停车科技公司进行转让，转让完成后，停车科技公司为合并后业务主体公司的唯一法人股东。甲、乙、丙三方应于2017年6月30日前完成吸收合并及所有与此次吸收合并相关的工商变更事宜。如合并手续于该日前不能完成，甲、乙、丙三方可另行签订补充协议，延长办理时限。乙方、丙方被甲方吸收合并，依法进行工商注销手续，并在注销前完成财产向甲方转移的工作，财产包括全部资产、项目业务合同等所有法律规定须向吸收合并方移转的资产和资源。甲、乙、丙三方最终完成吸收合并时，三方纳入合并后的业务主体公司的资产、业务资源的财务数据，不得低于三方通过资产评估确定股权比例时所依据的2016年5月31日基准日的财务数据。甲、乙、丙三方确定在合并后业务主体公司的股权比例数系依据2016年5月31日评估基准日的财务数据确定。在该协议签订后，根据2016年6月1日至12月31日三方的实际经营数据（除三方共同开发拓展的项目经营数据外），三方在合并后业务主体公司的股权比例数可进行相应调整，具体调整比例由三方协商确定。协议签订后，在吸收合并相关事宜办理完成前，乙方、丙方视同为甲方整体的一部分，其吸收合并事宜、市场发展、业务经营等工作，由甲、乙、丙三方派出代表组成的合并后业务主体公司的董事会进行决策和管理。关于协议中“合并手续的办理”部分的约定，甲、乙、丙三方须按照吸收合并计划时间进度表完成相关事宜的办理工作，详见附件2关于企业吸收合并事宜的《计划进度表》。甲、乙、丙三方须召开股东大会讨论并通过吸收合并事宜，形成股东会决议，详见附件3关于企业吸收合并事宜的《股东会决议》。甲、乙、丙三方须以股东大会通过吸收合并后的相关事宜，以及新设停车科技公司相关事宜，详见附件4关于企业吸收合并后的《股东会决议》。协议中还约定了三方权利义务、组织架构搭建和团队组建、其他权利与责任、违约责任、不可抗力、合作期限、合同纠纷解决方式等内容。

案涉协议附件2华源亿泊公司、实圣达公司、泊尔公司重组（吸收合并）事宜《计划进度表》载明了涉及变更事项、工作内容、启动时间、完成时间等内容，具体如下：（1）股权转让。华源亿泊公司股东康某泉、董某华将华源亿泊公司股份向实圣达公司、泊尔公司(共 5 个股东)进行转让,启动时间为 2016 年 11 月 28 日,完成时间为 2016 年 12 月 27 日。(2)合同转移。实圣达公司、泊尔公司与项目甲方进行沟通,进行合同转移,将业务移转到华源亿泊公司,实现 3 家公司的业务资源合并,启动时间为 2016 年 12 月 28 日,完成时间为 2017 年 2 月 28 日。(3)资产合并。三家公司业务资源合并后,通过吸收合并方式,华源亿泊公司吸收合并实圣达公司、泊尔公司,进行资产、负债、所有者权益叠加,实现资产合并,启动时间为 2017 年 3 月 1 日,完成时间为 2017 年 6 月 30 日。(4)公司注销。实圣达公司、泊尔公司税务、工商注销,启动时间为 2017 年 3 月 1 日,完成时间为 2017 年 6 月 30 日。(5)新设公司。新设停车科技公司,三家公司 7 名股东按照在华源亿泊公司持股比例进入,注册资本为 100 万元,启动时间为 2016 年 11 月 28 日,完成时间为 2016 年 12 月 12 日。(6)股权转让。华源亿泊公司 7 名股东将其股权转让给新设停车科技公司 7 名股东,启动时间为 2017 年 7 月 1 日,完成时间为 2017 年 7 月 31 日。该进度表由公司 7 名股东签字确认。

案涉协议及附件签订后,各方按照协议约定推进公司合并事宜,并于 2017 年 1 月集中办公,逐步对财务、人事等进行统一管理。后实圣达公司对合并前期的评估结果质疑,认为华源亿泊公司在评估过程中提交的财务数据不实,要求进行二次评估。

2017 年 6 月 29 日,邓某、杜某群、康某泉参加公司董事会并形成董事会决议,主要内容为:对华源亿泊公司、实圣达公司、泊尔公司进行二次评估,评估前对 3 家公司 2016 年度的实际经营情况进行审计。公司对外与各投资公司进行的合作谈判暂缓,待评估结果确定后再启动。公司现经营管理工作正常进行,不受二次评估工作等影响。

2017 年 7 月 24 日,邓某、杜某群、康某泉参加公司董事会并形成董事会决议,主要内容为:(1)以 2017 年 7 月 31 日为结点调整公司现行运行模式。暂时停止目前运行的统一管理模式,改为纵向的分治管理模式,即由三个合作公司各自管理原有项目,分别运作,独立核算,各自承担劳动仲裁及其他相关的法律责任,形成纵向的事业部管理格局,原华源亿泊公司为第一事业部,原实圣达公司为第二事业部,原泊尔公司为第三事业部。(2)2017 年 8 月 2 日完成分治前财务所涉及事宜处理。公司模式改变以前的账目责成财务部分类统计清算。统计报表报董事会审定(8 月 2 日财务部完成 7 月 31 日前清算统计表),已经转入联合公司的资金收入由原公司法人代表或委托人负责支配。对于归属界限不清的费用支出,财务部另行列表由董事会审定归属。各事业部在开发新项目时,视情况可沿用联合公司名义,各自拥有经营权管理权并承担相应的合同义务和法律责任。(3)联合办公费用(包括房租水电办公用品等)按照人头均摊，由财务部核算执行。(4)办公用房采用分地址办公方式自愿选择。(5)投资公司收购工作。根据2017年6月29日董事会决议，对投资公司的收购工作暂时停止。决议所涉及方法为试行过渡的短期行为，待公司正常运行时可随时调整。

2017年7月27日，华源亿泊公司以实圣达公司未按协议约定将其业务及资产等移交给华源亿泊公司，致使合并事项无法完成为由提起该案诉讼，要求解除其与实圣达公司、泊尔公司之间的合作协议。在该案审理过程中，实圣达公司以华源亿泊公司财务造假为由，提出反诉。

该案庭审中双方确认附件2吸收合并事宜《计划进度表》中约定事项的完成情况如下：(1)股权转让。2016年12月13日，华源亿泊公司工商登记的投资人由康某泉、董某华变更为康某泉、董某华、邓某、王某华、杜某群、马某操、李某寅。(2)合同移转。实圣达公司已完成9个合同项目的移转工作，剩余7个合同项目移转工作未完成。泊尔公司的合同项目移转工作全部完成。(3)资产合并。三方的资产、负债、所有者权益叠加工作完成情况各方陈述不一致，但三方均认可2017年1月三家公司财务、人事曾集中管理并调整，2017年7月31日后改为由三方各自管理原有项目，分别运作，独立核算。(4)公司注销。实圣达公司、泊尔公司未完成税务、工商注销。(5)新设公司。2016年12月21日，三方协商新设的停车科技公司完成工商登记。(6)股权转让。华源亿泊公司7名股东将其股权转让给新设停车科技公司的工作未完成。

该案庭审过程中，就三方股东权益价值项目资产评估事宜，该院向博睿评估公司项目负责人李某进行询问，李某向法庭陈述：2016年5月，3家公司申请进行评估时，评估方建议对各个企业账目先行审计，否则可能存在疑点，但三方协商后同意直接评估。该评估报告经与三方协商采用成本法加收益法，其中成本法依据为截至2016年5月31日的各方财务报表数据，评估中三方认为该方法不能全面衡量企业价值。故引入收益法，收益法体现了各方对各自企业未来预期收益，而实际评估结果为两种方法加权50%。因三方未进行审计，故评估方要求各企业提供真实财务数据并进行合理预测。在评估过程中，三方对除自己外的其他各方的财务数据均不掌握。评估方在报告中已经提示，如预期数据与实际数据差距较大会导致估值结论存在问题，建议三方重新评估。评估方同时认为，根据行业惯例，预期数据与实际财务数据偏差超过10%即可以说明评估结论存在明显问题，而华源亿泊公司预估数据与其实际财务数据偏差超出上述合理范围。

诉讼过程

因公司合并产生纠纷，华源亿泊公司以公司合并纠纷为由诉实圣达公司至北京市石景山区人民法院，请求判令解除企业合并协议，北京市石景山区人民法院一审判决驳回原告诉讼请求。后华源亿泊公司不服，向北京市第一中级人民法院上诉，被裁定撤销一审判决，发回重审。北京市石景山区人民法院重审一审判决解除企业合并协议。后实圣达公司不服，向北京市第一中级人民法院提起上诉，被判决驳回上诉，维持原判。实圣达公司仍不服，向北京市高级人民法院提出再审申请，被裁定驳回再审申请。

裁判结果

一审判决：(1)驳回本诉原告华源亿泊公司的诉讼请求；(2)驳回反诉原告实圣达公司的诉讼请求。

二审判决：(1)撤销北京市石景山区人民法院(2017)京0107民初14664号民事判决；(2)发回北京市石景山区人民法院重审。

重审一审判决：(1)华源亿泊公司、实圣达公司及泊尔公司于2016年11月29日签订的《企业吸收合并合作协议》于2018年5月14日解除；(2)驳回华源亿泊公司及实圣达公司的其他诉讼请求。

重审二审判决：驳回上诉，维持原判。

再审裁定：驳回实圣达公司的再审申请。

主要争点

华源亿泊公司向一审法院起诉请求：(1)判令解除华源亿泊公司、实圣达公司、泊尔公司于2016年11月29日签订的《企业吸收合并合作协议》；(2)该案诉讼费由实圣达公司承担。

实圣达公司向一审法院反诉请求：(1)继续履行2016年11月29日签订的《企业吸收合并合作协议》；(2)华源亿泊公司承担违约责任，赔偿造成的损失；(3)案件受理费由华源亿泊公司承担。

华源亿泊公司认为：原告、被告与第三人于2016年11月29日签订了《企业吸收合并合作协议》，约定三方实行吸收合并，以原告作为合并后存续的经营主体。案涉协议签订后，原告股东按照约定将其持有的原告股权转让给被告及第三人的股东，而被告拒绝按照约定将其业务及资产等移交给原告，经原告多次催告后，仍拒绝按照合同约定履行,致使合并事项无法完成,合同目的无法实现。根据《合同法》第94条的相关规定,原告有权解除上述协议。

被告实圣达公司辩称,不同意原告要求解除合同的诉讼请求,案涉协议应继续履行。原告、被告、第三人三方签订协议属实,但实圣达公司并未违约,而是原告违约。原告在公司合并过程中弄虚作假,造成股权比例相差将近2.5倍。三方已根据协议进行了股东变更、企业章程变更等,该协议的基本内容已经履行完毕,新的公司主体已经确立,该合同不能解除、也无法解除。实圣达公司反诉认为,反诉原告、反诉被告及第三人经协商决定合并,共同聘请博睿评估公司对三家公司及联合体资产分别进行评估。三方依据评估报告确定股权比例:反诉被告占65.2%、反诉原告占26.62%、第三人占8.18%。三方于2016年11月29日签订《企业吸收合并合作协议》,约定反诉被告吸收合并反诉原告与第三人。后反诉原告将公司一半以上的项目转移给了反诉被告,各方股东也进行了工商变更,合并协议应当继续履行。反诉原告在履行合作协议的过程中表现出极大的诚意,将办公场所提供给合并后的新公司使用。在后续项目移交过程中,反诉原告发现反诉被告向评估公司提交的评估材料存在财务造假行为。2017年6月29日,形成公司董事会决议,决定对3家公司进行二次评估,但反诉被告拒不配合。反诉被告属于过错方,应承担违约责任。

反诉被告华源亿泊公司辩称,不同意反诉原告的反诉请求。反诉被告不存在财务造假的行为,评估机构是由三方共同选择、共同委托,评估数据经三方确认签字,不存在造假的事实。反诉被告不存在不配合二次评估的情况,原告、被告和第三人曾多次沟通,因评估基准无法确定,所以没有进行二次评估。反诉原告提出的反诉请求没有事实和法律依据。

第三人泊尔公司述称,三方于2016年11月签订合作协议属实,2017年三方依约进行了合并办公,三方均履行了合同义务。基于目前的情况,三方已经失去合作基础,同意解除案涉协议。

庭审中,华源亿泊公司主张案涉《企业吸收合并合作协议》未履行完毕,并要求予以解除,其具体理由包括:(1)实圣达公司未按约定完成项目转移;(2)未对其企业法人按协议约定予以注销;(3)实圣达公司在吸收合并过程中对其分公司办理了扩大经营范围变更登记,与华源亿泊公司下属分公司形成了直接竞争关系。对此,实圣达公司认为,2017年7月24日董事会决议已确认三方以分部形式独立运营核算,故其后续未进行项目转移,同时因华源亿泊公司在审计中财务造假且阻挠二次评估,故其有权行使先履行抗辩权。

实圣达公司反诉主张,华源亿泊公司存在以下过错行为:一是在评估过程中存在数据造假问题。具体包括:(1)华源亿泊公司在评估数据中虚增项目,将北京纳睿企业管理咨询有限公司劳务派遣项目纳入评估数据中;(2)华源亿泊公司在评估中将2016年已经撤出或准备撤出的项目收入计入未来预测中;(3)将某大学项目代收停车费收入计入评估中;(4)2016年至2017年华源亿泊公司评估收入与预算和实际收入对比差距较大。二是审计报告存在造假问题。公司实际合并运营后,华源亿泊公司在同一经营期间存在两份审计报告,并采取对其有利的数据出具《合并评估财务数据报告说明》,用以阻止其他股东进行二次评估。三是在对华源亿泊公司进行工商登记变更过程中,股东会决议及股东签字均系伪造,相关材料未经股东审阅同意,且公司章程中不设董事会,违背股东会决议内容。对此,华源亿泊公司认为,评估结果与股权定价并非同一概念,股权比例确认系三方协商一致的结果,且在评估过程中3家均进行过数据修改,而工商登记中的材料系代办公司代办,华源亿泊公司对登记材料真假并不知情。

综上所述,该案争议焦点为《企业吸收合并合作协议》是否达到解除条件。

裁判说理

重审一审法院认为,华源亿泊公司与实圣达公司、泊尔公司于2016年11月29日签订的《企业吸收合并合作协议》系各方真实意思表示,且不违反相关法律法规的规定,应为合法有效,各方均应依约履行。关于协议是否具备解除条件的具体主张评判包括以下几点。

1. 协议是否履行完毕。依据《公司法》第172条第2款之规定,公司吸收合并指公司接纳其他公司加入本公司,接纳方继续存在,被吸收方解散。另外,根据三方协议安排,案涉企业吸收合并按完成时间节点顺序共包括以下步骤:(1)新设公司(2016年12月12日前完成);(2)股权转让(2016年12月27日前完成);(3)合同转移(2017年2月28日前完成);(4)资产合并(2017年6月30日前完成);(5)公司注销(2017年6月30日前完成);(6)新设公司股权转让(2017年7月31日前完成)。因此,无论从公司法规定抑或三方协议约定来看,企业吸收合并应以加入方解散、注销为必要要件。经查,实圣达公司、泊尔公司均未完成企业解散且相关股东均未完成对新设企业的股权转让,故案涉协议并未履行完毕。

2. 协议是否具备继续履行条件。(1)三方是否有履行的主观意愿。经法庭询问,华源亿泊公司、泊尔公司认为各方已经不具有推进案涉协议继续履行的主观意愿,并要求解除合同。实圣达公司虽当庭同意继续履行,但(2017)京0107民初20264号民事案件中,其作为原告主张华源亿泊公司存在欺诈行为,导致其作出错误意思表示，并据此要求撤销案涉协议。同时，三方股东目前已无法正常召开股东会。综合以上情节，三方就协议继续履行存在重大分歧，已不具备继续履行的主观意愿。(2)案涉协议是否具备继续履行的客观条件。根据三方协议的约定，案涉企业吸收合并共6个环节，目前仅股权转让和新设公司已经履行完毕，合同转移、资产合并、公司注销、新设公司股权转让未最终完成。对于剩余合同约定事项的履行一节，根据该案双方诉辩意见及三方董事会会议记录，实圣达公司要求以二次审计评估并重新确认各自股权比例为前提，对此三方在案涉协议中的具体约定内容为"三方在合并后业务主体公司的股权比例可进行相应调整，具体调整比例由三方共同协议确定"。故根据案涉协议的约定，股权比例调整须以三方合意为基础条件，但并未考虑三方发生矛盾时的解决方案。三方现就此已产生重大分歧，且三方已无法正常召开股东会，故客观上不具备协商一致的条件。通过司法手段干预当事人的意思自治缺乏法律依据，亦不符合案涉协议约定。

同时，如继续推进协议履行，在股东会、董事会等公司内部权力、执行机构无法正常运行的情况下，华源亿泊公司将陷入公司僵局乃至解散，如此与继续履行协议的目的显然不符，亦不利于保护各方股东及公司法人权益。

综合以上因素，法院认为，案涉协议客观上不具备继续履行的条件，故应予解除。对于具体解除时间，应以该案原审时原告相关主张送达最后收到起诉书的一方即泊尔公司的时间为准，即2018年5月14日。

重审二审法院进一步认为：首先，应当明确，该案各方签订的系公司合并合同，考虑《企业吸收合并合作协议》解除问题时，除涉及合同法角度，还应从公司人合性层面进行考量。其次，结合合同三方的履约过程和意思表示，《企业吸收合并合作协议》不具备继续履行的可能性，应当予以解除。该案纠纷发生的根源在于实圣达公司对华源亿泊公司最初确定的公司占股比例提出异议，认为华源亿泊公司存在评估不实的问题。但根据《企业吸收合并合作协议》的约定，股权比例可根据三方的实际经营数据进行调整，但具体的调整比例须由"三方协商确定"。显然，在三方均同意不进行先行审计，直接采用收益法进行资产评估的情况下，三方对评估数据的不完全可靠性应有一定预期，在此情况下才进行了后续调整的约定，但上述约定的履行，需要三方共同合作推进，包括重新评估及重新协商股权调整比例。从实际履行情况来看，三方已经无法达成重新评估的一致意思表示，对股权调整亦无法重新协商确定，在此情况下，《企业吸收合并合作协议》显然已经无法继续履行，三方合作共赢的合同目的已然无法实现，《企业吸收合并合作协议》应当予以解除。最后，合同无法实际履行还体现在实圣达公司及泊尔公司对公司注销的态度上，合作三方均是业界具有一定品牌优势的企业，三方约定实圣达公司与泊尔公司注销，合并入华源亿泊公司。实圣达公司未按约定注销公司，可体现其并不具备继续履行《企业吸收合并合作协议》的真实需求。综上所述，对一审判决解除《企业吸收合并合作协议》的处理结果，予以维持。

再审法院经审查认为：(1)关于《企业吸收合并合作协议》是否应当解除的问题。该案纠纷发生的根源在于实圣达公司对华源亿泊公司最初确定的公司占股比例提出异议，认为华源亿泊公司存在评估不实的问题。但根据《企业吸收合并合作协议》的约定，股权比例可根据三方的实际经营数据进行调整，但具体的调整比例须由"三方协商确定"。显然，在三方均同意不进行先行审计、直接采用收益法进行资产评估的情况下，三方对评估数据的不完全可靠性应有一定预期，在此情况下才进行了后续调整的约定，但上述约定的履行，需要三方共同合作推进，包括重新评估及重新协商股权调整比例。从实际履行情况来看，三方已经无法达成重新评估的一致意思表示，对股权调整亦无法重新协商确定。同时，三方约定实圣达公司与泊尔公司注销，合并入华源亿泊公司，但实圣达公司未按约定注销公司。结合三方的履约过程和原审诉讼中的意思表示，原审法院认为《企业吸收合并合作协议》不具备继续履行的可能性，判令协议解除，认定事实和适用法律正确。(2)关于实圣达公司主张的违约责任、赔偿损失问题。一审法院根据《企业吸收合并合作协议》及附件2的约定，认定了协议确定的各方义务，逐一分析了各方履约完成情况，认定华源亿泊公司、实圣达公司对合同解除均存在一定过错，再审法院对一审、二审法院的分析论述予以确认。因原审判令协议解除，故对实圣达公司基于继续履行合同而主张的违约责任未予支持，并无不当。原审诉讼中，实圣达公司称其主张的损失是如果进行评估发生的评估费、审计费和律师费，现二次评估未实际发生，故对其该部分请求，不应支持。综上所述，原判决认定事实清楚，适用法律正确，实圣达公司的再审申请不符合《民事诉讼法》第200条第2项、第6项规定的情形。

专业点评

该案是公司合并的典型案例。公司吸收合并包括6大环节：合同转移、资产合并、股权转让、公司注销、新设公司、新设公司股权转让。其中，被合并公司解散、注销是吸收合并的必要条件，若未达成，法院将认为履行出现障碍，合同目的无法实现，因而可以解除合同，这是客观层面的条件判断。要解除合并协议，还需要从主观层面考察合同当事人的意思表示，判断其是否具有继续履行合并协议的意愿，这是对公司人合性的尊重，在就公司合并已无法达成一致意见的情况下，法院将支持当事人解除合并协议的诉讼请求。企业合并中，在当事人就协议的履行产生争议且无法达成一致的情况下，可以考虑尽早解除合同，早日从合同僵局中抽身，避免影响公司正常运营。

公司合并涉及股东、债权人、员工等多方主体的利益调整，所以，《公司法》对公司合并设置了保护债权人利益、员工权益的通知、公告，原各方主体的权利义务由新主体承继等法律规定。但是，在公司合并没有完成前，新的主体没有产生，协议各方即出现根本性分歧，同意解除合并协议的，应当尊重民事主体真实意思表示，而且，有限责任公司具有很强的人合性，各方既然没有合作基础，早一点恢复交易秩序的稳定对各方主体和潜在的交易第三方、债权人都是有利的。

从纠纷发生原因看，该案之所以会产生纠纷，是因为对各方主体在合并后新设公司中所占的股份比例，既约定了明确的分配数额，又同时约定以第三方评估为准。从交易秩序稳定性看，先进行第三方评估可能更容易达成一致，但是如果既明确约定比例，又明确约定第三方评估后再行调整，必然会为日后的纷争埋下“地雷”，对日后产生纠纷，裁判者查明各方主体的真实意思表示设置了障碍，这是我们从事公司并购业务时应当防止的。

法条链接

1.《合同法》①

第九十一条　有下列情形之一的，合同的权利义务终止：

（一）债务已经按照约定履行；

（二）合同解除；

① 现已修改为《民法典》第557条、第563条。

（三）债务相互抵销；

（四）债务人依法将标的物提存；

（五）债权人免除债务；

（六）债权债务同归于一人；

（七）法律规定或者当事人约定终止的其他情形。

第九十四条　有下列情形之一的，当事人可以解除合同：

（一）因不可抗力致使不能实现合同目的；

（二）在履行期限届满之前，当事人一方明确表示或者以自己的行为表明不履行主要债务；

（三）当事人一方迟延履行主要债务，经催告后在合理期限内仍未履行；

（四）当事人一方迟延履行债务或者有其他违约行为致使不能实现合同目的；

（五）法律规定的其他情形。

2.《公司法》（2018年）

第一百七十二条　公司合并可以采取吸收合并或者新设合并。

一个公司吸收其他公司为吸收合并，被吸收的公司解散。两个以上公司合并设立一个新的公司为新设合并，合并各方解散。

3.《民事诉讼法》（2017年）①

第二百条　当事人的申请符合下列情形之一的，人民法院应当再审：

（一）有新的证据，足以推翻原判决、裁定的；

（二）原判决、裁定认定的基本事实缺乏证据证明的；

（三）原判决、裁定认定事实的主要证据是伪造的；

（四）原判决、裁定认定事实的主要证据未经质证的；

（五）对审理案件需要的主要证据，当事人因客观原因不能自行收集，书面申请人民法院调查收集，人民法院未调查收集的；

（六）原判决、裁定适用法律确有错误的；

（七）审判组织的组成不合法或者依法应当回避的审判人员没有回避的；

（八）无诉讼行为能力人未经法定代理人代为诉讼或者应当参加诉讼的当事人，因不能归责于本人或者其诉讼代理人的事由，未参加诉讼的；

（九）违反法律规定，剥夺当事人辩论权利的；

（十）未经传票传唤，缺席判决的；

---

①　现已修改为《民事诉讼法》（2021年）第207条。

(十一)原判决、裁定遗漏或者超出诉讼请求的；

(十二)据以作出原判决、裁定的法律文书被撤销或者变更的；

(十三)审判人员审理该案件时有贪污受贿，徇私舞弊，枉法裁判行为的。

二、新公司承担被合并公司未披露的合并前债务的，可以要求被合并公司的原股东承担资本充实责任

案件名称

高新国资委、科信丰大公司诉山水集团公司、森特医院等公司合并纠纷案

案号

一审：(2013)济商初字第132号；二审：(2014)鲁商终字第180号

裁判要旨

公司合并是公司设立的一种特殊形式，新设公司的股东要履行出资义务，不同的是其对新设公司的出资系由其原来对被合并公司的出资转化而来。原公司股东签订合并协议后，受合并协议的约束，须对合并后的公司承担资本充实责任。

案情简介

上诉人(原审被告)：山水集团公司

被上诉人(原审原告)：高新国资委

被上诉人(原审原告)：科信丰大公司

原审被告：森特医院

原审被告：经济技术投资公司

2009年5月27日，甲方高新国资委与乙方丰大公司，签订《吸收合并暨增资扩股协议》。该协议约定：鉴于甲方所属的科信担保中心与乙方丰大公司于2008年11月7日签署了合作意向书，就科信担保中心吸收合并丰大公司、增资扩股后变更设立“科信丰大公司”等事宜达成了初步意向，双方经友好协商，就此次吸收合并暨增资扩股事宜一致达成如下协议。其中，第2条第1款约定，各方同意，科信担保中心以该协议约定的条件和方式吸收合并丰大公司，合并完成后科信担保中心存续，丰

大公司解散,丰大公司的全部资产、负债和权益由合并后公司承继。第2条第2款约定,科信担保中心在吸收合并丰大公司的同时增资扩股,改制设立科信丰大公司。第2条第3款约定,各方同意,作为此次吸收合并的对价,丰大公司股东持有的丰大公司股权转换为其各自对新公司的股权,转换完成后各方持有新公司的股权比例分别为:高新国资委占51%、森特医院占34.3%、永大房地产公司占9.8%、山水集团公司占2.94%、经济技术投资公司占1.96%。第4条第1款约定,此次吸收合并完成后,新公司承继丰大公司的全部担保业务;第4条第2款约定,此次吸收合并完成后,新公司承继丰大公司的全部债权债务(以对丰大公司的鲁天元同泰审字2009第1193号审计报告载明的债权债务为准)。丰大公司承诺并保证:截至合并交割日,上述1193号审计报告载明的丰大公司全部应收账款和其他债权、上述1193号审计报告基准日至该协议签署日新发生的应收账款和债权全部收回,并保证自上述1193号审计报告基准日至合并交割完成前不再产生新的债务。第10条第2款第3项约定,因此次合并交割完成前丰大公司的担保业务、其他业务及丰大公司本身所存在的债务、风险、责任、负债等造成新公司损失的,由丰大公司股东连带赔偿新公司损失。该协议另有5个附件,其中,附件2为鲁天元同泰审字(2009)第1193号审计报告、附件4为丰大公司股东会决议、附件5为丰大公司股东授权委托书。该协议由甲方高新国资委盖章、授权代表人李某照签字,乙方由丰大公司盖章、授权代表人范某军签字。以上事实由《吸收合并暨增资扩股协议》予以证实。

丰大公司于2009年5月26日召开股东大会,全体股东均派员出席了此次股东大会,一致通过了如下决议:(1)一致同意丰大公司被科信担保中心吸收合并,吸收合并同时科信担保中心增资扩股变更设立科信丰大公司;(2)一致同意授权公司董事长范某军代表丰大公司及各股东与高新国资委签署《吸收合并暨增资扩股协议》,并一致同意和认可范某军代表签署的《吸收合并暨增资扩股协议》的内容。以上事实由《吸收合并暨增资扩股协议》附件4"股东会决议"予以证实。

2009年5月27日,丰大公司及4名被告授权范某军代表丰大公司及4名被告与高新国资委签署《吸收合并暨增资扩股协议》。

上述协议签订后,2009年8月24日,丰大公司向原工商行政管理部门申请注销登记。2009年8月18日,科信担保中心向原工商行政管理部门提交非公司企业法人改制申请,由该案原告高新国资委与4名被告作为公司发起人,以科信担保中心改制的方式,设立科信丰大公司。

原告高新国资委、科信丰大公司共同诉称,2009年5月27日,高新国资委与丰大公司签订《吸收合并暨增资扩股协议》,该协议约定由高新国资委下属的科信担保中心吸收合并丰大公司,同时增资扩股设立科信丰大公司。该协议同时对新公司设立、双方业务承继及债权债务承担作出了明确约定,其中,第4条约定:“本次吸收合并完成后,新公司承继丰大公司的全部债权债务以对丰大公司的鲁天元同泰审字(2009)第1193号审计报告载明的债权债务为准。”第10条第2款第3项约定:“因本次合并交割完成前丰大公司的担保业务、其他业务及丰大公司本身存在的债务、风险、责任、或有负债等造成新公司损失的,由丰大公司股东连带赔偿新公司损失。”丰大公司及其各股东均对上述约定予以确认。

2012年6月19日,科信丰大公司收到山东省能源环境管理中心有限公司(该公司系山东嘉豪集团有限公司变更名称而来,以下简称能源环境公司)的起诉材料。在该案件审理中,科信丰大公司了解到,该案系丰大公司在吸收合并前为济南森特医院的债务提供连带责任担保所致,但该业务并未体现在(2009)第1193号审计报告中。该案件先后经山东省济南市中级人民法院、山东省高级人民法院审理,分别作出(2012)济商初字第73号和(2013)鲁商终字第67号民事判决,判令科信丰大公司对济南森特医院的欠款本金、利息、违约金等承担连带清偿责任。2013年5月27日,山东省济南市中级人民法院依据上述判决扣划原告账户内资金12×××71.75元。同时,科信丰大公司在此两次诉讼中还支付了诉讼费、律师费等其他诉讼费用,给原告造成极大经济损失。另外,丰大公司吸收合并前的股东分别为森特医院、永大房地产公司、山水集团公司、经济技术投资公司,即该案的4名被告。

诉讼过程

因公司合并受到损失,高新国资委、科信丰大公司以公司合并纠纷为由共同诉山水集团公司、森特医院、永大房地产公司、经济技术投资公司至山东省济南市中级人民法院,请求判令被告赔偿损失,济南市中级人民法院一审判决部分支持原告诉讼请求。后山水集团公司不服,向山东省高级人民法院提起上诉,被判决驳回上诉,维持原判。

裁判结果

一审判决:(1)被告森特医院、永大房地产公司、山水集团公司、经济技术投资公司于判决生效后10日内连带赔偿原告科信丰大公司12×××71.75元及利息(以12×××71.75元为基数,自2013年5月27日起至此判决生效之日止,按人民银行同期贷款利率计算);(2)驳回原告高新国资委的其他诉讼请求;(3)驳回原告科信丰大公司的其他诉讼请求。

二审判决:驳回上诉,维持原判。

主要争点

原告提出诉讼,请求:(1)各被告连带赔偿原告经济损失计12,545,070.75元;(2)各被告连带赔偿原告利息损失;(3)该案诉讼费用、律师代理费由各被告承担。

原告认为,吸收合并前丰大公司的业务给原告造成重大经济损失,根据《吸收合并暨增资扩股协议》的约定,丰大公司的原股东应对上述损失承担连带赔偿责任。

被告森特医院辩称:(1)科信丰大公司作为原告主体不适格,公司合并造成损失是投资主体的损失,故科信丰大公司不应当是原告。(2)原告起诉的是法院划扣的部分款项,该部分包括了扩大的损失。2012年12月7日,山东省济南市中级人民法院已作出一审判决并且二审维持该判决,也就是说如果原告按照一审判决履行义务的话,其造成的损失要远远小于此次起诉金额,扩大的损失恰恰是由原告不适格造成的,所以原告应自行承担责任。(3)原告要求律师代理费由被告承担没有法律依据,不予认可。(4)协议第2条吸收合并增资扩股的内容约定了丰大公司的解散,全部资产负债和权益由合并后的公司承继,合并后的公司既然接受了丰大公司的资产,也相应承担市场和经营风险,损失在合理范围内,故应当驳回原告的诉讼请求。

被告永大房地产公司辩称:(1)《吸收合并暨增资扩股协议》对第二被告不具有约束力,在该案中,永大房地产公司作为吸收合并时丰大公司的股东并未直接签署《吸收合并暨增资扩股协议》,而是于2009年5月26日出具授权委托书,授权丰大公司董事长范某军代表丰大公司及各股东与第一原告签订该协议,而2009年5月27日《吸收合并暨增资协议》的签订主体是第一原告与丰大公司,范某军只代表丰大公司在该协议上签字而并未代表永大房地产公司进行签字,故《吸收合并暨增资协议》对永大房地产公司不具有约束力。(2)退一步讲,假设增资协议对永大房地产公司具有约束力,永大房地产公司也不应承担受让股权前丰大公司为森特医院债务担保所造成的损失。2008年11月6日,丰大公司为森特医院提供担保,永大房地产公司于2009年3月23日从丰大公司股东山东天匠重工科技集团有限公司以1000万元的价格受让丰大公司20%的股权。丰大公司向永大房地产公司提供了丰大公司截至2008年12月31日的审计报告(审字2009第046号),该报告第5项明确说明,截至2008年12月31日,丰大公司无应对外披露而未披露的事项,永大房地产公司对该笔债务不知晓。丰大公司于2008年11月6日为济南森特医院提供担保时,范某军为丰大公司的法定代表人,且范某军在该案吸收合并时已经告知科信担保中心该笔担保业务,丰大公司被吸收合并后范某军又担任科信丰大公司的总经理,应视为其已经就该笔担保向科信丰大公司进行了披露。另外,根据山东省高级人民法院(2013)鲁商终字第67号生效判决确认的事实,2010年8月18日、2011年6月2日能源环境公司两次向第二原告催收债务,均由范某军签收,且并未向永大房地产公司提出异议,足以证明科信丰大公司对该业务是知晓的,永大房地产公司不应当承担相应责任。

被告山水集团公司辩称,原告依据《吸收合并暨增资扩股协议》要求丰大公司原股东承担责任,假设法院判令原股东承担责任,那么原股东代替丰大公司承担了责任后,有权向丰大公司追偿,而丰大公司吸收合并后原股东也就有权向科信丰大公司主张相应权利,这样双方之间的债务就抵消了,因为合并后的公司承接被合并公司的债权债务,因此,原告的诉讼请求不能支持。

被告经济技术投资公司辩称:(1)原告主体不适格;(2)《吸收合并暨增资扩股协议》的当事人是第一原告,经济技术投资公司并不是该协议的当事人,因此该协议的条款对经济技术投资公司不具有约束力,原告依据该协议要求答辩人承担责任不应当得到支持,应予以驳回。

综上所述,该案争议焦点为科信丰大公司作为该案原告是否适格,《吸收合并暨增资扩股协议》对各被告是否有约束力。

裁判说理

法院认为,由于公司合并是公司设立的一种特殊形式,故新设公司的股东也要履行出资义务,不同的是其对新设公司的出资系由其原来对被合并公司的出资转化而来。该案4名被告对科信丰大公司的股权即是依据审计报告所确定的丰大公司的净资产额转化而来,因此,只有审计报告所确定的丰大公司的净资产额与丰大公司的实际净资产额一致时,4名被告才适当地履行了对于科信丰大公司的出资义务。但是,由于丰大公司对森特医院的担保债务未纳入审计范畴,科信丰大公司实际承担了丰大公司的债务后,本质上相当于丰大公司的原股东(4名被告)未完全履行对科信丰大公司的出资义务,故参照《公司法解释三》第13条第1款、第3款之规定,科信丰大公司也有权要求4名被告向科信丰大公司履行出资义务,且可以请求公司的发起人与被告股东承担连带责任,即连带赔偿因其履行丰大公司的债务给其造成的损失。由于4名被告向科信丰大公司赔偿损失,在性质上相当于公司要求股东补足出资,故科信丰大公司作为原告提起诉讼并无不当,森特医院提出的关于科信丰大公司诉讼主体不适格的主张不能成立。该案中,高新国资委与科信丰大公司基于不同的请求权基础可以分别向4名被告主张权利,但由于高新国资委并不要求4名被告向其支付赔偿金,而是主张4名被告应向科信丰大公司承担赔偿责任,故高新国资委与科信丰大公司作为该案的共同原告不矛盾。由于4名被告所承担的责任是出资瑕疵股东对公司的资本充实责任,并非担保责任,4名被告向科信丰大公司赔偿以后并不享有向科信丰大公司的追偿权,故山水集团公司以其享有追偿权对原告的抗辩不能成立。

《吸收合并暨增资扩股协议》对上诉人山水集团公司是否有拘束力。丰大公司的股东会决议及授权委托书证实,包括上诉人山水集团公司及原审被告在内的4名股东均授权范某军签署《吸收合并暨增资扩股协议》,范某军也在《吸收合并暨增资扩股协议》签了字,该协议已经签署生效并实际履行,上诉人山水集团公司及原审被告已经成为科信丰大公司的股东。因此,上诉人山水集团公司关于范某军并未代表各被告签署合同,《吸收合并暨增资扩股协议》第10条第2款第3项对其没有拘束力的主张不能成立。按照该协议,上诉人山水集团公司应该承担赔偿责任。无论公司以何种方式设立,公司的股东都要履行出资义务。该案的上诉人山水集团公司通过股权置换的方式持有科信丰大公司的股权,也是在确定丰大公司净资本额的基础上,分别确定各自的持股比例,本质上还是以出资确定股权。因此,上诉人山水集团公司和原审被告承担的是出资瑕疵股东对公司的资本充实责任,不是担保责任,原审对此认定并无不当。因此,上诉人山水集团公司承担赔偿责任后,无权向科信丰大公司进行追偿。

专业点评

该裁判的亮点在于解读了原股东的出资义务。股东对新设公司的出资由股东对被合并公司的出资转化而来,当股东未完全履行出资义务时,新设公司可要求股东补足出资。在该案中,新设公司承担了被合并公司的担保责任,受到三个问题的挑战:第一,新设公司并非《吸收合并暨增资扩股协议》的当事人,有无权利依据该合并协议要求股东承担连带赔偿责任;第二,如果法院支持了原告的诉讼请求,判决股东承担连带责任,则股东势必可向被合并公司追偿,新设公司在吸收资产的同时又承担了债务,则股东可向新设公司追偿,这就陷入了逻辑的怪圈;第三,新设公司为被合并公司承担了担保责任,这属于一般的商业风险,无权要求赔偿。该案中,法院的智慧在于跳出了原告所主张的损害赔偿责任,而将这一问题还原为出资义务这一本质问题,巧妙化解了上述三大问题,而且很好地平衡了各方利益。

法条链接

1.《合同法》①

第八条　依法成立的合同,对当事人具有法律约束力。当事人应当按照约定履行自己的义务,不得擅自变更或者解除合同。

依法成立的合同,受法律保护。

2.《公司法》(2013 年)②

第三十一条　有限责任公司成立后,应当向股东签发出资证明书。出资证明书应当载明下列事项:

(一)公司名称;

(二)公司成立日期;

(三)公司注册资本;

(四)股东的姓名或者名称、缴纳的出资额和出资日期;

(五)出资证明书的编号和核发日期。

出资证明书由公司盖章。

第三十八条　首次股东会会议由出资最多的股东召集和主持,依照本法规定行使职权。

第一百七十四条　公司合并时,合并各方的债权、债务,应当由合并后存续的公司或者新设的公司承继。

3.《公司法解释三》(2014 年)③

第十三条　股东未履行或者未全面履行出资义务,公司或者其他股东请求其向公司依法全面履行出资义务的,人民法院应予支持。

公司债权人请求未履行或者未全面履行出资义务的股东在未出资本息范围内

---

① 现已修改为《民法典》第 465 条。

② 现已修改为《公司法》(2018 年)第 31 条、第 38 条、第 174 条。

③ 现已修改为《公司法解释三》(2020 年)第 13 条。

对公司债务不能清偿的部分承担补充赔偿责任的,人民法院应予支持;未履行或者未全面履行出资义务的股东已经承担上述责任,其他债权人提出相同请求的,人民法院不予支持。

股东在公司设立时未履行或者未全面履行出资义务,依照本条第一款或者第二款提起诉讼的原告,请求公司的发起人与被告股东承担连带责任的,人民法院应予支持;公司的发起人承担责任后,可以向被告股东追偿。

股东在公司增资时未履行或者未全面履行出资义务,依照本条第一款或者第二款提起诉讼的原告,请求未尽公司法第一百四十七条第一款规定的义务而使出资未缴足的董事、高级管理人员承担相应责任的,人民法院应予支持;董事、高级管理人员承担责任后,可以向被告股东追偿。

三、除非特别约定,公司合并协议生效不以完成批准、登记作为效力判断的依据

案件名称

上品公司诉我爱我家公司公司合并纠纷案

案号

一审:(2017)豫1381民初4572号;二审:(2018)豫13民终7424号

裁判要旨

公司合并协议的有效性并不取决于各方是否编制了资产负债表和财产清单、是否履行了法定的公告程序以及债权人是否同意。公司合并协议于双方签字后生效。

案情简介

上诉人(原审被告):我爱我家公司

被上诉人(原审原告):上品公司

原告上品公司系自然人独资的有限责任公司,其前身为福临酒店于2014年5月15日在原河南省邓州市工商管理局登记注册,2015年8月30日更名为上品公司,获得了营业执照。2015年8月8日,原告、被告签订一份合伙协议,协议约定原告将其公司(酒店)全部资产作价140万元,另外投入现金10万元,作为股份并入被

告公司,由原告公司法定代表人李某按股享受股东的权利,承担股东义务。被告对原告公司拥有产权,统一管理。原告公司在合同签订日期前的所有债权、债务、收益归原告,合同签订后经营中的债权、债务、收益归被告。合同签订后,原告向被告提交了资产负债表及固定资产明细表,但未通知债权人,双方亦未在报纸上对合并事宜进行公告。2015 年 10 月 19 日,被告与案外人陈某(半岛蓝山公司负责人)、杨某山签订了一份项目合作协议书,约定三方合作开发原福临酒店,即上品公司,并更名为半岛蓝山公司,且进行了装修及经营。现原告认为,双方的公司合并协议未按《公司法》规定的条件履行合并事宜,未编制资产负债表、财产清单,未通知债权人,亦未公告及办理注销、变更登记,请求判令双方的合并协议未生效。审理中,原告放弃了要求解除该协议的诉讼请求。

诉讼过程

因认为公司未按约定合并,上品公司以公司分立纠纷为由诉我爱我家公司至河南省邓州市人民法院,请求判令公司合并协议未生效并解除,河南省邓州市人民法院一审判决认定公司合并协议未发生法律效力。后我爱我家公司不服,向河南省南阳市中级人民法院提起上诉,被判决撤销一审判决,驳回上品公司诉讼请求。

裁判结果

一审判决:原告上品公司与被告我爱我家公司在 2015 年 8 月 8 日签订的协议未发生法律效力。

二审判决:(1)撤销邓州市人民法院(2017)豫 1381 民初 4572 号民事判决;(2)驳回上品公司的诉讼请求。

主要争点

上品公司一审中认为:(1)双方是合并关系,非合伙关系。合并过程需要经过双方股东确认、财产清算、对所有债权人进行公示公告、办理变更登记等流程,原告、被告之间除了登记外,没有经过其他流程,合并主体并未产生。(2)我爱我家公司公司名称和经营方式都发生了变化,主体发生变化,合并如何成立且生效。

上诉人我爱我家公司上诉请求:(1)依法撤销河南省邓州市人民法院(2017)豫 1381 民初 4572 号民事判决,改判认定双方签订的协议为有效协议,驳回被上诉人的诉讼请求。(2)上诉费用由被上诉人承担。事实与理由如下:上诉人与被上诉人签订的协议书自双方签字时便已经生效,该协议既不存在无效、不生效等情形,也不存在可解除情形,一审判决认定协议未发生法律效力与事实不符,且对《公司法》相关法律条文理解错误。理由如下:(1)一审法院将合并协议生效后的履行瑕疵(迟延履行)错误理解为合同的生效条件未成就,其对协议效力的性质发生错误理解。一审判决在“本院认为”部分评析认为,原告、被告双方在签订协议书后,未编制正式的资产负债表,原告的资产负债表未经公告,合并也没有通知债权人,合并协议签订后原告公司未注销,被告未办理变更登记,法院据此认为双方未严格履行公司合并的法定程序和法定义务,故而认定公司合并协议的生效条件未成就。上诉人认为,一审法院的上述评析完全错误。首先,《公司法》第 173 条规定,公司合并应当由合并各方签订合并协议、编制资产负债表及财产清单、通知债权人并公告等,这些内容都只是关于公司合并所应当履行的程序性规定,也是到工商行政部门办理公司变更登记必须提交的执行文件。签订合并协议与办理其他程序性事项是并列的,公司合并协议自双方签字后就已经完全生效,即使其他程序性事项尚未办理完毕,那也只是继续履行的问题,不能因为后续的其他程序性事项没有全部办结,便据此反推合并协议尚未生效,一审法院的判决没有法律依据。其次,公司合并协议签订后,假如签订合并协议的一方当事人没有按照法律、行政法规所规定的程序去配合办理公司合并所需要执行的相关流程事项,则双方当事人可以依据《合同法》第 93 条的规定协商解除公司合并协议,守约一方也可以依据《合同法》第 94 条的规定催告另一方当事人在合理期限内履行协议内容,若违约方仍未在合理期限内配合办理相关事项,则守约方可以诉请解除合同。(2)原告、被告双方签订的协议书合法、有效,原告也未取得解除双方合同的法定权利。上述协议签订后,原告已经将自己公司的营业执照、组织机构代码证、房屋租赁合同、资产负债表及财产清单、部分财务账目流水交付给上诉人保管,而且上诉人也已经对原告并入的公司资产予以统一管理,上诉人在原告公司之前所租赁的房产上投入巨资进行了装修改造,原告公司也委派其法定代表人经常性地参加上诉人公司召开的股东会议及日常会议,双方的公司合并之所以进展缓慢,是因为在上诉人对原告所属酒店投入巨资装修并引进第三方机构进行科学管理后,原告所属酒店逐渐恢复了正常运营并开始盈利,原告为了独占酒店收益,恶意拖延办理公司合并事项,从而导致公司合并事宜一直迟迟无法办结,这完全是由于原告违约在先,原告作为违约方无权解除双方已经生效的协议。

综上所述,该案争议焦点为公司合并协议的效力问题。

裁判说理

一审法院认为，原告、被告均为有限责任公司，其之间的协议名为合伙协议，但协议内容实为公司合并。《公司法》第173条规定："公司合并，应当由合并各方签订合并协议，并编制资产负债表及财产清单。公司应当自作出合并决议之日起十日内通知债权人，并于三十日内在报纸上公告。债权人自接到通知书之日起三十日内，未接到通知书的自公告之日起四十五日内，可以要求公司清偿债务或者提供相应的担保。"第179条规定："公司合并或分立，登记事项发生变更的，应当依法向公司登记机关办理变更登记；公司解散的，应当依法办理公司注销登记……公司增加或者减少注册资本，应当依法向公司登记机关办理变更登记。"由此可知，公司合并协议是否生效不仅取决于合并各方的股东是否作出决议，意思表示是否真实，还取决于各方是否编制了资产负债表和财产清单，是否履行了法定的公告程序，债权人是否同意，即公司合并协议的生效，除合并各方意思表示真实外，还须经过法定程序及债权人同意。而该案中，首先，原告、被告双方虽签订了合并协议，但双方均未编制正式的资产负债表及财产清单，被告虽然出示了原告编制的资产负债表及财产明细表，但公司合并中被解散公司的债务，须经公告由债务人申报后才能确认，故原告制作的资产负债表并不能完全反映其真实的债务情况。其次，合并时未通知债权人，亦未于30日内在报纸上进行公告。最后，合并协议签订后，原告未办理注销登记，被告亦未办理变更登记，双方未严格履行公司合并的法定程序和法定义务。协议的部分履行并不能证明合并协议已生效，而未生效的协议亦谈不上解除。故原告要求确认双方签订的合并协议未生效，法院予以支持，其放弃要求解除该协议的诉讼请求，法院予以准许。

二审法院认为，《合同法》第44条规定，依法成立的合同，自成立时生效。法律、行政法规规定应当办理批准、登记等手续生效的，依照其规定。该案的合并协议约定双方签字后生效，法律、行政法规没有规定此类合同需经批准或登记才能生效，原审适用的《公司法》第173条、第179条也没有公司合并协议需要批准或登记才生效的规定，因此，原判认定双方签订的公司合并协议未发生法律效力，没有法律依据，处理不当，二审法院予以纠正。

专业点评

协议的效力应以有效为原则，当协议体现的是双方的真实意思表示且不违反法律的效力性强制性规定时，协议应当认定为有效。这是效力判决的基本逻辑，同样适用于公司合并协议效力的判断。一审法院的裁判观点明显存在偏差，合并协议一经双方签字即产生法律效力，至于双方是否编制资产负债表、履行公告程序、工商变更登记等，这是合并协议的后续履行问题，并不影响合并协议的效力，该案二审法院及时纠正了一审判决的错误观点。这也反映出，个别法院在合同效力判断上存在对当事人意思表示不够尊重的问题，过分重视工商变更登记等管理性程序事项，这一点应引起律师、法官的关注。

公司合并协议生效以后，一方主体没有履行相应的义务，即构成违约，这是合同生效以后的履行问题，而不是因为没有履行法定义务就认定合同未生效，如果真是如此，那么市场信用如何建立，交易安全如何保护。

法条链接

1.《公司法》(2018 年)

第一百七十三条　公司合并，应当由合并各方签订合并协议，并编制资产负债表及财产清单。公司应当自作出合并决议之日起十日内通知债权人，并于三十日内在报纸上公告。债权人自接到通知书之日起三十日内，未接到通知书的自公告之日起四十五日内，可以要求公司清偿债务或者提供相应的担保。

第一百七十九条　公司合并或者分立，登记事项发生变更的，应当依法向公司登记机关办理变更登记；公司解散的，应当依法办理公司注销登记；设立新公司的，应当依法办理公司设立登记。

公司增加或者减少注册资本，应当依法向公司登记机关办理变更登记。

2.《合同法》①

第四十四条　依法成立的合同，自成立时生效。法律、行政法规规定应当办理批准、登记等手续生效的，依照其规定。

第九十三条　当事人协商一致，可以解除合同。当事人可以约定一方解除合同的条件。解除合同的条件成就时，解除权人可以解除合同。

---

① 现已修改为《民法典》第 502 条、第 562 条、第 563 条。

第九十四条　有下列情形之一的,当事人可以解除合同:(一)因不可抗力致使不能实现合同目的;(二)在履行期限届满之前,当事人一方明确表示或者以自己的行为表明不履行主要债务;(三)当事人一方迟延履行主要债务,经催告后在合理期限内仍未履行;(四)当事人一方迟延履行债务或者有其他违约行为致使不能实现合同目的;(五)法律规定的其他情形。

第五篇

公司分立纠纷

导　语

我国法律并没有规定公司分立的明确定义,尽管有关国家机关在规范性文件中对公司分立概念有一些阐述,但并未取得共识。根据我国《公司法》相关规定,公司分立,其财产作相应的分割。实践中,存在两种公司分立的方式:一种是解散分立;另一种是存续分立。解散分立,是指原来具有一个法人资格的公司分割成两个或两个以上的具有法人资格的公司,原来公司的法人资格消灭,消灭的公司应当依法办理公司终止登记手续。分立后新设的公司必须符合公司设立的法定条件,并依法办理登记。存续分立,是指原公司依然存在,而将原公司一部分分离出去成立一个新公司的法律行为,原有公司的法人资格不消灭,但原有公司的股东人数、资金数额、生产规模等可能发生变化,因此,原有公司应当依法进行变更登记。分立后的公司实际上是新设立的一个公司,当然应当进行公司设立登记,且应符合《公司法》关于公司设立的条件。公司分立产生的法律后果为:公司组织结构的变化;权利义务的法定转移。因此,公司分立涉及多家公司股东和债权人的利益,为了防止公司分立侵害中小股东和债权人利益,《公司法》规定了公司分立的严格程序。公司分立需要经过股东会决议通过,制订分立计划或者分立协议,编制资产负债表及财产清单,通知或公告债权人,进行财产分割,并办理登记手续。

公司分立纠纷,是指公司在实施分立行为中引发的各类争议。根据法律规定,公司分立不仅导致相关主体实体权利发生重大变化,而且法律对分立的程序、权利义务及相应的法律后果均作出明确的规定。一旦违背相关规定,极易引发纠纷,实践中恰恰是债权人权益、股东权益、决议效力等规定或约定导致较多的纠纷。

公司合并时,合并各方的债权、债务问题是该类纠纷中最为常见的。一般应当由合并后存续的公司或者新设的公司承继。公司分立后原公司在分立前产生的债务责任承担一般按如下规则处理:(1)若公司分立时,未与债权人就债务承担达成书面约定或者约定不明的,则分立后的各公司对原公司的债务承担连带清偿责任;(2)若公司分立时,与债权人就债务承担另有书面约定的,则按照协议约定的方式处理。

在分立所需的程序上,《公司法》第 37 条第 9 项规定,公司股东会对公司合并、分立、解散、清算或者变更公司形式作出决议。《公司法》第 43 条第 2 款规定,公司法分立必须经过代表 2/3 以上表决权的股东通过。《公司法》第 46 条第 7 项规定,董事会制定公司合并、分立、解散或者变更公司形式的方案。《公司法》第175条第1款规定,公司分立,其财产作相应的分割。《公司法》第175条第2款规定,公司分立,应当编制资产负债表及财产清单。公司应当自作出分立决议之日起10日内通知债权人,并于30日内在报纸上公告。

而具体到债务处理问题,《公司法》第176条规定,公司分立前的债务由分立后的公司承担连带责任。但是,公司在分立前与债权人就债务清偿达成的书面协议另有约定的除外。根据最高人民法院《关于审理与企业改制相关的民事纠纷案件若干问题的规定》第12条的规定,债权人向分立后的企业主张债权,企业分立时对原企业的债务承担有约定,并经债权人认可的,按照当事人的约定处理;企业分立时对原企业债务承担没有约定或者约定不明,或者虽然有约定但债权人不予认可的,分立后的企业应当承担连带责任。最高人民法院《关于审理与企业改制相关的民事纠纷案件若干问题的规定》第13条规定,分立的企业在承担连带责任后,各分立的企业间对原企业债务承担有约定的,按照约定处理;没有约定或者约定不明的,根据企业分立时的资产比例分担。

一、公司分立的债务承担问题

案件名称

兆辉玻璃公司诉兆峰玻璃公司公司分立纠纷案

案号

一审:(2016)渝0117民初8092号

裁判要旨

公司分立时就债务承担有约定的,依照约定进行清偿,没有约定的,由分立后的公司承担连带责任。

案情简介

原告:兆辉玻璃公司

被告:兆峰玻璃公司

2013年1月3日，原兆辉玻璃公司股东卢某象、陈某乐、孙某南、邓某、杨某、周某伟签订了《兆辉玻璃公司分立资产先行分割及经营先行独立协议》及其附件，其中卢某象、陈某乐、孙某南作为协议的甲方，邓某、杨某、周某伟作为协议的乙方，该协议主要约定：甲、乙双方六人本系兆辉玻璃公司（以下简称兆辉公司）股东，经股东大会决议，公司拟进行派生分立（暂定，具体方式待定，但不影响本协议的效力），由乙方3名原股东从兆辉公司中退股并剥离出与其股份相应的资产新设立公司，经协议各方充分协商后，根据我国《民法通则》《合同法》《公司法》等有关法律规定，订立如下条款，对公司资产及业务经营进行先期分割，以资信守（以下所有数据计算截至2012年11月25日），双方均承诺本协议对双方具有约束力，在日后的公司分立程序中不得反悔，否则承担违约责任。第一条分立方式。由乙方三名原股东从兆辉公司中退股并剥离出与其股份（3名股东合计拥有兆辉公司35.5555%股份）相应的资产新设立公司，新公司拟名为重庆兆辉康盛玻璃有限公司（具体名称以工商核对为准），注册地址为合川清平杨柳坝，兆辉公司的注册地变更为合川工业园区。第二条业务分割……第三条资产及债务分割（详见该协议附表12）。一、资产分割。特别注意：1.现存于合川工业园区的厂房、土地、无形资产及设施设备等所有固定资产、库存产品以现状归甲方，现存于合川清平镇杨柳坝的厂房、设施设备等所有固定资产、库存产品以现状归乙方。2.应收账款：共16,786,205.39元，其中7,501,279.56元归甲方，另7,553,179.78元归乙方（详见该协议附件2）……二、债务分割。特别注意：1.短期借款（兆辉公司于2012年11月25日前所欠的包括民间借贷、银行贷款及利息，详见该协议附件8）由甲方承担，甲方于2012年11月25日后有乙方股东签字的银行贷款及利息由甲方承担，甲乙双方股东单独以公司名义在外所欠未入公司财务的债务由双方各自承担；2.应付账款：乙方负担人民币7,852,444.40元，其中1,570,332.28元（详见该协议附件9）由乙方直接向债权人履行，剩余6,282,112.12元由甲方代乙方偿还，乙方不支付甲方代偿部分的资金利息……3.卢某象个人的借款利息1,750,161.71元，其中1,050,161.71元归甲方承担，剩余70万元及2013年1月至12月一年利息共计868,000元由乙方承担，偿还方式按上款进行，该笔款项进入甲方公司账户后由甲方公司直接向卢某象支付；4.除上述应付款项外，双方确认另有未入账应付款项305,722.2元，甲、乙双方各负担一半（详见该协议附件13）。鉴于甲、乙双方现资产及债务的分割，乙方放弃现存于合川资产未来增值及对优势市场分割的任何异议。三、分立的债权实现及债务承担。分立后，甲、乙双方的有关债权实现与债务承担，按照本协议以及资产负债表划分明细表执行，分立后的甲乙双方均有义务配合对方完善债权债务的相关法律手续，协助对方追缴债权，追缴债权的费用由双方自行承担。债务分担部分应当在签订本协议一个月内与债权人签订协议确认,以避免分立后的公司共同承担责任。第四条公司分立事务的承担及费用约定。1. 公司的分立事务由甲方负责进行,乙方配合,分立后兆辉公司的变更由甲方负责,新公司的注册由甲乙双方共同于该协议签订后 1 个月内完成设立,设立费用各负担一半(限乙公司注册资金 1500 万元)……第五条职工安置……第六条违约责任……第七条争议解决……第八条其他……3. 该协议附件为该协议的组成部分,与该协议具有同等法律效力……该协议自各方签署之日起生效,一式两份,甲乙双方各执一份。如在公司分立或股权转让等程序中需签订其他合同,可按该协议的内容重新拟订。该协议附表 9《应付账款科目明细》载明调整后的应付账款除呆账坏账及合川兆辉的金额后,兆辉康盛承担一半,即 7,852,444.41 元,该金额 7,852,444.41 元由 19 笔调整后余额组成,其中明细载明的应付华蓥市万嘉包装有限公司账款调整后余额为 9222.80 元。协议签订后,原兆辉玻璃公司分立为原告兆辉玻璃公司与被告兆峰玻璃公司,其中被告兆峰玻璃公司即分立协议及附表中所涉的兆辉康盛。

2014 年 6 月 17 日,法院对华蓥市万嘉包装有限公司诉原告兆辉玻璃公司及被告兆峰玻璃公司承揽合同纠纷一案依法作出(2014)合法民初字第 03686 号民事判决书,该判决书认定截至 2012 年 12 月 11 日,原兆辉玻璃公司欠付华蓥市万嘉包装有限公司报酬共计 50,404.55 元,结算后,原告兆辉玻璃公司支付了 1 万元,被告兆峰玻璃公司支付了 9222.8 元,尚欠 31,181.75 元,而原告兆辉玻璃公司与被告兆峰玻璃公司系由原兆辉玻璃公司分立而成的两个独立的企业法人,应当对分立前债务承担连带责任,并据此判决:一、限被告兆辉玻璃公司与被告兆峰玻璃公司于本判决生效后 10 日内支付给原告华蓥市万嘉包装有限公司报酬 31,181.75 元,并自 2014 年 5 月 13 日起按中国人民银行同期信用贷款基准利率支付利息,利随本清;两名被告互负连带责任。二、驳回原告华蓥市万嘉包装有限公司的其他诉讼请求。如果未按本判决指定的期间履行给付金钱义务,应当依照《民事诉讼法》第 253 条的规定,加倍支付迟延履行期间的债务利息。本案件受理费 680 元,减半收取 340 元,由原告华蓥市万嘉包装有限公司承担 50 元,由被告兆辉玻璃公司与被告兆峰玻璃公司承担 290 元,两名被告互负连带责任……该判决生效后,因兆辉玻璃公司与兆峰玻璃公司未履行法律文书确定的义务,华蓥市万嘉包装有限公司向法院申请强制执行,法院依法从兆辉玻璃公司账户上扣划了 35,280 元,包括执行费 372 元、案件受理费 290 元、判决书确定的报酬 31,181.75 元及利息。

诉讼过程

因要求兆峰玻璃公司承担一半债务未果,兆辉玻璃公司以公司分立纠纷为由诉兆峰玻璃公司至重庆市合川区人民法院,请求判令被告兆峰玻璃公司承担垫付费用,重庆市合川区人民法院一审判决部分支持原告诉讼请求。

裁判结果

一审判决:(1)由被告兆峰玻璃公司于判决生效之日起3日内向原告兆辉玻璃公司支付垫付款项17,640元及资金占用损失;(2)由被告兆峰玻璃公司于判决生效之日起3日内向原告兆辉玻璃公司支付保全费200元;(3)驳回原告兆辉玻璃公司的其他诉讼请求。

主要争点

原告兆辉玻璃公司认为,其与被告兆峰玻璃公司是因公司分立而成的两个新公司,根据双方分立协议及债权债务平均分割原则,其承担的35,280元应由被告兆峰玻璃公司承担17,640元。

被告兆峰玻璃公司辩称,原告兆辉玻璃公司诉称垫付的劳务费是双方分立前欠下的债务属实,但双方在分立协议中明确约定该笔债务不应当由其支付,故其不应当承担该笔债务,请求驳回原告兆辉玻璃公司的诉讼请求。

综上所述,该案争议焦点为公司分立后的债务承担。

裁判说理

一审法院认为,负有连带义务的每个债务人,都负有清偿全部债务的义务,履行了义务的人,有权要求其他负有连带义务的人偿付他应当承担的份额。该案中,原告兆辉玻璃公司与被告兆峰玻璃公司均系已发生法律效力的(2014)合法民初字第03686号民事判决书确认债务的连带债务人,均负有履行生效法律文书确定债务的义务,但被告兆峰玻璃公司并未履行,而原告兆辉玻璃公司因被法院强制执行,履行了该生效判决确认的全部债务,共计被执行35,280元。根据法律规定,原告兆辉玻璃公司有权要求对该债务负有连带义务的被告兆峰玻璃公司偿付其应当承担的份额。同时,从公司分立时各股东签订的《兆辉玻璃公司分立资产先行分割及经营先行独立协议》及附表9《应付账款科目明细》约定内容看,原告兆辉玻璃公司与被告兆峰玻璃公司对应付账款各承担一半,因此,被告兆峰玻璃公司应按约定承担上述被执行款项的一半,即17,640元。故原告兆辉玻璃公司要求被告兆峰玻璃公司支付垫付款项17,640元的诉讼请求有事实和法律依据,法院予以支持。至于被告兆峰玻璃公司辩称,双方在分立协议中明确约定该笔债务不应当由其支付,庭审中,被告兆峰玻璃公司并未举证证明存在该约定,对此,法院不予认可,从《兆辉玻璃公司分立资产先行分割及经营先行独立协议》附表9《应付账款科目明细》载明的内容看,华蓥市万嘉包装有限公司应付账款载明为9222.80元,与生效判决认定的公司分立前所欠华蓥市万嘉包装有限公司报酬50,404.55元不符,而被告兆峰玻璃公司并未举证证明公司分立时存在其对差额部分不承担责任的约定,故应当按照法律规定对公司分立前的债务承担连带偿还责任。

专业点评

在公司分立纠纷中,债务承担是该类纠纷中最多也是最为重要而基础的问题。我国《公司法》明确规定,公司分立前的债务由分立后的公司承担连带责任,这是对债权人的权利保护,同时,债权人也可以在分立前与公司就债务承担问题达成书面协议。该案中,双方虽然对公司分立前的债务承担问题有约定,但因约定数额与实际数额有出入,双方因此发生了争议。对于双方未约定的债务分担问题,法院当然应结合分立协议中体现的债务承担原则进行公平分配,因该案双方是按照"平分"原则处理债务,故法院判决结果是正确的,在一方对外承担连带责任后,支持其向另一方追偿的请求,也是合法合理的。

法条链接

《公司法》(2013年)①

第一百七十七条　公司需要减少注册资本时,必须编制资产负债表及财产清单。

公司应当自作出减少注册资本决议之日起十日内通知债权人,并于三十日内在

① 现已修改为《公司法》(2018年)第177条。

报纸上公告。债权人自接到通知书之日起三十日内，未接到通知书的自公告之日起四十五日内，有权要求公司清偿债务或者提供相应的担保。

同类案例

在内蒙古自治区呼和浩特市中级人民法院审理的史某等公司分立纠纷案［（2016）内01民终802号］中，法院认为："宇翔出租汽车公司所主张的上述负债在《审计报告》中均已包含，而《和解协议书》系在《审计报告》作出之后达成的，《和解协议书》中并未约定史某按照出资比例承担宇翔出租汽车公司该部分负债，且《存续分立协议书》中也约定分配给史某的100辆出租汽车在转由史某新成立的公司独立经营前产生的债权债务由宇翔出租汽车公司承担，因此宇翔出租汽车公司的这一主张不能成立，本院不予支持。"

广东省广州市中级人民法院审理的广州高金技术产业集团有限公司与广州高新技术产业集团有限公司、广州高新技术产业开发区天河科技园管理委员会、广州天河软件园高唐新建区管理委员会公司分立纠纷案［（2014）穗中法民二初字第63号］，法院认为：高某甲集团从原高新集团分立后，作为高某甲集团股东的凤某、李某银、戴某花、冼某为原高新集团垫付的土地出让金和土地使用权转让款经由凤某、李某银、戴某花、某燃与两家管委会签订《关于置换土地使用权的协议》已转为高某甲集团购买新地块土地使用权的款项，收取该款项的系两家管委会，亦非高新集团。故高某甲集团要求高新集团与两家管委会共同清偿上述款项于理不合、于法无据，法院不予支持。

二、能否以股东结构不同为由否认公司发生分立

案件名称

道济置业公司诉文景苑业委会委托合同纠纷案

案号

一审：（2017）皖0103民初339号；二审：（2017）皖01民终3777号；再审：（2018）皖民申348号

裁判要旨

在公司分立纠纷案件中,仅以股东结构不同为由否认公司分立的,人民法院不予支持。

案情简介

上诉人(原审被告):文景苑业委会

被上诉人(原审原告):道济置业公司

2015 年 6 月 29 日,道济置业公司(协议甲方)与文景苑业委会(协议乙方)签订《新华文景苑地下停车场委托租赁协议》,载明新华文景苑地下停车场 106 个产权车位(除售出外)产权归属甲方,人防工程 130 个车位用益物权归属甲方,约定在委托期限 2015 年 7 月 1 日至 2017 年 11 月 9 日,甲方委托乙方在小区业主范围内实施租赁;由乙方对地下停车场进行管理和维护,乙方自行承担地下停车场物业管理费、日常运营所发生的水电费、维护维修费用等一切费用,并以每车位 140 元/月的租赁价格收取住户租赁费;按实际车位数收取的租赁费,每车位 50 元/月的物管费用归乙方,剩余每车位 90 元/月的租赁费归甲方所有,但为支持乙方加强地下停车场的管理工作,甲方从收取的每车位 90 元/月的租赁费中,提取 30% 给予乙方,即甲方实际收取每车位 63 元/月的租赁费,乙方实际取得每车位 27 元/月用于地下停车场设备设施维修;乙方每月 5 日前以书面形式将上月车位租赁表送甲方审核,甲方签字确认,车位租赁费在每季度结束后 5 个工作日内,由乙方交付甲方,由甲方根据双方约定进行分配;如未在规定时间内完成以上行为,视为违约,守约方有权单方面解除该协议,并追究应得利益;因乙方原因造成协议终止或协议到期,甲方有权收回管理权,协议终止,双方结清所有收益和移交完善的设备设施。该协议乙方由文景苑业委会常务副主任程某签字并加盖文景苑业委会公章。

上述协议签订后,道济置业公司按约定将地下车库移交文景苑业委会管理。文景苑业委会开始能够履约,按其报送的车位场地使用登记表,按季度分配道济置业公司 2015 年 7 月至 9 月租赁费 14,553 元、2015 年 10 月至 12 月租赁费 17,010 元,道济置业公司已向文景苑业委会出具两张发票。但之后,文景苑业委会拒绝向道济置业公司支付租赁费用。

诉讼过程

因文景苑业委会拒绝向道济置业公司支付租赁费用,道济置业公司以委托合同纠纷为由诉文景苑业委会至安徽省合肥市庐阳区人民法院，请求判令解除租赁合同并要求被告给付租赁收入，安徽省合肥市庐阳区人民法院一审支持原告诉讼请求。后文景苑业委会不服，向安徽省合肥市中级人民法院提起上诉，被判决驳回上诉，维持原判。文景苑业委会仍不服，向安徽省高级人民法院申请再审，被裁定驳回再审申请。

裁判结果

一审判决：(1)解除原告道济置业公司与被告文景苑业委会于2015年6月29日签订的《新华文景苑地下停车场委托租赁协议》；(2)被告文景苑业委会于该判决书生效之日起10日内将新华文景苑一期地下车库及人防工程移交给原告道济置业公司，归还车位管理权，并移交所有相关管理资料(主要包括与第三人签订的已生效正在履行的车位租赁合同)；(3)被告文景苑业委会于该判决书生效之日起10日内给付原告道济置业公司租赁费57,865.5元；(4)驳回原告道济置业公司的其他诉讼请求。

二审判决：驳回上诉，维持原判。

再审裁定：驳回文景苑业委会的再审申请。

主要争点

道济置业公司一审认为：案涉地下车库及人防工程由合肥济道置业发展有限公司建设，后该公司分立为合肥济道公司和道济置业公司两个公司。相关土地使用权证、规划许可证、销售许可证均进行了变更。

文景苑业委会一审中认为：(1)道济置业公司不是适格主体，道济置业公司对新华文景苑地下车库和停车位不享有管理权；(2)道济置业公司与文景苑业委会签订的协议不合法，不是双方真实意思表示，是道济置业公司对文景苑业委会享有的地下停车库的非法侵占，该协议对文景苑业委会没有法律效力。

文景苑业委会上诉称，被上诉人不是涉案小区的建设单位和产权单位，不应享有该案的诉权。(1)新华文景苑小区的建设单位为合肥济道置业发展有限公司，被上诉人与合肥济道置业发展有限公司没有任何法律上的关系。上诉人在一审中出示的合肥市规划局编号为合规建民许2005443号的《建设工程规划许可证附件》反映了新华文景苑小区的原用地单位和建设单位为合肥济道置业发展有限公司。虽然该规划许可证在附件的备注栏中备注了将项目名称变更为道济置业公司“新华文景苑一期地下车库”,但该项目的名称变更不能认为是建设单位的主体变更。规划行政管理部门不是企业注册登记的行政管理部门,对企业的主体变更应当以原工商行政管理部门的登记为准。被上诉人认为,被上诉人是由原建设单位合肥济道置业发展有限公司分立出来的,原建设单位将在建的建设项目转给了被上诉人。但被上诉人的这一主张没有任何事实和法律依据。首先,合肥济道置业发展有限公司是私营企业,而被上诉人却具有国有企业性质,众所周知私营企业不可能分立出国有性质的企业;其次,从工商注册登记来看,被上诉人的股东是安徽普兰德置业发展有限公司,而不是小区的建设单位合肥济道置业发展有限公司,安徽普兰德置业发展有限公司的股东是安徽出版集团有限责任公司和安徽新华发行集团控股有限公司,合肥济道置业发展有限公司既不是被上诉人的股东,也不是被上诉人的实际控制人,被上诉人不可能因为合肥济道置业发展有限公司的分立而成立;最后,即使被上诉人由合肥济道置业发展有限公司分立而来,但被上诉人并未提供合肥济道置业发展有限公司与被上诉人之间关于建设项目转让的相关协议或公司决议。(2)被上诉人向原审法院所提供的规划许可证与该建设项目备案材料不一致。上诉人通过向安徽省合肥市城市建设档案馆查询发现,原安徽省合肥市规划局编号为合规建民许2005443号的《建设工程规划许可证附件》中并没有被上诉人在一审中所出示的建设项目名称变更的内容,且在安徽省合肥市人民防空办公室的人防工程竣工验收资料中关于该小区地下停车库和人防工程的建设单位也显示为合肥济道置业发展有限公司。被上诉人自己出示的《房地产测绘报告书》中也反映该建设项目的建设单位为合肥济道置业发展有限公司。需要指出的是,该份测绘报告书是由原安徽省合肥市房地产管理局于2010年3月13日委托测绘形成的,原安徽省合肥市房地产管理局是不动产的登记行政管理机关,该测绘报告书中记载的建设单位是根据原安徽省合肥市房地产管理局的委托书确定的,这也间接说明案涉小区的实际合法的建设单位就是合肥济道置业发展有限公司。因此,被上诉人不是案涉小区地下停车库和人防工程的建设单位,且与建设单位没有任何法律上的承继关系,无权主张该小区地下停车库和人防工程的相关权利。

文景苑业委会申请再审称,其提交的原安徽省合肥市规划局颁发的合规地(2003037)号《建设用地规划许可证》证明该号用地已经将原申报单位由合肥济道置业发展有限公司变更为道济置业公司二期为新天地广场。其认为,申报单位变更是随着案件的发生、发展过程遗留下来的,是基于合肥济道置业发展有限公司的分立作出的变更。新华文景苑于2007年7月31日全面交付使用,合规地(2003037)号《建设用地规划许可证》审批时间是2008年4月15日,系在新华文景苑建设完成交付8个月后审批的,故新华文景苑的地下车库工程项目建设单位应是合肥济道置业发展有限公司。其提交证据证明合肥济道置业发展有限公司已经根据《公司法》第175条规定依法进行了分立,合规地(2003037)号《建设用地规划许可证》中的道济置业公司应是由合肥济道置业发展有限公司分立产生。而其诉讼期间提交的合肥济道置业发展有限公司和该案当事人道济置业公司的企业信息公示报告,两者股东及股东类型均不同,故合规地(2003037)号《建设用地规划许可证》所说的道济置业公司应该与该案道济置业公司并非同一企业,因为私营企业是不可能分立出国有企业的。在诉讼过程中,被申请人没有提交过与合肥济道置业发展有限公司有存继关系的证据,其提交的合肥济道置业发展有限公司在江淮晨报2006年8月24日报纸上刊登的公司分立公告未得到采信。一审、二审法院判决认定的基本事实缺乏证据证明。

综上所述,该案争议焦点为:道济置业公司作为该案原告主体是否适格,道济置业公司是否为合肥济道置业发展有限公司分立出来的公司。

裁判说理

再审法院认为,虽然文景苑业委会再审称道济置业公司并非合肥济道置业发展有限公司分立出来的公司主体,两者不具有任何承继关系,并提供了合肥济道置业发展有限公司分立成合肥济道公司和道济置业公司的公告,结合合肥市规划局(2003037)号《建设用地规划许可证》载明的变更内容,对文景苑业委会主张的该事实予以认定。文景苑业委会据此认为,公司规划变更登记的安徽道济置业发展有限公司应是合肥济道置业发展有限公司分立出来的主体,而该案当事人道济置业公司的股东与合肥济道置业发展有限公司股权结构完全不同,故道济置业公司不应是合肥济道置业发展有限公司分立出来的公司。对此,法院认为公司分立分为存续分立和新设分立,存续分立是指一个公司分立出一个或一个以上新公司,原公司存续,新设公司办理设立登记,从合肥济道公司与道济置业公司工商登记信息可以看出,两公司共同并存两年时间,亦进行了公告登记,而公司分立不能以股东结构不同否认道济置业公司系从合肥济道置业发展有限公司分立的事实,文景苑业委会的该项申诉主张不予采信。虽然文景苑业委会提供的证据证实与文景苑小区业主签订商品房买卖合同的建设单位是合肥济道置业发展有限公司,工程开工报告显示的建设单位也是合肥济道置业发展有限公司。但原安徽省合肥市规划局(2003037)号《建设用地规划许可证》项目申报单位由合肥济道置业发展有限公司变更为道济置业公司,合规建民许2005443号《建设工程规划许可证》载明新华文景苑一期地下车库的建设单位为道济置业公司,涉案开发项目的《商品房预售许可证》预售主体亦进行变更记载为道济置业公司,上述行政许可均系政府机关依职权作出,在未被依法撤销前,均具有既定的法律效力。故从双方证据判断,涉案项目的建设单位原是合肥济道置业发展有限公司,后期变更为道济置业公司,企业登记信息证明道济置业公司的经营范围包括房地产开发、经营,文景苑业委会主张道济置业公司并不具有房地产开发资质,即使是事实,也不能改变涉案项目的相关主体资质已被职能机关变更为道济置业公司的事实。综上分析,文景苑业委会认为道济置业公司不是该案适格原告的理由不能成立。

专业点评

该案历经一审、二审以及安徽省高级人民法院再审,主要争议点在于道济置业公司是否为合肥济道置业发展有限公司分立出来的公司。我国法律并未对分立公司的股东与股权结构作出要求,分立产生的新公司与原公司并不一定要存在关联性。因此,当事人仅以股东结构的不同否认公司分立的事实,无法得到法院的支持。公司分立是要式法律行为,分立应有以下程序:(1)形成分立决议。董事会作出董事会决议后提交股东会决议,公司分立属于公司重大变更事项,需要股东会以特别决议通过,绝对多数通过方为有效,根据《公司法》的规定,对于有限责任公司,必须经代表2/3以上表决权的股东通过,对于股份有限公司,必须经出席会议的股东所持表决权的2/3以上通过。(2)签订公司分立协议。分立协议对分立双方均有约束力。(3)编制资产负债表和财产清单。(4)向债权人通知和公告。公司应当自作出分立决议之日起10日内通知债权人,并于30日内在报纸上公告。(5)变更或设立登记。公司分立,登记事项发生变更的,应当依法向公司登记机关办理变更登记;公司解散的,应当依法办理公司注销登记;设立新公司的,应当依法办理公司设立登记。严格规范分立程序,是基于对相关利害关系人(包括债权人以及股东)的保护。

法条链接

《合同法》[1]

第六十条　当事人应当按照约定全面履行自己的义务。

当事人应当遵循诚实信用原则，根据合同的性质、目的和交易习惯履行通知、协助、保密等义务。

第九十三条　当事人协商一致，可以解除合同。

当事人可以约定一方解除合同的条件。解除合同的条件成就时，解除权人可以解除合同。

第九十四条　有下列情形之一的，当事人可以解除合同：

（一）因不可抗力致使不能实现合同目的；

（二）在履行期限届满之前，当事人一方明确表示或者以自己的行为表明不履行主要债务；

（三）当事人一方迟延履行主要债务，经催告后在合理期限内仍未履行；

（四）当事人一方迟延履行债务或者有其他违约行为致使不能实现合同目的；

（五）法律规定的其他情形。

第九十六条　当事人一方依照本法第九十三条第二款、第九十四条的规定主张解除合同的，应当通知对方。合同自通知到达对方时解除。对方有异议的，可以请求人民法院或者仲裁机构确认解除合同的效力。

法律、行政法规规定解除合同应当办理批准、登记等手续的，依照其规定。

三、公司分立如何判断

案件名称

朱某华诉桑某珠等民间借贷纠纷案

案号

一审：（2013）通中民初字第0027号；二审：（2015）苏民终字第00121号；执行复议：（2018）苏执复166号

[1] 现已修改为《民法典》第509条、第562条、第563条、第565条。

裁判要旨

当事人主张一家公司系由另一家公司分立而来的,应当提供证据证明该公司的财产全部或部分源于另一家公司。

案情简介

申请执行人:季乙
复议申请人:金泰公司
上诉人(原审被告):桑某珠
上诉人(原审被告):法兰公司
被上诉人(原审原告):朱某华
原审被告:陈某娟
原审被告:陈春某
原审被告:陈培某

2013 年,江苏省南通市中级人民法院立案受理原告朱某华与被告桑某珠、陈某娟、陈春某、陈培某、法兰公司民间借贷纠纷一案,案号为(2013)通中民初字第 0027 号。2014 年 10 月 20 日,江苏省南通市中级人民法院判决:被告桑某珠与法兰公司共同归还原告朱某华 1100 万元借款本金,被告桑某珠与法兰公司应将下列括号内的利息总和(自 2011 年 9 月 22 日起,以 600 万元为借款本金,按照中国人民银行同期同类贷款基准利率的 4 倍计算至该判决确定的给付之日止的利息;自 2011 年 9 月 23 日起,以 300 万元为借款本金,按照中国人民银行同期同类贷款基准利率的 4 倍计算至该判决确定的给付之日止的利息;自 2012 年 1 月 20 日起,以 200 万元为借款本金,按照中国人民银行同期同类贷款基准利率的 4 倍计算至该判决确定的给付之日止的利息),扣除已归还的利息 80 万元,给付原告朱某华;被告桑某珠与法兰公司共同给付原告朱某华所支付的律师费 17 万元;桑某珠还应以陈某章(陈某章与桑某珠为夫妻关系,其已于 2012 年 8 月 3 日死亡。陈某娟、陈春某、陈培某为陈某章与桑某珠的子女)的遗产为限对上述债务承担清偿责任;驳回原告朱某华的其他诉讼请求。桑某珠、法兰公司不服一审判决,上诉至江苏省高级人民法院,因未缴纳上诉费,按撤回上诉处理。

2015 年 4 月 20 日,朱某华向江苏省南通市中级人民法院申请执行,江苏省南通市中级人民法院立(2015)通中执字第 157 号执行案件执行。执行过程中,该院对被执行人的财产进行了调查、控制和处理:查询金融机构,发现桑某珠与法兰公司的银行账户内仅有零星存款;查询车辆、工商管理部门,发现桑某珠名下无车辆登记信息，法兰公司名下无对外投资登记信息；查封或轮候查封法兰公司名下位于江苏省苏州市张家港市金港镇长山村高峰的厂房土地［已依法移交有优先债权的执行法院江苏省苏州市中级人民法院在（2016）苏05执恢2号案件中处置］；查封或轮候查封桑某珠名下位于江苏省江阴市益健路7号1幢906室，江苏省江阴市丽都城市花园132幢303室、304室的三处房屋［已依法移交有优先债权的执行法院江苏省苏州市张家港市人民法院在（2016）苏0582执恢34号案件中处置］；档案查封法兰公司名下苏E×××××号大型汽车一辆，查封期限至2018年5月3日；查封桑某珠在法兰公司持有的股权（出资350万元），查封桑某珠之夫陈某章（已故）在法兰公司持有的股权（出资2000万元），查封期限均至2019年3月31日。扣划桑某珠之夫陈某章名下银行存款5482.8元，已拨付给申请执行人朱某华。因被执行人未履行生效法律文书确定的义务，该院已将桑某珠、法兰公司纳入失信被执行人名单，并限制法兰公司变更法定代表人。2016年11月29日，江苏省南通市中级人民法院作出（2015）通中执字第157号执行裁定，裁定终结此次执行程序。

2016年1月25日，申请执行人朱某华在江苏省南通市中级人民法院（2015）通中执字第157号案件执行期间，将案涉部分债权200万元转让给季甲，季甲又将该债权转让给季乙。

2017年2月28日，季乙向江苏省南通市中级人民法院申请执行，标的200万元。江苏省南通市中级人民法院立（2017）苏06执40号案件予以执行。

2018年7月18日，季乙向江苏省南通市中级人民法院申请追加金泰公司为被执行人。江苏省南通市中级人民法院立（2018）苏06执异31号案件审查。

法兰公司成立于2003年10月，注册资金为2000万元，股东包括陈培某与三林法兰集团有限公司。张某红为执行董事、法定代表人，陈某章为监事，陈培某为总经理。三林法兰集团公司的股东分别为陈某章、陈春某。陈春某、陈培某为亲兄弟，父亲陈某章、母亲桑某珠。公司原法定代表人为桑某珠，2012年9月变更为陈培某，2016年3月变更为张某红。陈春某为法兰公司设备部负责人。法兰公司中层管理人员表示不认识张某红，只听说过；相关工作仍然向陈培某汇报；仍然受陈培某指派代表公司接受委托前来法院执行谈话。张某红的社会保险在2015年10月前一直由某化妆品公司缴纳，其后长达32个月没有缴纳社会保险，直到2018年6月由金泰公司为张某红缴纳社会保险。法兰公司的经营范围是"锻件、化工机械、法兰盘及管件制造、销售；金属材料、纺织原料、建筑材料、化工原料（除危险品）购销；经营本企业自产产品及技术的出口业务和本企业所需的机械设备、零配件、原辅材料及技术的进口业务"。

金泰公司成立于2016年3月18日，法定代表人为赵某兵。2016年8月1日，法定代表人由倪某变更为肖某；股东由倪某、布某海、法兰公司变更为肖某、布某海。2017年8月15日，法定代表人由肖某变更为赵某兵；股东由肖某与布某海变更为世纪联合公司与维克多法兰公司。金泰公司经营范围为“新能源技术的研发；新能源相关设备的销售”“锻件、化工机械、法兰盘及金属管件制造、销售；金属材料、纺织原料、建筑材料、化工原料（危险品除外）购销；自营和代理各类商品及技术的进出口业务”。法兰公司从2010年开始从事对外贸易，直到2016年下半年全部结束；金泰公司2016年下半年开始从事对外贸易，二者时间上吻合。两家公司出口的商品一致，出口地也一致。

金泰公司自2016年11月开始缴纳社会保险，其2016年11月、12月缴纳数与法兰公司同期减少数相吻合，2017年1月开始法兰公司终止社会保险金缴纳，金泰公司开始全员缴纳，人员名单基本吻合；至此，法兰公司的管理人员、业务人员、技术人员、工人等基本移入金泰公司；法兰公司的法定代表人张某红的社会保险自2018年6月起由金泰公司缴纳；金泰公司的法定代表人赵某兵的社会保险一直由江苏省苏州市张家港市金港投资担保有限公司缴纳社会保险，其自述是受委派到金泰公司当法定代表人。

金泰公司对外宣传册载明：秉承近20年锻造经验和特长；自2008年起，一直是GE风电法兰和燃气轮机配件合格供应商，代码M12173；高峰工厂建于2003年，面积为6500平方米；西沙工厂建于2001年，面积为4500平方米；自2008年起，销售风电法兰超过4500套；2008年起持续为GE多个业务单元提供燃气轮机环件，其对外宣传的公司资质也多属于法兰公司，包括特种设备制造许可证等。

诉讼过程

因借款产生纠纷，朱某华以民间借贷纠纷为由诉桑某珠、陈某娟、陈春某、陈培某、法兰公司至江苏省南通市中级人民法院，请求判令被告归还借款，江苏省南通市中级人民法院一审部分支持原告诉讼请求。后桑某珠、法兰公司不服，向江苏省高级人民法院提出上诉请求，因未预交上诉费被裁定按自动撤回上诉处理。后季乙向江苏省南通市中级人民法院申请追加金泰公司为被执行人，江苏省南通市中级人民法院作出（2018）苏06执异31号执行裁定追加被执行人。金泰公司不服，向江苏省高级人民法院申请复议，被裁定撤销原执行裁定。

裁判结果

一审判决：（1）被告桑某珠与法兰公司共同归还原告朱某华1100万元借款本

金;(2)被告桑某珠与法兰公司应将利息给付原告朱某华;(3)被告桑某珠与法兰公司共同给付原告朱某华所支付的律师费 17 万元;(4)桑某珠还应以陈某章的遗产为限对上述第 1 项、第 2 项、第 3 项债务承担清偿责任;(5)驳回原告朱某华的其他诉讼请求。

二审裁定:该案按照桑某珠、法兰公司自动撤回上诉处理。

执行复议裁定:(1)撤销江苏省南通市中级人民法院(2018)苏 06 执异 31 号执行裁定;(2)不得追加金泰公司为该案被执行人。

主要争点

复议申请人金泰公司因不服江苏省南通市中级人民法院(2018)苏 06 执异 31 号执行裁定,向江苏省高级人民法院申请复议。

金泰公司申请复议认为:(1)根据《公司法》第 175 条的规定,公司分立必须严格依照法律规定的程序进行,包括由公司股东作出特别决议,编制资产负债表,并对分立事宜进行公告,因分立发生资产变化的,要办理登记事项的变更等。金泰公司是 2016 年 3 月由倪某、布某海及三林法兰不锈钢材料有限公司(以下简称法兰不锈钢公司)设立,公司注册资金来源于股东,法兰公司没有出资;没有证据证明金泰公司是基于法兰公司的资产分割而设立,不属于最高人民法院《关于民事执行中变更、追加当事人若干问题的规定》第 12 条规定的作为被执行人的法人或其他组织分立的情形,江苏省南通市中级人民法院追加金泰公司为被执行人,适用法律错误。(2)在执行程序中追加被执行人,应当遵循法定主义原则。江苏省南通市中级人民法院认定金泰公司由法兰公司分立而来,没有法律依据。(3)其所谓的经营场所相同,人力资源混同情况,即使申请人或者江苏省南通市中级人民法院可以作出事实认定,也只能怀疑申请人与法兰公司人格混同,如果季乙认为金泰公司与法兰公司人格混同,应当提起诉讼来认定,而不能直接在执行程序当中追加被申请人。(4)江苏省南通市中级人民法院执行程序错误。该院(2013)通中民初字第 0027 号判决生效后,朱某华申请执行。2015 年 4 月 20 日,江苏省南通市中级人民法院查封了法兰公司的银行账户及不动产,2016 年 11 月 29 日,该案终结此次执行。2016 年 1 月 25 日,朱某华将部分债权 200 万元转让给季甲,季甲又将该债权转让给季乙。2017 年 2 月 28 日,季乙向江苏省南通市中级人民法院申请执行,该院重新立案,案号为(2017)苏 06 执 40 号。根据最高人民法院《关于执行案件立案、结案若干问题的意见》第 6 条的规定,执行实施案件以裁定终结此次执行程序方式报结后,如发现被执行人有财产可供执行,申请执行人申请或者人民法院依职权恢复执行的,人民法院应当按照恢复执行案件予以立案。最高人民法院《关于民事执行中变更、追加当事人若干问题的规定》第9条规定,申请执行人将生效法律文书确定的债权依法转让给第三人,且书面认可第三人取得该债权,该第三人申请变更、追加其为申请执行人的,人民法院应予支持。《合同法》第80条规定,债权人转让权利的,应当通知债务人。未经通知,该转让对债务人不发生效力。法兰公司从未收到朱某华将200万元债权转让给季甲,季甲又将该债权转让给季乙的通知。同时,江苏省南通市中级人民法院没有追加季乙为申请执行人,立新案件执行不符合法律规定。另据最高人民法院指导案例34号,执行程序前合法转让债权的,受让人可直接申请执行。但该案中,朱某华申请执行后,转让部分债权,江苏省南通市中级人民法院根据季乙申请立案,程序违法。(5)江苏省南通市中级人民法院异议审查过程,没有经过听证程序,违反了法律规定。最高人民法院《关于民事执行中变更、追加当事人若干问题的规定》第28条第1款规定,申请人申请变更、追加执行当事人,应当向执行法院提交书面申请及相关证据材料。但法兰公司的财产在2013年3月26日就被江苏省南通市中级人民法院查封。近年来,该公司资产已被多个法院查封,根本不可能进行资产分立。请求撤销(2018)苏06执异31号执行裁定。

季乙辩称:(1)金泰公司是法兰公司为逃避执行、逃废债务而设立的公司。金泰公司在给江苏省南通市中级人民法院的院长来信中称:“我公司之所以成立,系因为当时法兰公司债务众多,法兰公司的银行账户及资产被多次查封,导致公司400多名员工面临失业。为了解决法兰公司员工安置问题,在张家港的要求下,成立金泰公司解决员工安置问题,维护社会稳定。”又称:“我公司成立的缘由及相关股权结构……世纪联合公司(以下简称世联企业公司)占80%和维克多法兰公司(以下简称维克多公司)占20%。”工商登记资料显示,世联企业公司成立于2017年6月27日,而金泰公司成立于2016年3月18日,新成立的企业如何成为金泰公司的股东。张家港市人力资源和社会保障局的资料显示法兰公司只有员工110人,并不是400多人。金泰公司成立的股东有3个,倪某占股50%、布某海占股49%及法兰不锈钢公司占股1%。金泰公司是在法兰公司债务众多,其银行账户及资产被人民法院多次查封的情况下由法兰公司设立的公司。(2)金泰公司继承了法兰公司的经营范围,生产资料(包括厂房、土地、设备)均来自法兰公司,外贸客户来源于法兰公司,人力资源来自法兰公司。其对外宣传中关于知识产权与资质证书均构成其来于法兰公司的自认。(3)金泰公司作为法兰公司分立出来的公司,理应对法兰公司的债务承担连带责任。(4)金泰公司与法兰公司不属于公司人格混同,属于公司存续成立。

综上所述,该案争议焦点为金泰公司是否为法兰公司分立而成的公司。

裁判说理

江苏省南通市中级人民法院认为:(1)金泰公司是法兰公司为逃废债务而新设的一家有限责任公司,设立该公司的行为构成了事实上或者实质上的公司分立。就该案而言,金泰公司在设立后,法兰公司依然存续,并未解散清算,此种公司分立属于存续分立。金泰公司是法兰公司为逃废债务而新设的一家有限责任公司,其核心资产源于法兰公司,其基于法兰公司的核心资产设立金泰公司的行为构成了事实上或者实质上的公司分立(存续分立)。从金泰公司设立时的背景,相关当事人的陈述,以及此后的一系列事实综合判断,法兰公司与金泰公司存在规避执行、妨碍执行之行为。法兰公司与金泰公司共同使用同一经营场所,从登记于公司登记机关的经营范围来看,金泰公司的主要经营范围源于法兰公司的固有经营范围。两家公司经营范围与商业模式等高度重合。从两家公司实际开展对外贸易的活动来看,金泰公司承继了法兰公司的外贸业务与客户资源;从两家公司的人力资源的变动情况来看,金泰公司承继了法兰公司的人力资源;从金泰公司的对外宣传资料来看,金泰公司承继了法兰公司的知识产权与资质证书。由于金泰公司对外公开宣传资料是金泰公司制作的,因而具有自认的性质。该案前述相关证据形成了完整证据链,足以证明基于法兰公司的核心资产设立金泰公司的行为构成了事实上或者实质上的公司分立(存续分立)。(2)金泰公司作为事实上由法兰公司分立出来的新设公司,应对法兰公司的债务承担连带责任。金泰公司是法兰公司为逃废债务而新设的一家有限责任公司,构成事实上或者实质上的公司分立。据此,该院追加金泰公司为被执行人。

江苏省高级人民法院认为,南通中院以企业分立为由追加金泰公司为被执行人,没有事实与法律依据。《公司法》第 175 条第 1 款规定,公司分立,其财产作相应的分割。因此,判断金泰公司是否由法兰公司分立而来,应当证明金泰公司的财产全部或部分来源于法兰公司。但在该案中,首先,从外观判断分析,金泰公司的工商登记及企业成立公示中均未表明其由法兰公司分立而来。其次,从金泰公司成立的事实情况上分析:(1)金泰公司成立于 2016 年 3 月 18 日,此时法兰公司的全部固定资产及银行账号已被多家法院查封,在此情况之下,金泰公司根本无法在未经法院允许的情况下从法兰公司获得固定资产及资金。事实上,金泰公司亦自认其租赁法兰公司的厂房及机器设备用于生产。即便需要执行,也应执行法兰公司应当获得的租金收入。(2)金泰公司成立时的股东为倪某、布某海及法兰不锈钢公司,后来变更为世联企业公司及维克多公司。世联企业公司的股东为智慧公司及金茂公司,其中智慧公司的股东为金港公司,金港公司的股东为江苏省苏州市张家港市金港镇资产经营公司,该公司为集体所有制企业。另一股东金茂公司,后更名为江苏金茂创源供应链管理有限公司,该公司的股东为张家港新源投资有限公司及江苏省苏州市张家港市金茂集体资产经营管理中心,其中张家港新源投资有限公司的股东为李某、朱某芳及李某海,江苏省苏州市张家港市金茂集体资产经营管理中心系集体企业。从股东结构上来看,金泰公司的股东结构与法兰公司之间并无关联性。不能证明金泰公司的注册资金来自法兰公司。(3)季乙主张金泰公司生产技术资质均来自法兰公司,但没有证明法兰公司对金泰公司完成技术转让并办理了法定手续。即使金泰公司承继了法兰公司的技术并用于生产,也只是法兰公司许可金泰公司使用,并没有形成知识产权的财产权利的转移。即便有证据证实金泰公司无偿使用了法兰公司的知识产权或无形资产,也属于另外的法律关系。(4)关于员工转移的问题。金泰公司自认为了解决员工就业问题,在政府指导下成立了该公司。员工系人力资源,并非公司资产,不能将员工从法兰公司进入金泰公司,认定为企业财产的转移。因此,江苏省南通市中级人民法院认定金泰公司是法兰公司为逃废债务而新设的公司,该公司的设立构成了事实上或者实质上的公司分立,没有事实与法律依据。

专业点评

《公司法》第175条第1款规定,公司分立,其财产作相应的分割。因此,从逻辑上可以根据公司财产是否发生分割来判断公司是否分立。该案中一审、二审裁判观点相左。一审法院从经营范围与商业模式、人力资源、外贸业务与客户资源、知识产权与资质证书等方面认定两公司发生了实质上的分立。一审法院的上述裁判观点未能准确区分公司分立与公司人格混同。一审法院的说理恰好说明两家公司之间发生了实质上的混同,原告应当通过诉讼的方式解决,而不应在执行程序中解决。公司人格意味着公司具有民事权利能力和民事行为能力,可以以自己的名义独立从事法律行为,独立享有民事权利与承担民事义务。公司人格要素包括独立意思、独立财产以及独立责任。其与公司分立属于两个不同的问题。江苏省高级人民法院及时纠正了一审的错误裁判。判断公司财产是否分割,可从以下几个方面进行判断:一是分立公司成立的事实情况;二是股东与股东结构是否存在关联性;三是知识产权等无形资产是否发生转移。

法条链接

1.《公司法》(2018 年)

第一百七十五条　公司分立,其财产作相应的分割。

公司分立,应当编制资产负债表及财产清单。公司应当自作出分立决议之日起十日内通知债权人,并于三十日内在报纸上公告。

2.《合同法》①

第八十条　债权人转让权利的,应当通知债务人。未经通知,该转让对债务人不发生效力。

债权人转让权利的通知不得撤销,但经受让人同意的除外。

3. 最高人民法院《关于民事执行中变更、追加当事人若干问题的规定》(2016 年)②

第九条　申请执行人将生效法律文书确定的债权依法转让给第三人,且书面认可第三人取得该债权,该第三人申请变更、追加其为申请执行人的,人民法院应予支持。

第十二条　作为被执行人的法人或其他组织分立,申请执行人申请变更、追加分立后新设的法人或其他组织为被执行人,对生效法律文书确定的债务承担连带责任的,人民法院应予支持。但被执行人在分立前与申请执行人就债务清偿达成的书面协议另有约定的除外。

第二十八条　申请人申请变更、追加执行当事人,应当向执行法院提交书面申请及相关证据材料。

除事实清楚、权利义务关系明确、争议不大的案件外,执行法院应当组成合议庭审查并公开听证。经审查,理由成立的,裁定变更、追加;理由不成立的,裁定驳回。

执行法院应当自收到书面申请之日起六十日内作出裁定。有特殊情况需要延长的,由本院院长批准。

四、能否依据公司资产分割股东会决议请求公司分立

案件名称

陈甲诉海上海置业公司公司分立纠纷案

① 现已修改为《民法典》第 546 条。

② 现已修改为最高人民法院《关于民事执行中变更、追加当事人若干问题的规定》(2020 年)第 9 条、第 12 条、第 28 条。

案号

一审:(2020)苏0722民初1887号;二审:(2021)苏07民终410号

裁判要旨

公司分立需要经过股东会决议通过,制订分立计划或者分立协议,编制资产负债表及财产清单,通知或公告债权人,进行财产分割,并办理登记手续,无法依据公司资产分割的股东会决议请求公司分立。

案情简介

上诉人(原审原告):陈甲

被上诉人(原审被告):海上海置业公司

原审第三人:陈乙

海上海置业公司成立于2010年7月20日。工商登记的股东为陈甲与第三人陈乙,陈甲持股49%,第三人陈乙持股51%。2015年1月29日,海上海置业公司召开股东会,到会各股东对公司以后发展及具体工作进行商议,具体内容如下:"一、3、4#楼工程预计在2015年一季度前竣工验收合格,在东海项目可办理产权证,工程决算工作全部结束后,到会股东同意按股份比例分割公司资产,具体分割办法由财务部先将本公司的所有债权、债务、资产情况等做详细报告后,大家再商定合理的分割方案……"陈甲、陈乙等在纪要上签字。

陈甲向一审法院起诉请求:判令海上海置业公司进行分立;判令海上海置业公司将49%的资产登记在陈甲新设公司名下。一审庭审中,陈甲称由于陈乙不配合,没有就公司分立形成股东会通过的方案,也没有就公司分立而新设立相关的公司。一审法院组织双方当事人进行了多次调解,均未能就如何对海上海置业公司进行分立达成一致意见。

诉讼过程

因公司分立产生纠纷,陈甲以公司分立纠纷为由诉海上海置业公司至江苏省东海县人民法院,请求判令海上海置业公司进行分立并将海上海置业公司49%的资产登记在其新设公司名下,江苏省东海县人民法院一审判决驳回原告诉讼请求。后陈甲不服,向江苏省连云港市中级人民法院提起上诉,被判决驳回上诉,维持原判。

裁判结果

一审判决:驳回陈甲的诉讼请求。

二审判决:驳回上诉,维持原判。

主要争点

陈甲向一审法院起诉请求:判令海上海置业公司进行分立;判令海上海置业公司将49%的资产登记在陈甲新设公司名下。

上诉人陈甲上诉请求:撤销一审判决,支持陈甲一审全部诉请,该案的诉讼费用由海上海置业公司承担。事实和理由如下:(1)现有法律和司法解释并未明确规定公司分立的股东会决议内容必须包括分立方案,也没有规定公司分立之诉必须以存在分立协议为前提。因此,股东之间只要因公司分立存在无法自行解决的争议,影响股东民事权利义务,股东即有权主张相应的诉讼请求。在该案中,被上诉人股东会已就分立形成决议,并要求被上诉人整理资产和债权债务情况向股东会报告,股东会再制定分立方案。但第三人与上诉人之间存在股东矛盾,导致受第三人实际控制的被上诉人至今不执行股东会决议关于整理资产和债权债务情况的要求,使公司分立方案"难产",已影响上诉人的权益。上诉人有权通过诉讼方式请求公司分立,而不应以存在分立协议为前提。(2)经法院调解,股东间仍无法就分立方案达成一致的情形下,法院应依职权径行对公司如何分立作出判决。类比于离婚诉讼,法院除有权裁判离婚外,也有权对财产如何分割径行作出裁判。法院依职权径行判决分立,符合有关司法解释规定。《公司法解释五》第5条明确规定:"人民法院审理涉及有限责任公司股东重大分歧案件时,应当注重调解。当事人协商一致以下列方式解决分歧,且不违反法律、行政法规的强制性规定的,人民法院应予支持:……(五)公司分立;……"该案在原审庭审中,上诉人与第三人均明确同意分立,只是对具体分立方案存在分歧导致无法调解。此种情形下,法院依职权径行判决如何分立,有利于破解公司僵局,更好地维护公司股东和债权人利益。尽管如此,原审法院仍驳回上诉人诉请,也许部分原因是担心干涉公司自治。但此举反而导致干扰公司自治的结果。在该案中,被上诉人股东对公司分立并无异议,只是股东间存在纠纷,导致被上诉人公司拒不执行股东会决议报告资产、债权债务等情况,使分立方案始终无法形成。因此,该案并非股东会决议确认之诉,全体股东也无公司解散清算的意思。原审法院驳回诉请的判决一旦生效,上诉人将再无其他救济途径。若是这样,为了破解公司僵局,避免形成股东、公司、债权人"共输"的局面,股东极可能解散公司。于是,我们将看到,股东通过公司自治本有分立合意,而法院为了避免介入公司自治而驳回诉请，反而导致股东被迫因法院“外力”改变分立合意，转而解散公司这一局面。

被上诉人海上海置业公司未作答辩。

综上所述，该案争议焦点为能否依据资产分割股东会决议请求公司分立。

裁判说理

一审法院认为，公司分立是指一个公司依据法律、法规的规定，分成两个或者两个以上的公司的法律行为。公司分立需要经过股东会决议通过，制订分立计划或者分立协议，编制资产负债表及财产清单，通知或公告债权人，进行财产分割，并办理登记手续。在该案中，海上海置业公司虽然召开了股东会，但从该股东会决议的内容来看，该股东会形成的决议是股东同意按股份比例分割公司资产，并非就如何对公司进行分立制定并通过相应的分立方案。陈甲及第三人虽然均同意对公司进行分立，但庭审后经一审法院多次组织调解，双方未能就公司如何分立达成一致意见，因此判决驳回陈甲的诉讼请求。

二审法院认为，公司分立应当编制资产负债表及财产清单，公司应当自作出分立决议之日起 10 日内通知债权人，并于 30 日内在报纸上公告。在该案中，陈甲举证 2015 年 1 月 29 日的股东会会议纪要主张分立海上海置业公司，但该纪要仅载明工程决算工作全部结束后分割公司资产，并非公司分立决议。在该案一审诉讼中，海上海置业公司及第三人陈乙虽同意公司分立，但各方当事人至今未提供资产负债表、财产清单，也未通知债权人。陈甲主张将海上海置业公司 49% 的资产登记在陈甲新设公司名下，但陈甲至今未设立承接海上海置业公司资产的新公司。故一审法院认定陈甲的诉讼请求缺乏依据并无不当。

专业点评

公司分立必须满足特定程序，公司资产分割的股东会决议不等同于公司分立决议。法律之所以严格规定公司分立的程序，而不能仅依据资产分割决议来进行分立，是因为公司分立会减少公司资产，由此对股东、债权人等相关利益主体可能带来不利影响，所以法律设置了必要的保护措施。

法条链接

1.《公司法》(2018 年)

第一百七十五条 公司分立,其财产作相应的分割。

公司分立,应当编制资产负债表及财产清单。公司应当自作出分立决议之日起十日内通知债权人,并于三十日内在报纸上公告。

第一百七十九条 公司合并或者分立,登记事项发生变更的,应当依法向公司登记机关办理变更登记;公司解散的,应当依法办理公司注销登记;设立新公司的,应当依法办理公司设立登记。

公司增加或者减少注册资本,应当依法向公司登记机关办理变更登记。

2.《公司法解释五》(2020 年)

第五条 人民法院审理涉及有限责任公司股东重大分歧案件时,应当注重调解。当事人协商一致以下列方式解决分歧,且不违反法律、行政法规的强制性规定的,人民法院应予支持:

(一)公司回购部分股东股份;

(二)其他股东受让部分股东股份;

(三)他人受让部分股东股份;

(四)公司减资;

(五)公司分立;

(六)其他能够解决分歧,恢复公司正常经营,避免公司解散的方式。

第六篇

公司解散纠纷

导　语

公司解散,是指已经成立的公司,因公司章程或者法定事由出现而停止公司的对外经营活动,并开始公司的清算,处理未了结事务从而使公司法人资格消灭的法律行为。根据公司解散事由的不同,公司解散可分为三大类:第一类是一般解散;第二类是强制解散;第三类是股东请求解散。一般解散,是指只要出现了解散公司的事由,公司即可解散;强制解散,是指由于某种情况的出现,主管机关或人民法院命令公司解散;股东请求解散,是指当公司经营管理发生严重困难,继续存在会使股东利益受到重大损失,通过其他途径不能解决的,持有公司全部股东表决权 10% 以上的股东可以请求人民法院解散公司。

在实践中,公司解散纠纷发生的主要情形是股东请求解散,即在公司僵局出现时,公司股东提起解散公司申请,从而引发纠纷。公司在存续期间如果长期发生严重的内部矛盾,将会导致公司无法进行正常的经营活动,甚至使股东的利益受到严重损失。此时,公司股东就有权申请解散公司,维护自身权利。

《公司法》第 180 条规定,公司因下列原因解散:(1)公司章程规定的营业期限届满或者公司章程规定的其他解散事由出现;(2)股东会或者股东大会决议解散;(3)因公司合并或者分立需要解散;(4)依法被吊销营业执照、责令关闭或者被撤销;(5)人民法院依照此法第 182 条的规定予以解散。

《公司法》第 182 条规定,公司经营管理发生严重困难,继续存续会使股东利益受到重大损失,通过其他途径不能解决的,持有公司全部股东表决权 10% 以上的股东,可以请求人民法院解散公司。

公司司法解散制度系弱势股东的重要救济手段之一,但这种救济措施具有彻底性与破坏性,因此,法院对于《公司法》第 182 条所规定的司法解散公司的条件往往从严把握。尤其在公司解散纠纷中,对“公司经营管理发生严重困难”的认定极为重要。这也就要求公司股东在提起诉讼时需要做好证据工作。主要需要证明以下方面:(1)公司权力运行发生严重困难;(2)公司经营发生严重困难;(3)继续存续会使股东利益受到重大损失;(4)通过其他途径不能解决。对这些情形的证明,可使法院支持股东请求,解散公司。当持有公司全部股东表决权 10% 以上的股东,请求人民法院解散公司时,必须证明“通过其他途径不能解决”,其中“其他能够解决的途径”一般指以下 4 种途径:一是《公司法》第 33 条和第 97 条规定的股东知情权、化解公司僵局；二是根据《公司法》第 110 条的规定，提议召开临时会议来化解股东会僵局状态；三是提议召开股东会讨论人事任免、股权转让或者请求公司回购股份以退出公司，彻底解决股东之间长期存在的分歧和冲突；四是股权份额已经超过 2/3 表决权的大股东，可以通过公司权力机构股东会行使职权，解决公司经营管理问题。

公司解散纠纷最主要的争点就是股东是否有资格申请公司解散，公司是否符合解散的条件。只要符合法定条件，持有公司全部股东表决权 10% 以上的股东，都有权向法院申请解散公司。不仅内资公司，外资企业或者中外合资企业也可以作为公司解散纠纷的适用对象，公司营业执照被吊销的，无须审查公司经营管理是否发生严重困难或者判断继续存续是否会使股东利益遭受重大损失，可以直接进入解散程序。公司解散的客观要求是公司陷入僵局，而且没有其他能够解决的途径。公司解散纠纷只能是向人民法院提起，根据最高人民法院《关于撤销中国国际经济贸易仲裁委员会（2009）CIETACBJ 裁决（0355）号裁决案的请示的复函》的答复，仲裁机构对公司解散没有管辖权。

一、何种条件下，股东可以提起解散公司之诉

案件名称

林某某诉凯莱公司、戴某某公司解散纠纷案①

案号

一审：（2006）苏中民二初字第 0277 号；二审：（2010）苏商终字第 0043 号

裁判要旨

《公司法》第 183 条将“公司经营管理发生严重困难”作为股东提起解散公司之诉的条件之一。判断公司经营管理是否发生严重困难，应从公司组织机构的运行状态进行综合分析。公司虽处于盈利状态，但其股东会机制长期失灵，内部管理有严重障碍，已陷入僵局状态，可以认定为公司经营管理发生严重困难。符合《公司法》及相关司法解释规定的其他条件的，人民法院可以依法判决公司解散。

---

① 参见最高人民法院《关于发布第二批指导性案例的通知》指导案例 8 号。

案情简介

上诉人(原审原告):林某某

被上诉人(原审被告):凯莱公司

被上诉人(原审第三人):戴某某

2002年1月,凯莱公司成立,林某某与戴某某系该公司股东,各占50%的股份,戴某某任公司法定代表人及执行董事,林某某任公司总经理兼公司监事。凯莱公司章程明确规定:股东会的决议须经代表1/2以上表决权的股东通过,但对公司增加或减少注册资本、合并、解散、变更公司形式、修改公司章程作出决议时,必须经代表2/3以上表决权的股东通过。股东会会议由股东按照出资比例行使表决权。另查明,凯莱公司章程载明监事行使下列权利:(1)检查公司财务;(2)对执行董事、经理执行公司职务时违反法律、法规或者公司章程的行为进行监督;(3)当董事和经理的行为损害公司的利益时,要求董事和经理予以纠正;(4)提议召开临时股东会。

2006年起,林某某与戴某某两人之间的矛盾逐渐显现。2006年5月9日,林某某提议并通知召开股东会,由于戴某某认为林某某没有召集会议的权利,会议未能召开。2006年6月6日、8月8日、9月16日、10月10日、10月17日,林某某委托律师向凯莱公司和戴某某发函称,因股东权益受到严重侵害,林某某作为享有公司股东会1/2表决权的股东,已按公司章程规定的程序表决并通过了解散凯莱公司的决议,要求戴某某提供凯莱公司的财务账册等资料,并对凯莱公司进行清算。2006年6月17日、9月7日、10月13日,戴某某回函称,林某某作出的股东会决议没有合法依据,戴某某不同意解散公司,并要求林某某交出公司财务资料。2006年11月15日、11月25日,林某某再次向凯莱公司和戴某某发函,要求凯莱公司和戴某某提供公司财务账册等供其查阅、分配公司收入、解散公司。

江苏常熟服装城管理委员会(以下简称服装城管委会)证明凯莱公司目前经营尚正常,且愿意组织林某某和戴某某进行调解。

自2006年6月1日以来,凯莱公司未召开过股东会。2006年,林某某以公司解散纠纷为由将凯莱公司、戴某某诉至江苏省苏州市中级人民法院,请求解散凯莱公司。

服装城管委会调解委员会于2009年12月15日、12月16日两次组织双方进行调解,但均未成功。

诉讼过程

2006年,因凯莱公司未召开过股东会,林某某以公司解散纠纷为由诉凯莱公司、戴某某至江苏省苏州市中级人民法院,请求判令解散凯莱公司,江苏省苏州市中级人民法院一审判决驳回原告诉讼请求。后林某某不服判决,向江苏省高级人民法院提起上诉,被判决撤销一审判决,依法改判解散凯莱公司。

裁判结果

一审判决:驳回林某某的诉讼请求。

二审判决:撤销一审判决,依法改判解散凯莱公司。

主要争点

原告林某某诉称:凯莱公司经营管理发生严重困难,陷入公司僵局且无法通过其他方法解决,其权益遭受重大损害,请求解散凯莱公司。

被告凯莱公司及戴某某辩称:凯莱公司及其下属分公司运营状态良好,不符合公司解散的条件,戴某某与林某某的矛盾有其他解决途径,不应通过司法程序强制解散公司。

综上所述,该案争议焦点为凯莱公司是否符合司法解散的条件。

裁判说理

法院生效裁判认为:首先,凯莱公司的经营管理已发生严重困难。根据《公司法》第 183 条和《公司法解释二》第 1 条的规定,判断公司的经营管理是否出现严重困难,应当从公司的股东会、董事会或执行董事及监事会或监事的运行现状进行综合分析。"公司经营管理发生严重困难"的侧重点在于公司管理方面存有严重内部障碍,如股东会机制失灵、无法就公司的经营管理进行决策等,不应片面理解为公司资金缺乏、严重亏损等经营性困难。在该案中,凯莱公司仅有戴某某与林某某两名股东,两人各占 50% 的股份,凯莱公司章程规定"股东会的决议须经代表二分之一以上表决权的股东通过",且各方当事人一致认可"二分之一以上"不包括本数。因此,只要两名股东的意见存有分歧、互不配合,就无法形成有效表决,这显然影响公司的运营。凯莱公司已持续 4 年未召开股东会,无法形成有效股东会决议,也就无法通过股东会决议的方式管理公司,股东会机制已经失灵。执行董事戴某某作为互有矛盾的两名股东之一,其管理公司的行为,已无法贯彻股东会的决议。林某某作为公司监事不能正常行使监事职权,无法发挥监督作用。凯莱公司的内部机制已无法正常运行、无法对公司的经营作出决策,即使尚未处于亏损状况,也不能改变该公司的经营管理已发生严重困难的事实。

其次，由于凯莱公司的内部运营机制早已失灵，林某某的股东权、监事权长期处于无法行使的状态，其投资凯莱公司的目的无法实现，利益受到重大损失，且凯莱公司的僵局通过其他途径长期无法解决。《公司法解释二》第 5 条明确规定当事人不能协商一致使公司存续的，人民法院应当及时判决。在该案中，林某某在提起公司解散诉讼之前，已通过其他途径试图化解与戴某某之间的矛盾，服装城管委会也曾组织双方当事人调解，但双方仍不能达成一致意见。两审法院也基于慎用司法手段强制解散公司的考虑，积极进行调解，但均未成功。

此外，林某某持有凯莱公司 50% 的股份，也符合《公司法》关于提起公司解散诉讼的股东须持有公司 10% 以上股份的条件。

综上所述，凯莱公司已符合《公司法》及《公司法解释二》所规定的股东提起解散公司之诉的条件。二审法院从充分保护股东合法权益，合理规范公司治理结构，促进市场经济健康有序发展的角度出发，依法作出了判决。

专业点评

公司解散可以分为自愿解散和强制解散，司法解散和行政解散，还可以分为按章程规定解散、股东会决议解散和公司僵局解散。对于公司僵局解散，《公司法解释二》第 1 条第 1 款规定："单独或者合计持有公司全部股东表决权百分之十以上的股东，以下列事由之一提起解散公司诉讼，并符合公司法第一百八十三条规定的，人民法院应予受理：（一）公司持续两年以上无法召开股东会或者股东大会，公司经营管理发生严重困难的；（二）股东表决时无法达到法定或者公司章程规定的比例，持续两年以上不能做出有效的股东会或者股东大会决议，公司经营管理发生严重困难的；（三）公司董事长期冲突，且无法通过股东会或者股东大会解决，公司经营管理发生严重困难的；（四）经营管理发生其他严重困难，公司继续存续会使股东利益受到重大损失的情形。"

由此可见，股东请求解散公司的条件，首先，需认定公司陷入僵局，主要表现在经营管理出现严重困难，更进一步讲是内部的管理出现困难。内部管理困难，是指因股东间或者公司管理人员之间的利益冲突和矛盾导致公司有效运行的失灵,即公司无法形成任何决议,公司的管理处于一种瘫痪状态。该指导性案例的裁判要点确认了判断公司的经营管理是否出现严重困难,应当从公司的股东会、董事会或执行董事及监事会或监事的运行现状进行综合分析的规则,公司是否处于盈利状况并非判断公司经营管理发生严重困难的必要条件。其次,还需认定公司僵局状态的继续存续会使股东利益遭受重大损失且僵局状态无法通过其他途径解决。公司司法解散制度的本质在于平衡公司股东的利益保护与权利滥用,只有在公司及其股东的利益会受到严重损害,并且通过其他途径(但不需穷尽其他救济途径)不能解决时,才应当解散公司,保护公司及其股东的利益。最后,提起公司僵局解散之诉必须单独或者合计持有公司全部股东表决权 10% 以上的股东才有资格。

法条链接

1.《公司法》(2005 年)①

第一百八十三条　公司经营管理发生严重困难,继续存续会使股东利益受到重大损失,通过其他途径不能解决的,持有公司全部股东表决权百分之十以上的股东,可以请求人民法院解散公司。

2.《公司法解释二》(2008 年)②

第一条　单独或者合计持有公司全部股东表决权百分之十以上的股东,以下列事由之一提起解散公司诉讼,并符合公司法第一百八十三条规定的,人民法院应予受理:

(一)公司持续两年以上无法召开股东会或者股东大会,公司经营管理发生严重困难的;

(二)股东表决时无法达到法定或者公司章程规定的比例,持续两年以上不能做出有效的股东会或者股东大会决议,公司经营管理发生严重困难的;

---

① 现已修改为《公司法》(2018 年)第 182 条。

② 现已修改为《公司法解释二》(2020 年)第 1 条、第 5 条。

（三）公司董事长期冲突，且无法通过股东会或者股东大会解决，公司经营管理发生严重困难的；

（四）经营管理发生其他严重困难，公司继续存续会使股东利益受到重大损失的情形。

股东以知情权、利润分配请求权等权益受到损害，或者公司亏损、财产不足以偿还全部债务，以及公司被吊销企业法人营业执照未进行清算等为由，提起解散公司诉讼的，人民法院不予受理。

第五条　人民法院审理解散公司诉讼案件，应当注重调解。当事人协商同意由公司或者股东收购股份，或者以减资等方式使公司存续，且不违反法律、行政法规强制性规定的，人民法院应予支持。当事人不能协商一致使公司存续的，人民法院应当及时判决。

经人民法院调解公司收购原告股份的，公司应当自调解书生效之日起六个月内将股份转让或者注销。股份转让或者注销之前，原告不得以公司收购其股份为由对抗公司债权人。

二、小股东如何应对大股东利用优势地位单方决策损害权益

案件名称

金融控股公司诉金融管理公司公司解散纠纷案①

案号

一审：(2017)吉01民初1783号；二审：(2018)吉民终619号；再审：(2019)最高法民申1474号

裁判要旨

大股东利用优势地位单方决策，擅自将公司资金出借给其关联公司，损害小股东权益，致使股东矛盾激化，公司经营管理出现严重困难，经营目的无法实现，且通过其他途径已无法解决，小股东诉请解散公司的，人民法院应予支持。

① 参见《最高人民法院公报》2021年第1期。

案情简介

再审申请人(一审被告、二审上诉人):金融管理公司

再审申请人(一审第三人、二审上诉人):宏运集团公司

被申请人(一审原告、二审被上诉人):金融控股公司

2015年2月28日,经原吉林省长春市工商行政管理局净月经济开发区分局注册登记,金融管理公司正式成立,注册资本为10亿元,金融控股公司出资2亿元,占注册资本的20%,宏运集团公司出资8亿元,占注册资本的80%。该公司法定代表人由时任宏运集团公司法定代表人的王某军担任,任董事长兼总裁(总经理)职务。注册经营范围包括:金融企业不良资产批量收购、处置;受托对资产进行经营、管理和处置;从事企业及各类资产、并购和重组;对外投资;投资设立金融机构或类金融机构;开展资产及项目评估,提供企业上市、风险管理服务;受托管理私募股权投资基金、并购基金、创业投资基金、产业引导基金;票据贴现业务;提供破产管理、审计和清算服务;从事财务、投资咨询服务,投资风险管理;经有关部门批准的其他业务(法律、法规和国务院决定禁止的,不得经营,许可经营项目凭有效许可证或批准文件经营,一般经营项目可自主选择经营)。

金融管理公司作为吉林省人民政府批准设立的省内唯一一家地方资产管理公司,主营业务为不良资产批量收购、处置,以防范和化解地方金融风险。但金融管理公司成立后不久,在未经股东会、董事会审议决定的情况下,宏运集团公司即利用对金融管理公司的控制地位,擅自将10亿元注册资本中的9.65亿元外借给其实际控制的关联公司宏运投资控股有限公司、辽宁足球俱乐部股份有限公司及宏运商业集团有限公司,这是股东之间产生矛盾乃至其公司人合性丧失的诱因。虽然此后金融控股公司及吉林省金融监管部门多次催促宏运集团公司解决借款问题、保障公司回归主营业务,宏运集团公司也承诺最迟于2015年年底前收回外借资金,但截至2016年12月31日,金融管理公司的对外借款问题仍未解决,其银行存款余额仅为2,686,465.85元。

金融管理公司于2015年2月28日成立后,除2015年4月27日召开过董事会之外,未按公司章程规定召开过股东年会和董事会例会。2015年12月18日召开的股东会、董事会,是在股东双方发生分歧之后召开的临时股东会和董事会临时会议。此后直至金融控股公司于2017年10月提起该案诉讼,虽然股东双方之间已经出现矛盾,公司经营也已出现严重困难,但金融管理公司未能召开股东会、董事会对存在的问题妥善协商并加以解决。金融控股公司提起该案诉讼后,金融管理公司虽于2017年11月先后召开了董事会和股东会,但董事出席人数不符合章程规定的董事

会召开条件,股东会也仅有宏运集团公司单方参加。金融控股公司完全否认该次股东会、董事会召集程序的合法性和决议的有效性,且股东双方已经对簿公堂,证明股东之间、董事之间的矛盾已经激化且无法自行调和,股东会、董事会机制已经不能正常运行和发挥作用。

2017 年 10 月,因股东、董事之间的矛盾激化,金融控股公司以公司解散纠纷为由诉金融管理公司至吉林省长春市中级人民法院,请求判令解散被告金融管理公司。在该案审理期间,一审法院多次组织各方进行调解,但鉴于各方提出的和解条件差异较大,在近 10 个月的调解期间内,双方最终未能达成和解。

诉讼过程

2017 年 10 月,因股东、董事之间的矛盾激化,金融控股公司以公司解散纠纷为由诉金融管理公司至吉林省长春市中级人民法院,请求判令解散被告金融管理公司。在一审审理期间,一审法院多次组织各方进行调解,但最终未能达成和解。吉林省长春市中级人民法院一审判决解散金融管理公司。后金融管理公司、宏运集团公司不服,向吉林省高级人民法院提起上诉,被判决驳回上诉,维持原判。金融管理公司、宏运集团公司仍不服,向最高人民法院申请再审,被裁定驳回再审申请。

裁判结果

一审判决:解散金融管理公司。

二审判决:驳回上诉,维持原判。

再审裁定:驳回金融管理公司、宏运集团公司的再审申请。

主要争点

金融控股公司一审诉讼请求:(1)判令解散金融管理公司。(2)该案诉讼费由金融管理公司承担。

金融管理公司一审辩称:(1)金融管理公司董事会、监事会人员构成符合公司章程,人员构成合法有效,可以有效行使公司法和章程赋予的权利。(2)金融管理公司设立后,公司治理结构不断完善,已配备了必要的经营管理团队,并积极完善内部管理制度,公司处于有序运行当中。(3)金融控股公司设立后,积极开展各项业务,并努力克服存在的现实困难,取得了一定的业绩。(4)金融管理公司作为地方性资产管理公司,在政策等诸多方面存在问题,限制了业务发展。从事不良资产收购、处置业务的融资和纳税成本高,收益不高,导致金融管理公司一些项目停留在前期沟通和尽调准备阶段。(5)金融管理公司成立以来,公司治理结构均有效运行,董事会、股东会的召开和决策均根据经营需要顺利进行,不存在公司解散的法定情形。

金融管理公司、宏运集团公司再审诉请:(1)金融管理公司的股东会及董事会能够合法召集并形成有效决议,在公司管理层面上并无经营管理严重困难的情形,一审判决认定公司治理机制失灵并据此解散公司,认定事实及适用法律均有错误。(2)一审判决认为金融管理公司在未经股东协商情况下将大量资金外借给宏运集团公司的关联公司,导致经营管理严重困难,该认定与事实不符,应予纠正。(3)金融管理公司持续开展主营业务,且主营业务发展状况并不属于公司司法解散的法定理由。(4)从股东间沟通情况来看,人合性基础并未丧失。(5)二审判决的裁判理由中,“金融控股公司无法作出此种选择(出售股权),存在明显的地方保护色彩”,没有任何事实与法律依据。

金融控股公司答辩称:二审判决认定事实清楚,适用法律正确,请求驳回两名申请人的再审申请。

综上所述,该案争议焦点为金融管理公司经营管理是否发生严重困难,继续存续是否会使股东利益受到重大损失;是否存在其他途径解决公司困境。

裁判说理

法院生效裁判认为,该案当事人各方争议的核心是金融管理公司是否符合司法解散的条件,审查的焦点问题为:金融管理公司经营管理是否发生严重困难,继续存续是否会使股东利益受到重大损失;公司困境是否能够通过其他途径解决。

1. 关于公司经营管理是否发生严重困难,继续存续是否会使股东利益受到重大损失问题

对于公司经营管理发生严重困难可以提起司法解散的情形,有关法律、司法解释作出了明确规定。《公司法》第 182 条规定,公司经营管理发生严重困难,继续存续会使股东利益受到重大损失,通过其他途径不能解决的,持有公司全部股东表决权 10% 以上的股东,可以请求人民法院解散公司。《公司法解释二》第 1 条第 1 款规定:“单独或者合计持有公司全部股东表决权百分之十以上的股东,以下列事由之一提起解散公司诉讼,并符合公司法第一百八十二条规定的,人民法院应予受理:(一)公司持续两年以上无法召开股东会或者股东大会,公司经营管理发生严重困难的;(二)股东表决时无法达到法定或者公司章程规定的比例,持续两年以上不能做出有效的股东会或者股东大会决议,公司经营管理发生严重困难的;(三)公司董事

长期冲突,且无法通过股东会或者股东大会解决,公司经营管理发生严重困难的;(四)经营管理发生其他严重困难,公司继续存续会使股东利益受到重大损失的情形。”在该案中,认定金融管理公司经营管理是否发生严重困难、应否司法解散即以此为据。根据一审、二审判决查明的事实,再审法院认为一审、二审判决认定金融管理公司经营管理发生严重困难符合司法解散的条件并无不当。

首先,从公司经营方面看。金融管理公司作为吉林省人民政府批准设立的省内唯一一家地方资产管理公司,主营业务为不良资产批量收购、处置,以防范和化解地方金融风险。但金融管理公司成立后不久,在未经股东会、董事会审议决定的情况下,宏运集团公司即利用对金融管理公司的控制地位,擅自将10亿元注册资本中的9.65亿元外借给其实际控制的关联公司宏运投资控股有限公司、辽宁足球俱乐部股份有限公司及宏运商业集团有限公司,这是股东之间产生矛盾乃至其公司人合性丧失的诱因。虽然此后金融控股公司及吉林省金融监管部门多次催促宏运集团公司解决借款问题、保障公司回归主营业务,宏运集团公司也承诺最迟于2015年年底前收回外借资金,但截至2016年12月31日,金融管理公司的对外借款问题仍未解决,其银行存款余额仅为2,686,465.85元。金融管理公司的经营资金被宏运集团公司单方改变用途作为贷款出借且长期无法收回,导致公司批量收购、处置不良资产的主营业务无法正常开展,也使公司设立的目的落空,公司经营发生严重困难。

其次,从公司管理机制运行方面看。金融管理公司于2015年2月28日成立后,除2015年4月27日召开过董事会之外,未按公司章程规定召开过股东年会和董事会例会。2015年12月18日召开的股东会、董事会,是在股东双方发生分歧之后召开的临时股东会和董事会临时会议。此后直至金融控股公司于2017年10月提起该案诉讼,虽然股东双方之间已经出现矛盾,公司经营也已出现严重困难,但金融管理公司未能召开股东会、董事会对存在的问题妥善协商加以解决。金融控股公司提起该案诉讼后,金融管理公司虽于2017年11月先后召开了董事会和股东会,但董事出席人数不符合章程规定的董事会召开条件,股东会也仅有宏运集团公司单方参加。金融控股公司完全否认该次股东会、董事会召集程序的合法性和决议的有效性,且股东双方已经对簿公堂,证明股东之间、董事之间的矛盾已经激化且无法自行调和,股东会、董事会机制已经不能正常运行和发挥作用。在此情形下,继续维持公司的存续和股东会的非正常运行,只会产生大股东利用其优势地位单方决策,压迫损害另一小股东利益的后果。

2. 关于公司困境是否能够通过其他途径解决问题

金融控股公司与宏运集团公司因资金外借出现矛盾后,双方自2015年起即开始协调解决,但直至该案成讼仍未妥善解决,股东间的信任与合作基础逐步丧失。其间,双方也多次沟通股权结构调整事宜,但始终未能就股权转让事宜达成一致。在该案诉讼期间,一审法院于近10个月的期间内,多次组织双方进行调解,试图通过股权转让、公司增资、公司控制权转移等多种途径解决纠纷,但股东双方均对对方提出的调解方案不予认可,最终未能达成调解协议。在司法解散之外的其他途径已经穷尽仍无法解决问题的情形下,一审、二审法院判决解散金融管理公司,于法于理均无不当。

专业点评

公司解散有自愿解散,也有强制解散;有司法解散,也有行政解散。我国《公司法》第180条规定:"公司因下列原因解散:(一)公司章程规定的营业期限届满或者公司章程规定的其他解散事由出现;(二)股东会或者股东大会决议解散;(三)因公司合并或者分立需要解散;(四)依法被吊销营业执照、责令关闭或者被撤销;(五)人民法院依照本法第一百八十三条的规定予以解散。"该法第182条规定:"公司经营管理发生严重困难,继续存续会使股东利益受到重大损失,通过其他途径不能解决的,持有公司全部股东表决权百分之十以上的股东,可以请求人民法院解散公司。"认定公司僵局的三个实体要件中,最重要的要件是"经营管理发生严重困难",该要件的认定含有两个要素:一是冲突双方关系恶化而无法调和;二是各占一半的股权结构使公司生意上的有效决定无法作出。如果第2项条件不具备,公司生意上的有效决定可以由多数派股东作出并付诸实施,即使有股东关系的恶化,法院也不一定认定僵局存在。

该案关系到《公司法》第182条与《公司法解释二》关于公司解散规定的另一要件,即提起公司解散需要持有公司全部股东表决权10%以上的股东。该比例的设置,一方面为保障小股东权利提供门路,另一方面也埋下小股东撼动整体公司运营的伏笔。对于公司股权架构的设计,10%是一个重要数值。持有公司全部股东表决权10%以上的股东可以召集股东大会,保护小股东权利,同时干扰大股东行权。对于需要保障自身权利的小股东而言,需要争取10%以上的股权,而对于集权控制的大股东而言,要避免其他股东能够形成10%以上的股权比例从而干扰自身行权。

法条链接

1.《公司法》(2018年)

第三十七条第一款　股东会行使下列职权:

(一)决定公司的经营方针和投资计划;

(二)选举和更换非由职工代表担任的董事、监事,决定有关董事、监事的报酬事项;

(三)审议批准董事会的报告;

(四)审议批准监事会或者监事的报告;

(五)审议批准公司的年度财务预算方案、决算方案;

(六)审议批准公司的利润分配方案和弥补亏损方案;

(七)对公司增加或者减少注册资本作出决议;

(八)对发行公司债券作出决议;

(九)对公司合并、分立、解散、清算或者变更公司形式作出决议;

(十)修改公司章程;

(十一)公司章程规定的其他职权。

第一百八十二条　公司经营管理发生严重困难,继续存续会使股东利益受到重大损失,通过其他途径不能解决的,持有公司全部股东表决权百分之十以上的股东,可以请求人民法院解散公司。

2.《公司法解释二》(2014年)①

第一条　单独或者合计持有公司全部股东表决权百分之十以上的股东,以下列事由之一提起解散公司诉讼,并符合公司法第一百八十二条规定的,人民法院应予受理:

(一)公司持续两年以上无法召开股东会或者股东大会,公司经营管理发生严重

---

①　现已修改为《公司法解释二》(2020年)第1条。

困难的；

（二）股东表决时无法达到法定或者公司章程规定的比例，持续两年以上不能做出有效的股东会或者股东大会决议，公司经营管理发生严重困难的；

（三）公司董事长期冲突，且无法通过股东会或者股东大会解决，公司经营管理发生严重困难的；

（四）经营管理发生其他严重困难，公司继续存续会使股东利益受到重大损失的情形。

股东以知情权、利润分配请求权等权益受到损害，或者公司亏损、财产不足以偿还全部债务，以及公司被吊销企业法人营业执照未进行清算等为由，提起解散公司诉讼的，人民法院不予受理。

3. 中国银监会《关于地方资产管理公司开展金融企业不良资产批量收购处置业务资质认可条件等有关问题的通知》

二、地方资产管理公司应当符合以下审慎性条件：

（一）注册资本最低限额为十亿元人民币，且为实缴资本；

（二）有具备任职专业知识和业务工作经验的董事、高级管理人员及适宜于从事金融企业不良资产批量收购、处置业务的专业团队；

（三）具有健全的公司治理、完善的内部控制和风险管理制度；

（四）经营业绩良好，最近三个会计年度连续盈利；

（五）资质信用良好，近三年内无违法违规和其他不良记录。

新设地方资产管理公司不受前款第四、第五项的限制。

三、公司存续对于小股东已经失去意义，在穷尽各种救济手段的情况下，解散公司是唯一的选择

案件名称

荟冠公司诉东北亚公司公司解散纠纷案①

案号

一审：（2015）长民四初字第247号；二审：（2016）吉民终569号；再审：（2017）最

① 参见《最高人民法院公报》2018年第7期。

高法民申 2148 号

裁判要旨

公司解散的目的是维护小股东的合法权益，其实质在于公司存续对于小股东已经失去了意义，表现为小股东无法参与公司决策、管理、分享利润，甚至不能自由转让股份和退出公司。在穷尽各种救济手段的情况下，解散公司是唯一的选择。公司理应按照公司法良性运转，解散公司也是规范公司治理结构的有力举措。

案情简介

再审申请人(一审第三人)：董某琴

再审申请人(一审被告、二审上诉人)：东北亚公司

被申请人(一审原告、二审被上诉人)：荟冠公司

一审第三人：东证公司

2004 年 9 月 20 日东北亚公司注册成立，2015 年 12 月东北亚公司工商登记显示，荟冠公司持股 44%，董某琴持股 51%，东证公司持股 5%。

关于董事会方面，东北亚公司董事会有 5 名成员，董某琴方 3 人，荟冠公司方 2 人。公司章程第 53 条规定：董事会会议由董事代股东行使表决权，董事会会议对所议事项作出决议，决议应由代表 3/5 以上(含本数)表决权的董事表决通过。根据以上规定，董某琴方提出的方案，无须荟冠公司方同意即可通过。荟冠公司曾 3 次提出修改公司章程，均遭到董某琴的拒绝。此外，荟冠公司向东证公司转让部分股权一事，东北亚公司拒绝配合，最终通过诉讼才得以实现。2013 年 8 月 6 日起，东北亚公司已有两年未召开董事会，董事会早已不能良性运转。关于股东会方面，自 2015 年 2 月 3 日以来，东北亚公司长达两年没有召开股东会，无法形成有效决议，更不能通过股东会解决董事间激烈的矛盾，股东会机制失灵。关于监事会方面，东北亚公司成立后从未召开过监事会，监事亦没有依照公司法及公司章程行使监督职权。综上所述，客观上东北亚公司董事会已由董某琴方控制，荟冠公司无法正常行使股东权利，无法通过委派董事加入董事会参与经营管理。

2007 年 8 月 29 日，荟冠公司推荐常某某出任总经理，2015 年 3 月 11 日，荟冠公司委派宋某某、徐某某出任董事并担任副董事长和副总经理，东北亚公司均以未达到公司章程规定的 3/5 决策比例为由拒绝，东北亚公司人事任免权完全掌握在董某琴一方手中。荟冠公司不能正常参与公司重大决策，东北亚公司向董某琴个人借款

7222万元，没有与之对应的股东会或董事会决议，另外，审计报告显示，董某琴的关联方从东北亚公司借款近1亿元。2014年10月，东北亚公司向中国工商银行申请了5000万元贷款，而荟冠公司对该笔贷款的用途并不知晓。2015年，东北亚公司粮油市场改造扩建一事，荟冠公司及其委派的董事也并未参与。荟冠公司未能从东北亚公司获取收益，东北亚公司虽称公司持续盈利，但多年并未分红。

在东北亚公司股东发生矛盾冲突后，荟冠公司试图通过修改公司章程改变公司决策机制解决双方纠纷，或通过向董某琴转让股权等退出公司的方式解决公司僵局的问题，但均未能成功。即使荟冠公司向东证公司转让部分股权，也由于荟冠公司与董某琴双方的冲突，只有历经诉讼程序方能实现。同时，一审法院基于慎用司法手段强制解散公司的考量，多次组织各方当事人进行调解。在法院调解过程中，荟冠公司、东证公司主张对东北亚公司进行资产价格评估，确定股权价格后，由董某琴收购荟冠公司及东证公司所持东北亚公司的股权，荟冠公司及东证公司退出东北亚公司，最终各方对此未能达成一致意见，调解未果。东北亚公司僵局状态已无法通过其他途径解决。

诉讼过程

2016年，因公司僵局无法解决，荟冠公司以公司解散纠纷为由诉东北亚公司至吉林省长春市中级人民法院，请求判令解散被告东北亚公司，吉林省长春市中级人民法院一审判决解散东北亚公司。后东北亚公司不服判决，上诉至吉林省高级人民法院，被判决驳回上诉，维持原判。董某琴、东北亚公司仍不服，向最高人民法院申请再审，被裁定驳回再审申请。

裁判结果

一审判决：解散东北亚公司。

二审判决：驳回上诉，维持原判。

再审裁定：驳回董某琴、东北亚公司的再审申请。

主要争点

董某琴申请再审称：(1)东北亚公司持续盈利，一审、二审法院认定东北亚公司经营管理出现了严重困难，公司股东会、董事会、监事会等权力机构不能正常运行，决策机构失灵，股东之间发生矛盾不可调和，证据不足。(2)二审法院认定公司继续存续会使荟冠公司股东权益受到重大损失，缺乏依据。(3)二审法院认定公司经营管理上的重大困难通过其他途径不能解决，认定事实错误。(4)一审、二审法院判决解散东北亚公司适用法律错误。董某琴依据《民事诉讼法》第200条第2项、第6项的规定申请再审。

东北亚公司申请再审称：(1)东北亚公司经营并未陷入僵局，经营管理未发生严重困难。(2)没有证据显示东北亚公司继续存续会使股东利益受到重大损失，东北亚公司连年盈利。(3)荟冠公司意图谋取高额回报而解散公司，并非穷尽司法救济渠道解决现有纠纷，并不符合通过其他途径不能解决的法定条件。东北亚公司依据《民事诉讼法》第200条第2项、第6项的规定申请再审。

荟冠公司提交意见称，一审、二审法院认定事实清楚，证据充分，适用法律正确。董某琴及东北亚公司的再审申请缺乏事实及法律依据，请求予以驳回。

综上所述，该案争议焦点为东北亚公司是否符合公司解散的法定条件。

裁判说理

法院生效裁判认为，该案的焦点问题是东北亚公司是否符合公司解散的法定条件。

首先，关于法律适用问题。2004年9月20日，东北亚公司注册成立，2015年12月东北亚公司工商登记显示，荟冠公司持股44%，董某琴持股51%，东证公司持股5%。荟冠公司以东北亚公司经营管理发生严重困难、其股东利益受到重大损害、通过其他途径不能解决僵局等事实为由，请求解散东北亚公司。需要指出的是，有限责任公司系具有自主决策和行为能力的组织体，虽然公司会由于内部成员间的对抗而出现机制失灵、无法运转，公司决策和管理无法形成有效决议而陷入僵局，但是基于公司永久存续性的特征，国家公权力对股东请求解散公司的主张必须秉持谨慎态度。当股东之间的冲突不能通过协商被解决，任何一方都不愿或无法退出公司时，为保护股东的合法权益，强制解散公司就成为唯一解决公司僵局的措施。因此，《公司法》第182条规定："公司经营管理发生严重困难，继续存续会使股东利益受到重大损失，通过其他途径不能解决的，持有公司全部股东表决权百分之十以上的股东，可以请求人民法院解散公司。"并且，《公司法解释二》第1条第1款规定了人民法院受理解散公司诉讼案件形式要件及判决是否解散公司实体审查标准的4种情形：(1)公司持续两年以上无法召开股东会或者股东大会，公司经营管理发生严重困难的；(2)股东表决时无法达到法定或者公司章程规定的比例，持续两年以上不能做出有效的股东会或者股东大会决议，公司经营管理发生严重困难的；(3)公司董事长期冲突,且无法通过股东会或者股东大会解决,公司经营管理发生严重困难的;(4)经营管理发生其他严重困难的,公司继续存续会使股东利益受到重大损失的情形。在公司解散案件中,法律并未设置主张解散公司的股东需要行使某项权利作为请求人民法院解散公司的前置程序。一审、二审法院依照《公司法》第182条、《公司法解释二》第1条第1款之规定,根据查明的案件事实,在多次调解未果的情况下,为充分保护公司股东合法权益,依法规范公司治理结构,促进市场经济健康发展,作出解散东北亚公司的判决,适用法律并无不当。

其次,关于东北亚公司是否符合公司解散的法定条件的问题。(1)东北亚公司的经营管理已发生严重困难。判断公司的经营管理是否出现严重困难,应当从公司组织机构的运行状态进行综合分析,公司是否处于盈利状态并非判断公司经营管理发生严重困难的必要条件。其侧重点在于公司经营管理是否存在严重的内部障碍,股东会或董事会是否因矛盾激化而处于僵持状态,一方股东是否无法有效参与公司经营管理。就该案而言,可以从董事会、股东会及监事会运行机制3个方面进行综合分析。根据一审、二审法院查明的事实:关于董事会方面,东北亚公司董事会有5名成员,董某琴方3人,荟冠公司方2人。公司章程第53条规定,董事会会议由董事代股东行使表决权,董事会会议对所议事项作出决议,决议应由代表3/5以上(含本数)表决权的董事表决通过。根据以上规定,董某琴方提出的方案,无须荟冠公司方同意即可通过。荟冠公司曾3次提出修改公司章程,均遭到董某琴的拒绝。此外,荟冠公司向东证公司转让部分股权一事,东北亚公司拒绝配合,最终通过诉讼才得以实现。2013年8月6日起,东北亚公司已有两年未召开董事会,董事会早已不能良性运转。关于股东会方面,自2015年2月3日以来,东北亚公司长达两年没有召开股东会,无法形成有效决议,更不能通过股东会解决董事间激烈的矛盾,股东会机制失灵。关于监事会方面,东北亚公司成立后,从未召开过监事会,监事亦没有依照公司法及公司章程行使监督职权。综上所述,客观上东北亚公司董事会已由董某琴方控制,荟冠公司无法正常行使股东权利,无法通过委派董事加入董事会参与经营管理。东北亚公司的内部机构已不能正常运转,公司经营管理陷入僵局。(2)东北亚公司继续存续会使荟冠公司股东权益受到重大损失。公司股东依法享有选择管理者、参与重大决策和分取收益等权利。在该案中,荟冠公司已不能正常委派管理者。2007年8月29日,荟冠公司推荐常某某出任总经理,2015年3月11日,荟冠公司委派宋某某、徐某某出任董事并担任副董事长和副总经理,东北亚公司均以未达到公司章程规定的3/5决策比例为由拒绝,东北亚公司人事任免权完全掌握在董某琴一方手中。荟冠公司不能正常参与公司重大决策,东北亚公司向董某琴个人借款

7222 万元,没有与之对应的股东会或董事会决议,另外审计报告显示,董某琴的关联方从东北亚公司借款近 1 亿元。2014 年 10 月,东北亚公司向中国工商银行申请了 5000 万元贷款,而荟冠公司对该笔贷款的用途并不知晓。2015 年,东北亚公司粮油市场改造扩建一事,荟冠公司及其委派的董事也并未参与。荟冠公司未能从东北亚公司获取收益,东北亚公司虽称公司持续盈利,但多年并未分红。荟冠公司作为东北亚公司的第二大股东,早已不能正常行使参与公司经营决策、管理和监督以及选择管理者的股东权利,荟冠公司投资东北亚公司的合同目的无法实现,股东权益受到重大损失。(3)通过其他途径亦不能解决东北亚公司股东之间的冲突。基于有限责任公司的人合性,股东之间应当互谅互让,积极理性地解决冲突。在东北亚公司股东发生矛盾冲突后,荟冠公司试图通过修改公司章程改变公司决策机制,解决双方纠纷,或通过向董某琴转让股权等退出公司的方式解决公司僵局的问题,但均未能成功。即使荟冠公司向东证公司转让部分股权,也由于荟冠公司与董某琴双方的冲突,只有历经诉讼程序方能实现。同时,一审法院基于慎用司法手段强制解散公司的考量,多次组织各方当事人进行调解。在法院调解过程中,荟冠公司、东证公司主张对东北亚公司进行资产价格评估,确定股权价格后,由董某琴收购荟冠公司及东证公司所持东北亚公司的股权,荟冠公司及东证公司退出东北亚公司,最终各方对此未能达成一致意见,调解未果。东北亚公司僵局状态已无法通过其他途径得以解决。综合来看,东北亚公司股东及董事之间长期冲突,已失去继续合作的信任基础,公司决策管理机制失灵,公司继续存续必然损害荟冠公司的重大利益,且无法通过其他途径解决公司僵局,荟冠公司坚持解散东北亚公司的条件已经成就。

专业点评

该案与上一案例实质类似,关系《公司法》第 182 条与《公司法解释二》关于公司解散规定的另一要件,即提起公司解散需要持有公司全部股东表决权 10% 以上的股东。一方面是明确当前法律制度对小股东的保护,另一方面也是提醒股权架构的设计应当考虑 10% 这个数值。持有公司全部股东表决权 10% 以上的股东可以召集股东大会,保护小股东权利,同时干扰大股东行权。对于保障自身权利的小股东而言,需要争取 10% 以上的股权,而对于集权控制的大股东而言,要避免其他股东能够形成 10% 的股权比例从而干扰自身行权。

法条链接

1.《公司法》(2013 年)①

第一百八十二条　公司经营管理发生严重困难,继续存续会使股东利益受到重大损失,通过其他途径不能解决的,持有公司全部股东表决权百分之十以上的股东,可以请求人民法院解散公司。

2.《公司法解释二》(2014 年)②

第一条　单独或者合计持有公司全部股东表决权百分之十以上的股东,以下列事由之一提起解散公司诉讼,并符合公司法第一百八十二条规定的,人民法院应予受理:

(一)公司持续两年以上无法召开股东会或者股东大会,公司经营管理发生严重困难的;

(二)股东表决时无法达到法定或者公司章程规定的比例,持续两年以上不能做出有效的股东会或者股东大会决议,公司经营管理发生严重困难的;

(三)公司董事长期冲突,且无法通过股东会或者股东大会解决,公司经营管理发生严重困难的;

(四)经营管理发生其他严重困难,公司继续存续会使股东利益受到重大损失的情形。

股东以知情权、利润分配请求权等权益受到损害,或者公司亏损、财产不足以偿还全部债务,以及公司被吊销企业法人营业执照未进行清算等为由,提起解散公司诉讼的,人民法院不予受理。

3.《民事诉讼法》(2012 年)③

第二百条　当事人的申请符合下列情形之一的,人民法院应当再审:

(一)有新的证据,足以推翻原判决、裁定的;

(二)原判决、裁定认定的基本事实缺乏证据证明的;

(三)原判决、裁定认定事实的主要证据是伪造的;

(四)原判决、裁定认定事实的主要证据未经质证的;

(五)对审理案件需要的主要证据,当事人因客观原因不能自行收集,书面申请人民法院调查收集,人民法院未调查收集的;

(六)原判决、裁定适用法律确有错误的;

---

① 现已修改为《公司法》(2018 年)第 182 条。

② 现已修改为《公司法解释二》(2020 年)第 1 条。

③ 现已修改为《民事诉讼法》(2021 年)第 207 条。

（七）审判组织的组成不合法或者依法应当回避的审判人员没有回避的；

（八）无诉讼行为能力人未经法定代理人代为诉讼或者应当参加诉讼的当事人，因不能归责于本人或者其诉讼代理人的事由，未参加诉讼的；

（九）违反法律规定，剥夺当事人辩论权利的；

（十）未经传票传唤，缺席判决的；

（十一）原判决、裁定遗漏或者超出诉讼请求的；

（十二）据以作出原判决、裁定的法律文书被撤销或者变更的；

（十三）审判人员审理该案件时有贪污受贿，徇私舞弊，枉法裁判行为的。

四、股东以股东压制为由要求解散公司的裁判规则

案件名称

赵某益诉宇洋公司等公司解散纠纷案

案号

一审：（2020）浙 0921 民初 1017 号；二审：（2020）浙 09 民终 646 号

裁判要旨

持股超过 10% 的小股东以大股东挪用资产、利用人事任免等手段排挤、压制其他股东为由要求解散公司的，应当审查公司管理是否发生了严重的人合性治理障碍或公司目的是否落空，继续存续是否会使股东利益受到重大损失，是否存在其他解决途径。大股东的行为仅侵害小股东具体某项权利，不满足上述要件的，不应解散公司。

案情简介

上诉人（原审原告）：赵某益

被上诉人（原审被告）：宇洋公司

原审第三人：程某法

原审第三人：鲍某海

宇洋公司系有限责任公司，于 2005 年 8 月 1 日成立，营业期限为 2005 年 8 月 1

日至2025年7月31日。程某法持有被告宇洋公司60%股权，系公司法定代表人、执行董事；赵某益持有公司20%股权；第三人鲍某海持有公司20%股权，系监事。宇洋公司经营过程中，3名股东偶尔一起商量公司相关事务，但从未有过书面会议记录或决议。

2020年6月8日，宇洋公司作出书面通知，免除赵某益总经理职务。赵某益与程某法、鲍某海因股东间矛盾显现，曾就股权收购方案进行协商，但未能达成一致意见。宇洋公司仍在正常经营中。

诉讼过程

2020年，因股东间矛盾无法解决，赵某益以公司解散纠纷为由诉宇洋公司至浙江省岱山县人民法院，请求判令解散宇洋公司，吉林省长春市中级人民法院一审判决驳回原告诉讼请求。后赵某益不服判决，上诉至浙江省舟山市中级人民法院，被判决驳回上诉，维持原判。

裁判结果

一审判决：驳回原告赵某益的诉讼请求。

二审判决：驳回上诉，维持原判。

主要争点

赵某益上诉请求：（1）撤销浙江省岱山县人民法院（2020）浙0921民初1017号民事判决，改判解散被上诉人宇洋公司；（2）一审、二审案件受理费由被上诉人承担。事实和理由如下：（1）一审法院将公司的资金、经济状况等生产经营作为判断《公司法》第182条规定的公司经营管理发生严重困难的标准，存在明显错误。《公司法》第182条规定的公司经营管理发生严重困难并非指公司出现资金缺乏、严重亏损等经营性困难，判断公司经营管理是否出现严重困难，应当从股东会等公司内部管理决策机构的运行现状进行综合分析，应侧重于公司管理方面存在严重内部障碍，而非公司出现资金缺乏、严重亏损等经营性困难。该案中被上诉人宇洋公司治理已经发生严重困难，公司决策机制已经失灵。宇洋公司于2005年8月1日成立，上诉人持有宇洋公司20%股权，第三人程某法持有宇洋公司60%股权，系公司法定代表人、执行董事，第三人鲍某海持有公司20%股权，系监事。自上诉人担任宇洋公司总经理，即成为公司股东以来，宇洋公司从未召开过正式的股东会，应由股东会决策的重大事宜均未召开过股东会会议，从未形成过有效的股东会决议，宇洋公司的管理机构明显处于僵局，公司决策机构已经完全失灵。一审法院亦查明，“宇洋公司经营过程中，三股东偶尔会一起商量公司相关事务，但从未有过书面会议记录或决议”。宇洋公司自成立以来，一直未召开过股东会会议，宇洋公司的决策机构明显无法正常运行，股东之间长期不能达成一致意见而未形成有效的股东会决议。（2）宇洋公司股东之间长期存在矛盾并且日益激化。因无法召开股东会，无法行使章程规定的决定公司经营方针与投资计划，审议批准执行董事的报告，审议批准公司年度财务预算、决算方案，审议批准公司利润分配方案和弥补亏损方案等相关职权，上诉人所享有的股东权利长期处于无法行使状态。宇洋公司股东之一的第三人鲍某海在庭审时也表示：“近几年虽然有时候股东之间碰到了会讨论一些公司的具体事务，但没有召开过股东会议，公司重大事务均是由程某法一人决定，现股东之间矛盾非常大。”一审法院亦认为，“本案中原告赵某益与第三人程某法之间存在矛盾，导致原告赵某益对公司的日常经营管理权受制”。可以看出，股东之间存在矛盾系已经查明的事实，股东之间矛盾无法解决，导致公司及公司决策机构无法正常运作及经营。在第三人程某法的控制下，上诉人于2020年6月8日收到了宇洋公司关于赵某益同志免职的通知，在未经任何程序的情况下，免除了上诉人的总经理职务。免除上诉人总经理职务的决定不符合公司章程约定的程序，宇洋公司亦未盖章，该行为是宇洋公司股东之一的程某法在控制宇洋公司的情况下恶意作出的行为，这亦能证明公司股东之间存在严重矛盾。从被上诉人宇洋公司答辩状及庭审所发表的意见来看，被上诉人一直称上诉人系一名贪污受贿腐败分子，称上诉人多次索取公司财物，在毫无依据地用与该案毫无关系的事情肆意诽谤和污蔑上诉人，而且还恶意虚加罪名，已完全将作为股东的上诉人放在了其对立面，可以看出宇洋公司股东之间矛盾已不断加深，日益激化，已达到无法调和的严重程度。并且，在上诉人及第三人鲍某海开庭当时明确表达了就该案同意进行调解的情况下，被上诉人宇洋公司却明确拒绝调解。宇洋公司决策机制的失灵已进一步影响公司执行机构的运作。宇洋公司的执行机构即执行董事程某法管理公司的行为，已不再是依据股东会的决议做出的行为，无法贯彻权力机构的意志。（3）公司经营管理发生严重困难、股东利益受到重大损失是解散的结果性条件，其表象特征是股东会或董事会矛盾激化而处于僵持状况，公司出现僵局。一审法院对《公司法》第182条之规定的理解存在明显错误。因宇洋公司自成立以来从未召开过股东会，从未形成过股东会决议，上诉人作为公司股东无法行使股东权利，公司内部决策机构明显处于僵持状态，上诉人依据上述相关法律规定提起诉讼要求解散宇洋公司，但一审法院仅依据公司目前正常经营的理由驳回上诉人的诉讼请求,未对公司内部运行状况进行分析及认定,对上述相关法律规定的理解存在严重错误。另外,需要强调的是,《公司法》第 182 条中规定的是公司“经营管理”发生困难,并非公司“经营”发生困难,“经营管理”与“经营”系两个完全不同的概念,一审法院直接以公司“经营”情况正常为由驳回上诉人的诉讼请求明显不合理。宇洋公司股东之间存在矛盾、公司决策机构完全失灵,明显属于公司“经营管理”发生困难,导致上诉人作为公司股东的权利严重受到损失。被上诉人宇洋公司明显符合法律规定的解散条件。(4)上诉人已通过其他途径试图与宇洋公司及股东程某法进行沟通,但均无效果,上诉人已穷尽除诉讼以外的其他救济途径,只能通过解散宇洋公司的方式打破僵局。上诉人作为宇洋公司的股东,为避免公司损失扩大以及为维护包括上诉人在内的多方权益,上诉人曾多次通过沟通及协商等方式试图进行救济,但并未达成有效的合意。一审法院亦查明“原告赵某益与第三人程某法、鲍某海因股东间矛盾显现,曾就股权收购方案进行协商,但未能达成一致意见”。在庭审中,宇洋公司及第三人程某法明确表示拒绝进行调解。上诉人已无其他有效方法解决公司内部障碍,上诉人的股东权利无法得到保障是事实。因此,现阶段只能通过解散宇洋公司的方式打破僵局,另一股东鲍某海亦表示如无法解决矛盾同意解散公司。除向法院提起诉讼要求判令解散宇洋公司外,上诉人再无其他方法救济自身的合法权益。综上所述,一审法院认定事实不清,适用法律错误,请求二审法院依法改判,支持上诉人的上诉请求。

宇洋公司辩称:(1)宇洋公司经营管理正常,并未出现公司股东分歧导致公司决策困难,无法继续经营的情形。公司的股权结构明确,程某法持有 60% 的股权,赵某益、鲍某海各持有 20% 的股权。公司治理结构也明确,程某法作为执行董事对股东会负责,全面实施公司的各项管理工作,总经理对执行董事负责,协助执行董事开展工作。虽然程某法根据公司的决定免去赵某益的总经理职务,但是并未导致公司经营瘫痪,且赵某益认为自公司成立以来从未召开过股东会与客观事实不符。(2)公司股东权益并无重大损失。公司成立以来,按照公司的单船设立分公司独立核算经营模式,公司的未分配利润实际已经在分公司的年终分红时结算,包括赵某益在宇洲 17 轮、宇洲 31 轮、宇洲 32 轮的分红。(3)公司并未形成僵局。程某法作为持有股份比例 60% 的执行董事完全可以作出有利于公司经营的决策,更何况在单船核算的情况下,公司也未有需要表决的重大事项。综上所述,一审法院认定事实清楚,适用法律正确,请求驳回上诉,维持原判。

原审第三人程某法述称,与宇洋公司的答辩意见相同。

原审第三人鲍某海述称,宇洋公司成立时 5 名股东均未出资。买办公桌、电脑等设备是其个人出资,其不领工资,算是其出资。股东经常碰面开会,但是没有形成书面的股东会决议。

综上所述,该案争议焦点为持股超过10%的小股东是否能以大股东成立股东压制为由要求解散公司。

裁判说理

一审法院认为,依据《公司法》第182条的规定,公司经营管理发生严重困难,继续存续会使股东利益受到重大损失,通过其他途径不能解决的,持有公司全部股东表决权10%以上的股东,可以请求人民法院解散公司。在该案中,虽然原告赵某益与第三人程某法之间存在矛盾,导致原告赵某益对公司的日常经营管理权受制,但是该案被告宇洋公司经营情况正常,仍然具备继续经营的条件,原告作为股东的根本利益不因此受损,故原告以公司经营管理发生重大困难及股东利益严重受损为由主张解散被告宇洋公司,理由不足,不予支持。

二审法院认为,《公司法》第182条规定:"公司经营管理发生严重困难,继续存续会使股东利益受到重大损失,通过其他途径不能解决的,持有公司全部股东表决权百分之十以上的股东,可以请求人民法院解散公司。"《公司法解释二》第1条第1款规定:"单独或者合计持有公司全部股东表决权百分之十以上的股东,以下列事由之一提起解散公司诉讼,并符合公司法第一百八十二条规定的,人民法院应予受理:(一)公司持续两年以上无法召开股东会或者股东大会,公司经营管理发生严重困难的;(二)股东表决时无法达到法定或者公司章程规定的比例,持续两年以上不能做出有效的股东会或者股东大会决议,公司经营管理发生严重困难的;(三)公司董事长期冲突,且无法通过股东会或者股东大会解决,公司经营管理发生严重困难的;(四)经营管理发生其他严重困难,公司继续存续会使股东利益受到重大损失的情形。"认定宇洋公司是否符合法律规定的解散条件,应根据上述规定综合判断。根据赵某益的上诉主张,应重点审查宇洋公司是否存在经营管理严重困难,继续存续会使股东利益受到重大损失且通过其他途径不能解决。在该案中,宇洋公司仅有程某法、赵某益、鲍某海3名股东,程某法持股比例为60%,赵某益、鲍某海持股比例各为20%。宇洋公司章程第12条规定,程某法作为公司执行董事有权召开并主持股东会。章程第13条规定,股东会会议作出修改公司章程、增加或减少注册资本的决议,依据公司合并、分立、解散或者变更公司形式的决议,必须经代表2/3以上表决权的股东通过。根据在案证据及各方当事人的陈述,宇洋公司自2005年8月1日成立以来并未发生章程第13条规定的事项,故无须通过召开股东会表决形成此类事项决议。由于程某法个人的表决权已达到60%,即便持股比例各为20%的赵某益、鲍某海与程某法意见不一致,根据资本多数决原则,宇洋公司仍可就除公司章程第13条规定以外其他事项形成有效决议,因此,即便宇洋公司超过两年未召开股东会,并不等于无法召开股东会或股东会会议机制失灵。第三人鲍某海在二审中陈述称股东经常碰面开会,但是没有形成书面的股东会决议。程某法、赵某益均对鲍某海的上述陈述无异议。宇洋公司也在二审中陈述称,2019年年底在台州开年会时股东们聚在一起对公司发展经营进行过商讨。上述证据可以证明宇洋公司股东之间就公司重大经营事项碰面商议的事实,只不过未能规范形成书面股东会决议,不能仅以未形成书面股东会决议而否认宇洋公司召开过股东会的事实。因此,赵某益主张自其成为宇洋公司股东以来从未召开过股东会明显与查明的事实不符。在案证据亦能证明程某法作为公司执行董事仍然能够正常作出经营管理指示,宇洋公司经营管理情况正常,仍然具备继续经营的条件,赵某益作为股东的根本利益不因此受损。赵某益主张宇洋公司运行机制失灵并致经营管理严重困难并无事实和法律依据。据此,一审法院判决驳回赵某益的诉讼请求,应为正确。

赵某益主张其已穷尽除诉讼以外的其他救济途径,只能通过解散宇洋公司的方式打破僵局。法院认为,宇洋公司3名股东虽就股权收购方案进行过协商,最终未能达成一致意见,但赵某益并未提供证据证明其已通过对外转让股份或与程某法、鲍某海等股东采用内部竞价方式收购股份等途径解决分歧。由此可见,赵某益关于已穷尽除诉讼之外其他救济途径的主张明显不能成立。

至于赵某益因与程某法存在分歧而被排斥参与公司经营管理,不必然表明宇洋公司经营管理发生严重困难,赵某益作为股东的股权并不当然包含管控宇洋公司的权能,其无法参与日常经营管理的情况属于股东之间的自治范畴,其无权以此为由请求解散宇洋公司。

综上所述,赵某益的上诉请求不能成立,应予驳回;一审法院认定事实清楚,适用法律正确,应予维持。

专业点评

股东压制,通常是指多数股东利用其有利地位通过各种手段排挤、欺压其他股东,使后者不能正常参与经营管理或不能获得相应的投资回报。我国现行法律并未对股东压制进行定义,但在实践中,股东压制的现象广泛存在。尽管在事前,通过公司章程、股东协议约定等方式有助于小股东预防股东压制，但囿于身份关系或话语权缺失，实践中小股东往往只能以事后司法救济的方式进行对抗。小股东可以依据《公司法》的规定，对自身知情权、分红权等权益进行救济。

当然，对该案中解除小股东职务行为的救济，公司法未给出明确规定，审判实践中亦多以属于公司自治范畴为由不进行司法救济。对于股东压制是否适用《公司法》第 182 条规定的司法解散存在争议。一般认为，股东压制可以作为司法解散之事由，但需严格满足《公司法》第 182 条、《公司法解释二》第 1 条的规定，即公司经营管理发生严重困难，继续存续会使股东利益受到重大损失，通过其他途径不能解决。在该案中，宇洋公司尚在正常经营，不满足公司经营管理发生严重困难这一条件，又未构成重大损失，无法申请司法解散。

法条链接

1.《公司法》(2018 年)

第一百八十二条　公司经营管理发生严重困难，继续存续会使股东利益受到重大损失，通过其他途径不能解决的，持有公司全部股东表决权百分之十以上的股东，可以请求人民法院解散公司。

2.《公司法解释二》(2020 年)

第一条　单独或者合计持有公司全部股东表决权百分之十以上的股东，以下列事由之一提起解散公司诉讼，并符合公司法第一百八十二条规定的，人民法院应予受理：

（一）公司持续两年以上无法召开股东会或者股东大会，公司经营管理发生严重困难的；

（二）股东表决时无法达到法定或者公司章程规定的比例，持续两年以上不能做出有效的股东会或者股东大会决议，公司经营管理发生严重困难的；

（三）公司董事长期冲突，且无法通过股东会或者股东大会解决，公司经营管理发生严重困难的；

（四）经营管理发生其他严重困难，公司继续存续会使股东利益受到重大损失的情形。

股东以知情权、利润分配请求权等权益受到损害，或者公司亏损、财产不足以偿还全部债务，以及公司被吊销企业法人营业执照未进行清算等为由，提起解散公司诉讼的，人民法院不予受理。

第七篇

申请公司清算

导　语

公司清算，是指在公司面临终止的情况下，负有清算义务的主体按照法律规定的程序，清理公司债权债务，处理公司剩余财产，终止公司法律人格的行为。公司终止的原因有两种，即公司的解散与公司的破产。两种不同的情况会导致清算组织和清算程序不同。除此之外，清算过程中是否发生显著障碍导致清算无法继续进行，也会使得清算组织与程序产生不同。

申请公司清算纠纷，是指在公司特别清算过程中，公司董事、控股股东和实际控制人在公司解散后，怠于履行职责，未能在公司法规定的期限内组成清算组进行清算，或者虽然成立清算组但是故意拖延清算，或者存在其他可能严重损害公司股东或者债权人利益的违法清算行为，公司股东或者债权人依法向人民法院申请对公司进行清算的纠纷。

申请公司清算纠纷中，要注意在司法程序中公司解散和申请清算是两个独立案由的司法程序。申请公司清算所关注的重点偏向于谁能申请、谁来清算、清算受阻如何处理等方面的内容，一定程度上是在公司解散后，进一步明确责任、债务承担的诉讼。

《公司法》第 183 条规定了清算组的成立和组成。公司因《公司法》第 180 条第 1 项、第 2 项、第 4 项、第 5 项规定而解散的，应当在解散事由出现之日起 15 日内成立清算组，开始清算。有限责任公司的清算组由股东组成，股份有限公司的清算组由董事或者股东大会确定的人员组成。逾期不成立清算组进行清算的，债权人可以申请人民法院指定有关人员组成清算组进行清算。人民法院应当受理该申请，并及时组织清算组进行清算。

《公司法》第 184 条规定了清算组的职权。清算组在清算期间行使下列职权：(1)清理公司财产，分别编制资产负债表和财产清单；(2)通知、公告债权人；(3)处理与清算有关的公司未了结的业务；(4)清缴所欠税款以及清算过程中产生的税款；(5)清理债权、债务；(6)处理公司清偿债务后的剩余财产；(7)代表公司参与民事诉讼活动。

《公司法解释二》第 7 条规定，公司应当依照《民法典》第 70 条、《公司法》第 183 条的规定，在解散事由出现之日起 15 日内成立清算组，开始自行清算。

有下列情形之一，债权人、公司股东、董事或其他利害关系人申请人民法院指定清算组进行清算的，人民法院应予受理：(1)公司解散逾期不成立清算组进行清算的；(2)虽然成立清算组但故意拖延清算的；(3)违法清算可能严重损害债权人或者股东利益的。

有关申请公司清算纠纷的其他规定还有最高人民法院《关于审理公司强制清算案件工作座谈会纪要》第7条、第9条、第14条、第15条等。

该类诉讼中，应当注重举证责任的分配，以及证据的准备工作。例如，在依据《公司法解释二》的规定提起诉讼时，证明“存在利益冲突”“存在故意延迟清算可能性”的责任往往由清算申请人承担，而“能否保障清算正常进行”的证明责任则会分配给清算组。此时，就需要诉讼各方注意保留经营、清算工作中的相关证据。

在实践中，申请公司清算纠纷最常见的争议点是股东何时能提出公司清算的申请，法院是否应当受理清算申请。申请公司清算的前提是公司必须出现《公司法》第180条规定的解散事由，且存在解散后逾期不成立清算组进行清算或者虽然成立清算组但故意拖延清算等情形。申请公司清算的主体可以是债权人，当债权人没有提起清算申请的，公司股东也可以提出申请，如果被申请公司对股东身份质疑，应当先提出股东身份确认之诉，然后再提起申请公司清算之诉。对于债权人而言，只要公司解散后不及时进行清算，公司债权人就可以向人民法院申请对该公司进行清算。当债权人申请强制清算，被申请人的主要财产、账册、重要文件等灭失，或者被申请人员下落不明，导致无法清算的，人民法院不得以此为理由不予受理。最高人民法院《关于审理公司强制清算案件工作座谈会纪要》第13条规定，被申请人就申请人对其是否享有债权或者股权，或者对被申请人是否发生解散事由提出异议的，人民法院对于申请人提出的强制清算申请应不予受理，申请人可就有关争议单独提起诉讼或者仲裁予以确认后，另行向人民法院提起强制清算申请。但对上述异议事项已有生效法律文书予以确认，以及发生被吊销企业法人营业执照、责令关闭或者被撤销等解散事由有明确、充分证据的除外。对于外商投资经营企业的清算，一般无须经过国家审查机关的批准程序，进行备案即可。

一、少数股东能否以多数股东与公司清算事务之间存在利益冲突为由，申请强制清算

案件名称

陈某胜申请新能源公司强制清算案[①]

① 参见上海市高级人民法院2020年第四批参考性案例第106号。

案号

一审:(2019)沪 03 清申 19 号;二审:(2019)沪清终 1 号

裁判要旨

多数股东因故意损害公司权益对公司负有巨额债务拒不清偿的,如果由多数股东主导对公司进行自行清算,将与清算事务发生直接的利益冲突,使清算程序存在故意拖延或者违法清算的现实可能性。其他股东基于上述理由申请对公司实行强制清算,而多数股东不能提出足以确保依法及时自行清算的有效措施或者提供有效担保的,人民法院应当参照《公司法解释二》的有关规定,对少数股东提出的公司强制清算申请裁定予以受理。

案情简介

上诉人(原审申请人):陈某胜

被上诉人(原审被申请人):新能源公司

2009 年 4 月,新能源公司设立,股东为上海上器(集团)有限公司(持股 48%,以下简称上器集团公司)、陈某胜(持股 35%)和上海上器集团母线桥架有限公司(持股 17%,以下简称母线桥架公司)。

自 2010 年起,新能源公司 3 名股东之间发生严重的矛盾对立,各方之间纠纷不断。2013 年 3 月,陈某胜以上器集团公司、母线桥架公司共同损害新能源公司利益为由诉至法院,要求两名股东赔偿相应损失。2018 年 5 月,上海市第二中级人民法院作出(2017)沪 02 民终 8899 号民事判决,认定上器集团公司、母线桥架公司通过股东会决议放弃原来应属于新能源公司的涉案工业用房建设项目,并在未对涉案项目进行价值评估,也未与新能源公司进行结算的情况下,由上器集团公司取得该涉案项目,损害了新能源公司的利益,判令上器集团公司、母线桥架公司赔偿新能源公司相应损失 4449 万余元人民币(以下币种同)。该判决发生法律效力后,上器集团公司、母线桥架公司未履行相应义务,陈某胜申请对两家公司进行强制执行,但两家公司仍未按照执行通知书履行义务,也未按照法律规定申报财产。同时,(2017)沪 02 民终 8899 号民事判决作出后,陈某胜和上器集团公司分别向检察机关申请抗诉。经检察机关抗诉,上海市高级人民法院于 2019 年 3 月 6 日作出(2019)沪民抗 2 号民事裁定,裁定提审(2017)沪 02 民终 8899 号案,再审[案号为(2019)沪民再 4 号]期间,中止原判决的执行。

2018年8月，陈某胜以新能源公司面临严重管理僵局，且无法通过自力救济途径解决为由，诉至法院要求解散新能源公司。2019年2月11日，上海市嘉定区人民法院作出(2018)沪0114民初13972号民事判决，判决解散新能源公司。该判决书已发生法律效力。2019年5月5日，新能源公司召开临时股东会并决议成立清算组，清算组成员由三方股东各指派一人组成。陈某胜收到相关会议通知但未参加临时股东会。之后，陈某胜以新能源公司解散后无法成立清算组且股东间缺乏基本信任，不能进行自行清算等为由，向上海市第三中级人民法院申请对新能源公司进行强制清算。其间，新能源公司及上器集团公司、母线桥架公司均表示，新能源公司已在判决解散后的法定期限内成立了清算组，因(2019)沪民再4号案尚在审理过程中，故清算工作无法开展，待该案裁判结果确定后即可推进清算工作。该案二审审理期间，上海市高级人民法院对(2019)沪民再4号案作出再审判决，判决维持(2017)沪02民终8899号民事判决。该判决生效后，上器集团公司、母线桥架公司仍拒绝履行相应义务。经法院释明，新能源公司清算组仍未通知和公告债权人申报债权，未全面清理公司债权债务；上器集团公司、母线桥架公司表示不能提出足以确保依法及时清算的有效措施，或者提供相应担保。

诉讼过程

2019年，因自行成立的清算组无法做到公平公正处理清算事务，严重损害了新能源公司和陈某胜的合法权益，陈某胜向上海市第三中级人民法院申请对新能源公司强制清算，上海市第三中级人民法院一审裁定对陈某胜的申请不予受理。后陈某胜不服，向上海市高级人民法院提起上诉，被裁定撤销原判，指令受理。

裁判结果

一审裁定：对陈某胜的申请不予受理。

二审裁定：(1)撤销上海市第三中级人民法院(2019)沪03清申19号民事裁定；(2)指令上海市第三中级人民法院裁定受理陈某胜对新能源公司的强制清算申请。

主要争点

陈某胜向一审法院提出请求，申请对新能源公司进行强制清算。

陈某胜上诉请求：撤销一审裁定，指令一审法院裁定受理陈某胜对新能源公司的强制清算申请。

新能源公司提交意见称，新能源公司股东上器集团公司、母线桥架公司对有关认定两名股东损害新能源公司利益的生效判决不予认可，还将通过法律途径推翻上述判决。因此，上述判决不能证明两名股东损害了公司的合法权益。法院判决公司解散后，新能源公司已在法定期限内成立了清算组，并按照相关法律规定通知陈某胜参加。陈某胜收到通知后未参加清算组，是其放弃自己的权利。清算组已经清理了公司资产，发现公司主要资产就是陈某胜主张两名股东损害公司利益案件中可能涉及的公司债权。除此以外，新能源公司仅开展了很少量的经营活动，没有其他重要的债权债务。公司清算无法顺利开展，系客观原因造成，不存在故意拖延和违法清算的情形，故不同意对新能源公司进行强制清算。综上所述，一审裁定理由充分，请求驳回上诉，维持原裁定。

综上所述，该案争议焦点为少数股东能否以多数股东与公司清算事务之间存在利益冲突为由，申请强制清算。

裁判说理

法院生效裁判认为，该案的主要争议焦点在于，少数股东能否以多数股东与公司清算事务之间存在利益冲突为由申请强制清算。根据相关生效裁判查明的事实，新能源公司的多数股东上器集团公司、母线桥架公司曾有滥用股东权利，严重损害新能源公司和其他股东合法权益的事实，并因此对新能源公司负有巨额的损害赔偿债务。该案所涉清算工作的主要内容就是认定和追收两家公司对新能源公司所负的债务。在此前提下，如果由上器集团公司和母线桥架公司主导公司清算过程，将与清算事务发生直接和严重的利益冲突，难以确保清算过程客观中立，存在发生故意拖延或者违法清算，严重损害债权人或者其他股东利益的现实可能性。因此，少数股东陈某胜申请对公司进行强制清算，多数股东又不能提出足以确保依法及时清算的有效措施或者提供相应担保的，应当参照《公司法解释二》第 7 条第 2 款第 2 项、第 3 项和第 3 款的规定，对陈某胜提出的强制清算申请予以受理。综合全案事实，法院裁定受理少数股东以多数股东与公司清算事务之间存在利益冲突为由提出的公司强制清算申请，主要基于以下三个方面的判断：

第一，多数股东与清算事务之间存在直接和严重的利益冲突。各方当事人一致确认，新能源公司现有资产主要是该公司对上器集团公司、母线桥架公司享有的债权。同时，上器集团公司、母线桥架公司因投资、垫付款项等也对公司享有部分债权。因此，该案涉及的清算工作主要是认定新能源公司与两名控股股东之间的债权债务，并追收两名控股股东对新能源公司所负的债务。考虑上述债务本身即由于两名控股股东滥用股东权利、严重损害公司利益所引发的损害赔偿,而两名股东对相关行为的违法性至今不予认可,且在相关判决确定发生法律效力后仍拒绝清偿债务的事实,可以认定两名控股股东与新能源公司清算事务之间存在直接和严重的利益冲突。

第二,相关利益冲突具有导致故意拖延或者违法清算的现实可能性。根据相关生效裁判文书认定的事实,上器集团公司、母线桥架公司在未做资产评估的情况下,通过股东会决议的形式,无偿放弃本应属于新能源公司的巨额房地产项目(该项目也是新能源公司最主要的资产),并由作为公司股东之一的上器集团公司直接取得该项目,且一直未与新能源公司进行结算。上述行为属于《公司法》第 20 条规定的滥用股东权利、损害公司或者其他股东合法权益的情形,且涉及金额特别巨大,情节特别严重。另外,在法院判决两家公司赔偿新能源公司相应损失且相关裁判文书已发生法律效力后,两家公司仍拒绝履行相应义务,且在法院强制执行过程中未依法履行申报财产的义务。考虑上述情况,新能源公司少数股东有合理理由认为,如果由上器集团公司、母线桥架公司主导对新能源公司实行自行清算,极有可能发生《公司法解释二》第 7 条第 2 款第 2 项、第 3 项规定的"故意拖延"或者"违法清算"的情形。在此情形下,公司少数股东有权参照《公司法解释二》第 7 条第 2 款第 2 项、第 3 项规定,申请对公司进行强制清算。从实际情况来看,在该案二审期间,(2017)沪 02 民终 8899 号民事判决已发生法律效力,新能源公司及其多数股东在一审中主张的妨碍公司清算的客观障碍已不复存在,但上器集团公司、母线桥架公司仍拒绝推进清算工作。这也在事实上印证了少数股东此前的疑虑符合客观事实和通常情理。因此,将虽未实际发生故意拖延或者违法清算行为,但客观形势导致在自行清算中极有可能发生上述风险的情形纳入公司强制清算启动事由,具有现实合理性和必要性。

第三,多数股东不能提出足以确保依法及时清算的有效措施,或者提供相应担保。根据"以自行清算为原则,以强制清算为补充"的原则,新能源公司自行清算虽有严重损害债权人或者股东合法权益的现实可能性,但如果其多数股东能够提出足以确保依法及时清算的有效措施,或者对此提供相应担保,则人民法院仍有可能允许新能源公司自行清算,并在自行清算实际损害利害关系人合法权益时,由相关主体依法寻求救济。在该案审理期间,法院就此向上器集团公司、母线桥架公司进行了释明,但两家公司未能提出相应有效措施,也未提供有效担保,这就使对新能源公司进行强制清算具备了充分的必要性。综合以上三个方面因素,该案应当参照《公司法解释二》第 7 条第 2 款第 2 项、第 3 项的规定,对少数股东提出的公司强制清算申请裁定予以受理。

专业点评

该案法院裁定受理少数股东以多数股东与公司清算事务之间存在利益冲突为由，提出的公司强制清算申请，主要从三个方面进行了考量，即存在利益冲突、存在故意延迟清算可能性、无法保障清算正常进行。前两点的证明责任由申请人承担，而第三点在司法实践中，法院往往是依据最高人民法院《关于民事诉讼证据的若干规定》第7条"在法律没有具体规定，依本规定及其他司法解释无法确定举证责任承担时，人民法院可以根据公平原则和诚实信用原则，综合当事人举证能力等因素确定举证责任的承担"，将"可以保障清算进行"的举证责任分配给清算义务人(该案中被申请人)，该责任分配方式，既是"小股东"的权利保障途径，也是"大股东"应当注意规避的风险。

法条链接

1.《公司法》(2018年)

第二十条　公司股东应当遵守法律、行政法规和公司章程，依法行使股东权利，不得滥用股东权利损害公司或者其他股东的利益；不得滥用公司法人独立地位和股东有限责任损害公司债权人的利益。

公司股东滥用股东权利给公司或者其他股东造成损失的，应当依法承担赔偿责任。

公司股东滥用公司法人独立地位和股东有限责任，逃避债务，严重损害公司债权人利益的，应当对公司债务承担连带责任。

第一百八十三条　公司因本法第一百八十条第(一)项、第(二)项、第(四)项、第(五)项规定而解散的，应当在解散事由出现之日起十五日内成立清算组，开始清算。有限责任公司的清算组由股东组成，股份有限公司的清算组由董事或者股东大会确定的人员组成。逾期不成立清算组进行清算的，债权人可以申请人民法院指定有关人员组成清算组进行清算。人民法院应当受理该申请，并及时组织清算组进行清算。

2.《公司法解释二》(2014 年)①

第七条　公司应当依照公司法第一百八十三条的规定,在解散事由出现之日起十五日内成立清算组,开始自行清算。

有下列情形之一,债权人申请人民法院指定清算组进行清算的,人民法院应予受理:

(一)公司解散逾期不成立清算组进行清算的;

(二)虽然成立清算组但故意拖延清算的;

(三)违法清算可能严重损害债权人或者股东利益的。

具有本条第二款所列情形,而债权人未提起清算申请,公司股东申请人民法院指定清算组对公司进行清算的,人民法院应予受理。

3. 最高人民法院《关于民事诉讼证据的若干规定》(2001 年)②

第七条　在法律没有具体规定,依本规定及其他司法解释无法确定举证责任承担时,人民法院可以根据公平原则和诚实信用原则,综合当事人举证能力等因素确定举证责任的承担。

二、公司强制清算中的法律问题处理

案件名称

城建公司申请德馨公司清算案③

案号

一审:(2009)即商初字第 2191 号

裁判要旨

公司清算为终结公司的法律关系、消灭公司法人资格提供了合理的依据。除破产清算外,公司清算还包括非破产清算。非破产清算,是指公司法人在资产足以清

① 现已修改为《公司法解释二》(2020 年)第 7 条。

② 现已修改为最高人民法院《关于民事诉讼证据的若干规定》(2019 年),该条款已删除。

③ 参见王丽芳:《公司强制清算中的法律问题处理》,载《人民司法·案例》2011 年第 18 期。

偿债务的情况下进行的清算，分为自愿清算和强制清算。

案情简介

申请人：城建公司

被申请人：德馨公司

德馨公司成立于2006年1月，由原山东省青岛市即墨市当地3家知名企业城建公司（控股股东）、青岛工人温泉疗养院（以下简称青岛工疗）、原即墨市人民医院（以下简称即墨医院）合伙入股投资成立。德馨公司的组建就是在青岛工疗院区范围内在其现有建筑、设施、设备的基础上通过改造、建设、设备更新等，将青岛工疗所属的院区（占用的土地为国有划拨地）建设成为以医疗、康复为主的多功能综合康复中心。青岛工疗的全部职工直接在德馨公司工作。德馨公司依法注册成立后，在建设过程中，三方股东因出资问题产生矛盾，最终导致公司经营无法进行。2008年，公司停业，青岛工疗上百名职工因德馨公司的停业而失业。由于无资金发放工人最低生活保障，造成青岛工疗职工集体上访。其间，青岛工疗曾向城建公司借款发放工人工资，为此，又欠下城建公司上千万元的债务（已被起诉，进入执行程序）。城建公司由于上千万元的合作资金投入及欠款不能回收，且造成严重损失，影响了企业正常的资金周转及公司发展，强烈要求青岛工疗偿还借款及通过公司清算收回投资，并以占据青岛工疗院区使其无法独立经营作为要挟。即墨医院也投入上百万元的资金及设备无回报且不能回收。因而3家企业之间的矛盾与日俱增，致使青岛工疗大片优质土地长年处于闲置状态。

经当地政府协调，公司股东会决议解散德馨公司并自行进行清算。

诉讼过程

2009年12月1日，公司在自行清算过程中，股东之间再度产生利益冲突导致清算无法进行，城建公司向原山东省即墨市人民法院申请对德馨公司进行强制清算，原山东省即墨市人民法院一审裁定受理清算请求。

裁判结果

一审裁定：宣告终结德馨公司清算程序。

主要争点

申请人城建公司称,其为德馨公司的股东之一,现因德馨公司无法继续经营下去,公司又无法自行进行清算,特申请法院进行强制清算,以便终结公司的法人资格。

综上所述,该案争议焦点为清算过程中出现的问题及解决方法。

裁判说理

法院生效裁判认为,清算过程中出现的问题及解决方法包括以下五个方面:

(1)股东出资瑕疵。在清算过程中,清算组发现公司股东存在投资不到位及无效投资的情况。德馨公司注册成立后进行开发建设,三方股东约定:城建公司以现金3900万元投资;青岛工疗以划拨土地及其房屋使用权、设施等作价1320万元投资;即墨医院以为青岛工疗职工办理养老保险的相关费用及5年的养老保险金和医疗、检查设备作价900万元投资。清算过程中,因青岛工疗所投入的划拨土地的使用权不得流转,即不得出租、转让、抵押、作价入股,划拨土地不能作为公司财产进行处置,且该土地亦未转入德馨公司名下,这样,青岛工疗的出资依法应认定为出资不到位。同样,城建公司、即墨医院也均未依约定将资金注入德馨公司的账户。城建公司仅是投入了正在施工的在建工程的相关费用,即墨医院因在为青岛工疗办理养老保险过程中,发现所需费用远远超出自己的想象,遂不再投入。如果因为三方出资不到位,依法让各股东补足出资,根据目前现实情况已不可能做到;如果不予清算,该公司对外的债权、债务及3名股东之间的利益纠葛将无法解决,同时德馨公司也无法从形式上退出市场,职工安置问题也就无法解决。为此,法院从维护各利益主体的角度出发,充分尊重公司意思自治原则,同意三方股东以实际投入作为合资公司的出资,重新协商界定各自的出资范围。最终三方本着合作之初的协定及实际投入,就出资问题重新界定并达成一致协议:城建公司将现金投资变更为以在建的酒店工程及其附属设施工程造价(坐落于青岛工疗划拨土地上)和产生的费用作为投资;青岛工疗因国有划拨土地依法不能作价入股,变更为以地上房屋使用权和设备作价投资;即墨医院变更为以实际投入医疗设备作价投资。所有清算资产依据评估价格在遵循公平合理的原则下由青岛工疗买下。这样,所有问题也将得到解决。

(2)在清算过程中,股东与清算组成员之间出现矛盾,影响工作的进展。随着清算工作的逐渐深入,在利益的驱使下,清算组成员与股东之间的关系发生了变化,收取报酬的律师成员与三方股东产生或友好或对立的关系,导致清算工作经常陷入僵局。在这种情况下,法院适度介入并进行协调,及时听取各方在清算过程中遇到的问题及意见后进行纠正，促使清算工作继续进行。

（3）股东异议的处理。在清算过程中，城建公司对评估机构的财产价值评估提出书面异议，认为评估机构采用的计算方法降低了资产的实际价值。针对股东提出的异议，法院立即进行调查，采取听证的方式召集各股东、清算组及评估部门工作人员出席，听取各方意见。最后通过调查、说明、调解，消除异议。

（4）财产变现款打入法院账户。随着清算工作进入尾声，清算组的主要成员与控股股东之间的关系也随之恶化，如果变现资金直接由清算组控制，控股股东将可能很难配合下面的清算工作，并且会处处设障，导致清算工作受到阻碍。况且，因缺乏有力的立法保障，在巨大的利益诱惑下，法院也不能保证清算组与债权人之间、清算组与其他股东之间能够保持一定的“距离”。于是，法院在认真研究后作出了突破性决定，即要求青岛工疗将变现资金 3000 余万元全部打入法院账户，由清算组与法院共同向债权人发放债权，及时对每一笔款项进行审核。

（5）如何通过分配方案的问题。变现资金在清偿各顺序费用及债务后，余款 1380 万元，该款归三方股东所有。由于三方股东在公司的出资问题因清算的需要发生了变更，到底按什么比例来分配剩余资产，三方争执不下。正如最高人民法院《关于审理公司强制清算案件工作座谈会纪要》中指明的，该类案件利益主体众多，涉及面广，牵涉社会稳定，需要在严格依法的前提下，紧紧依靠党委领导和政府的支持，在市政府建立的各项机制做好协调工作。该案的三方股东都是原即墨市重点保护企业，法院认真领会纪要的指导精神，没有启动裁决程序，而是及时向原即墨市委、市政府汇报，在市委、市政府的大力支持下，最终做通股东的工作，就分配方案达成一致协议。公司的对外债权、债务处理完毕，财产分配结束。

专业点评

公司强制清算，是在公司不能自行清算的情况下启动的一个司法清算程序，以终止公司法人资格为目的，处理因破产、合并或者分立原因以外解散公司的各项未了事务，清理公司债权债务，结束公司内外一切法律关系的系列法律行为。因此，首先需要厘清各方法律关系，确认清算的性质。依据清算性质不同，采取相应的清算方案。破产清算更多需保障债权人利益，而解散清算则需考量股东权利分配、尊重股东意思自治。同时，在当前司法制度下，司法程序具有严格的程序性，导致成本增加，变相降低了公司财产。因此，法院更愿遵循公司自治原则和穷尽公司内部救济原则，而各股东也应意识到，自觉清算更为经济，“无路可退”后才考虑申请法院强制清算。

法条链接

1.《企业破产法》

第二条　企业法人不能清偿到期债务，并且资产不足以清偿全部债务或者明显缺乏清偿能力的，依照本法规定清理债务。

企业法人有前款规定情形，或者有明显丧失清偿能力可能的，可以依照本法规定进行重整。

第六条　人民法院审理破产案件，应当依法保障企业职工的合法权益，依法追究破产企业经营管理人员的法律责任。

2.《中华人民共和国城镇国有土地使用权出让和转让暂行条例》(1990年)[①]

第四十四条　划拨土地使用权，除本条例第四十五条规定的情况外，不得转让、出租、抵押。

三、一人公司股东申请强制清算不应受理

案件名称

百汇公司申请新体汇公司清算案[②]

案号

一审：(2020)粤0104清申2号

裁判要旨

《公司法解释二》第7条第3款将公司股东规定为可以提出公司强制清算申请

① 现已修改为《中华人民共和国城镇国有土地使用权出让和转让暂行条例》(2020年)第44条。

② 参见广东省广州市越秀区人民法院民事裁定书，(2020)粤0104清申2号。

的权利主体，主要是考虑在司法实践中存在由于股东之间矛盾深刻或者公司为控制股东所操控而在解散之后公司无法自行清算等情形，这将对公司其他股东的利益造成严重损害，因此赋予公司股东一种法律救济手段。若公司仅有一名股东，就不存在股东之间矛盾导致公司难以自行清算的情形，完全可以自行对公司进行清算。

案情简介

申请人：百汇公司

被申请人：新体汇公司

新体汇公司是一人有限责任公司，百汇公司系其唯一股东。新体汇公司因未按规定参加企业年检，于 2017 年 1 月 18 日被吊销营业执照。百汇公司以新体汇公司未依法及时成立清算组进行清算为由，申请法院对新体汇公司进行强制清算。百汇公司称：新体汇公司已停业多年，因百汇公司内部 3 名股东之间存在矛盾且有 2 名股东无法联系，故百汇公司无法达成股东会决议对新体汇公司进行自行清算。百汇公司还主张，新体汇公司因被吊销营业执照不适用工商简易注销程序，且存在税务罚款等，难以自行清算。

百汇公司于 2018 年 12 月 5 日以公司资产不足以清偿全部债务为由向广东省广州市中级人民法院申请破产清算，该院于 2018 年 12 月 18 日裁定受理百汇公司的破产清算申请，并经摇珠程序指定百汇公司管理人。

诉讼过程

2018 年 12 月 5 日，百汇公司以新体汇公司未依法及时成立清算组进行清算为由，申请广东省广州市越秀区人民法院对新体汇公司进行强制清算，广东省广州市越秀区人民法院一审裁定不予受理。

裁判结果

一审裁定：对百汇公司的申请不予受理。

主要争点

百汇公司作为新体汇公司唯一股东，申请强制清算新体汇公司是否符合受理条件。

裁判说理

法院生效裁判认为,《公司法解释二》第7条第3款将公司股东规定为可以提出公司强制清算申请的权利主体,主要是考虑在司法实践中存在由于股东之间矛盾深刻或者公司为控制股东所操控而在解散之后公司无法自行清算等情形,这将对公司其他股东的利益造成严重损害,因此赋予公司股东一种法律救济手段。该案中,新体汇公司仅有一名股东,并不存在股东之间矛盾导致公司难以自行清算的情形。百汇公司提到其自身3名股东存在矛盾,导致无法就新体汇公司清算一事达成一致意见的问题,由于百汇公司已进入破产清算程序,根据《企业破产法》第25条的规定,管理人履行管理和处分债务人财产的职责,因此,百汇公司管理人有权决定对新体汇公司进行清算。百汇公司提到的新体汇公司不适用工商简易注销程序且必须补齐税务资料、解除锁定、接受税务罚款等问题,并不属于无法排除的客观障碍。百汇公司作为新体汇公司的清算义务人,完全可以自行对新体汇公司进行清算。

专业点评

已进入破产清算的公司,在已经明确破产管理人的情况下,其破产管理人即有"管理和处分债务人的财产"的权利,代表公司意志,即不可能存在"股东矛盾"的情形,故而无法适用《公司法解释二》第7条的规定。

法条链接

1.《公司法解释二》(2014年)①

第七条　公司应当依照公司法第一百八十三条的规定,在解散事由出现之日起十五日内成立清算组,开始自行清算。

有下列情形之一,债权人申请人民法院指定清算组进行清算的,人民法院应予受理:

(一)公司解散逾期不成立清算组进行清算的;

(二)虽然成立清算组但故意拖延清算的;

① 现已修改为《公司法解释二》(2020年)第7条。

（三）违法清算可能严重损害债权人或者股东利益的。

具有本条第二款所列情形，而债权人未提起清算申请，公司股东申请人民法院指定清算组对公司进行清算的，人民法院应予受理。

2.《企业破产法》

第二十五条　管理人履行下列职责：

（一）接管债务人的财产、印章和账簿、文书等资料；

（二）调查债务人财产状况，制作财产状况报告；

（三）决定债务人的内部管理事务；

（四）决定债务人的日常开支和其他必要开支；

（五）在第一次债权人会议召开之前，决定继续或者停止债务人的营业；

（六）管理和处分债务人的财产；

（七）代表债务人参加诉讼、仲裁或者其他法律程序；

（八）提议召开债权人会议；

（九）人民法院认为管理人应当履行的其他职责。

本法对管理人的职责另有规定的，适用其规定。

四、对因公司怠于履行清算义务申请公司清算案件的审理认定

案件名称

陈某、徐某凤申请海兴远维公司清算案[①]

案号

一审：（2018）苏 0115 强清 2 号

裁判要旨

公司在决议解散后，在法定期限内成立了成员由占海兴远维公司 2/3 以上股份的股东同意的清算组。在清算过程中，清算组履行了向债权人发出申报公告、召开清算组工作会议、拍卖公司实物资产等工作，虽然未能及时对公司的现金资产进行

① 参见国家法官学院、最高人民法院司法案例研究院：《中国法院 2020 年度案例》，中国法制出版社 2020 年版。

分配,但该决议系清算组作出,鉴于有限公司人合性、封闭性的特征,公司在处理内部事务时,应当遵循股东意思自治的原则,此时不宜认定清算组存在怠于清算或者违法清算损害股东利益的情形。

案情简介

申请人:陈某、徐某凤

被申请人:海兴远维公司

第三人:王某松、林某昕、海兴电力公司

被申请人海兴远维公司于2002年12月16日登记设立,性质为有限责任公司,注册资本为3000万元,法定代表人为付某强,股东为海兴电力公司(持股比例为45%)、陈某(持股比例为24%)、王某松(持股比例为15%)、林某昕(持股比例为8%)、徐某凤(持股比例为1%)。

2016年4月27日,被申请人海兴远维公司召开股东会,股东海兴电力公司的授权代表付某强,股东陈某、王某松,股东林某昕的授权代表周某芳,股东徐某凤的授权代表李某参加了会议。股东会通过了如下决议:(1)解散公司并进行清算;(2)成立由付某强(组长)、王某松(副组长)、戴某鹏(副组长)、林某昕、陈某、徐某凤、曾某儿(财务)、黄某伟(销售)组成的清算组;(3)公司搬迁办公场地以缩减开支,股东会授权清算组负责人决定搬迁事宜;(4)公司清算期间,股东会授权清算组负责人全权负责公司清算期间的工作,即维持公司现有业务履约,停止新客户的拓展,加快应收账款回收工作;(5)股东会授权清算组负责人全权负责公司在海兴远维公司的股权处置事宜。

2016年6月15日,海兴远维公司在《人民日报》刊登注销公告,载明"海兴远维公司股东会于2016年4月27日决议解散公司,并成立公司的清算组,请公司债权人于本公告发出之日起45日内向公司清算组申报债权。联系人:……"海兴远维公司清算组于2016年5月30日、2016年6月28日、2016年7月28日、2017年7月11日、2018年3月1日召开了5次清算组工作会议。2016年8月,清算组委托南京嘉信拍卖有限公司对公司的实物资产进行了拍卖。2018年3月1日召开的清算组工作会议中通过了将公司的现金资产3000万元用于理财,暂不分配的决议。

2017年12月11日,陈某对海兴远维公司提起了(2017)苏0115民初19121号股东知情权之诉。

诉讼过程

2018 年 2 月 9 日，因清算组故意拖延清算、违法清算严重损害股东利益，陈某、徐某凤向江苏省南京市江宁区人民法院申请对海兴远维公司进行强制清算，江苏省南京市江宁区人民法院一审裁定不予受理清算请求。

裁判结果

一审裁定：不予受理申请人陈某、徐某凤对被申请人海兴远维公司的强制清算申请。

主要争点

申请人陈某、徐某凤提出强制清算申请并述称：其二人系被申请人海兴远维公司的股东，2016 年 4 月，海兴远维公司决议解散公司并进行清算，被申请人清算组成立后怠于清算，两年来没有实际进展，且将二名申请人排除在外，无视申请人意见将公司现金资产 3000 万元用于投资理财，不向申请人提供清算资料，不告知清算组新地址。另外，清算组怠于清收债权，一直未对实物资产进行核实，可能造成资产流失，损害公司股东利益。

被申请人海兴远维公司在法定期限内提出异议：(1)其不存在怠于履行清算义务的情形，自 2016 年 4 月股东会决议解散后，海兴远维公司就依法成立了清算组，并于 2016 年 6 月在《人民日报》上刊登了清算公告，开始清理债权债务，现已收回 600 余万元的债权，清算组已经召开了 5 次工作会议，对实物资产进行了评估和拍卖。(2)申请人要求提供清算资料，不属于清算事宜；公司地址搬迁是为了节约成本，且经股东会和清算组决议确定。(3)申请人陈某、徐某凤一直不配合清算组工作，陈某拒不归还公司借款，私自开走公司所有的车辆，并带人阻挠清算会议。综上所述，要求不予受理申请人的强制清算申请。

第三人王某松、林某昕、海兴电力公司意见同被申请人海兴远维公司的观点。

综上所述，该案争议焦点为海兴远维公司是否存在怠于履行清算义务的情形。

裁判说理

法院生效裁判认为，股东提出强制清算申请应当符合法律规定。依照《公司法解释二》第 7 条的相关规定，公司应当依照《公司法》第 183 条的规定，在解散事由出现之日起15日内成立清算组,开始自行清算。有下列情形之一,债权人申请人民法院指定清算组进行清算的,人民法院应予受理:(1)公司解散逾期不成立清算组进行清算的;(2)虽然成立清算组但故意拖延清算的;(3)违法清算可能严重损害债权人或者股东利益的。具有该条第2款所列情形,而债权人未提起清算申请,公司股东申请人民法院指定清算组对公司进行清算的,人民法院应予受理。在该案中,海兴远维公司在决议解散后,在法定期限内成立了清算组,清算组成员系由占海兴远维公司2/3以上股份的股东同意。在清算过程中,清算组履行了向债权人发出申报公告、召开清算组工作会议、拍卖公司实物资产等工作,虽然未能及时对公司的现金资产进行分配,但该决议系清算组作出,鉴于有限公司人合性、封闭性的特征,公司在处理内部事务时,应当遵循股东意思自治的原则,该案不宜认定清算组存在怠于清算或者违法清算损害股东利益的情形。申请人提出的关于查阅清算资料,提供新办公地址的问题,已通过提出股东清算之诉处理。

专业点评

该案法院未将"未能及时对公司的现金资产进行分配"认定为怠于清算或者违法清算损害股东利益的情形。其认定理由本质上与此篇案例二中的理由一致,认为公司特别是有限公司的财产、债权、债务确认方面产生的纠纷,应当以协调为主,慎用司法裁判权,需充分尊重股东意思自治。同时,由于该案中依法成立的清算组确实正在处理破产事项,且作出了相关决议,并非对公司资产置于不顾,可以认定有证据证明其积极履行清算义务,因此不予受理申请人诉请。

司法观点认为,怠于履行义务包括两种:一是怠于履行依法及时启动清算程序、进行清算的义务;二是怠于履行妥善保管公司财产、账册、重要文件等义务。而在该类案件中,清算义务人若无法举证证明已积极组织进行清算工作的,会被认定构成怠于履行清算义务,此也与此篇案例一的司法观点一致,在公司可能侵害股东权益时,证明责任将转向公司"自证清白"。

法条链接

1.《公司法》(2013年)[①]

第一百八十条　公司因下列原因解散：

(一)公司章程规定的营业期限届满或者公司章程规定的其他解散事由出现；

(二)股东会或者股东大会决议解散；

(三)因公司合并或者分立需要解散；

(四)依法被吊销营业执照、责令关闭或者被撤销；

(五)人民法院依照本法第一百八十二条的规定予以解散。

第一百八十三条　公司因本法第一百八十条第(一)项、第(二)项、第(四)项、第(五)项规定而解散的，应当在解散事由出现之日起十五日内成立清算组，开始清算。有限责任公司的清算组由股东组成，股份有限公司的清算组由董事或者股东大会确定的人员组成。逾期不成立清算组进行清算的，债权人可以申请人民法院指定有关人员组成清算组进行清算。人民法院应当受理该申请，并及时组织清算组进行清算。

2.《公司法解释二》(2014年)[②]

第七条　公司应当依照公司法第一百八十三条的规定，在解散事由出现之日起十五日内成立清算组，开始自行清算。

有下列情形之一，债权人申请人民法院指定清算组进行清算的，人民法院应予受理：

(一)公司解散逾期不成立清算组进行清算的；

(二)虽然成立清算组但故意拖延清算的；

(三)违法清算可能严重损害债权人或者股东利益的。

具有本条第二款所列情形，而债权人未提起清算申请，公司股东申请人民法院指定清算组对公司进行清算的，人民法院应予受理。

五、公司依法终结强制清算程序后，非因法定事由不能再次申请对其强制清算

案件名称

原国家卫生计生委国际交流与合作中心等申请中稷阳光公司强制清算案

---

① 现已修改为《公司法》(2018年)第180条、第183条。

② 现已修改为《公司法解释二》(2020年)第7条。

案号

一审:(2018)粤01清申58号;二审:(2018)粤清终2号

裁判要旨

强制清算是公司出现解散事由而未能自行清算条件下的一种司法救济措施,除法律另有规定外,强制清算程序终结的后果是公司权利义务消灭,公司注销、公司法人终止。法律和司法解释虽然并无明文规定公司只能强制清算一次,但规定了强制清算的法律后果和公司强制清算后可以继续存续的法定情形。清算义务人怠于履行提交账册等义务,导致公司因无法清算而终结强制清算程序,不属于法律规定的公司可以继续存续的情形,后公司股东又以能提交公司账册等理由申请强制清算,没有法律依据,依法不予受理。

案情简介

上诉人(一审申请人):原国家卫生计生委国际交流与合作中心

上诉人(一审申请人):国家中医药管理局传统医药国际交流中心

上诉人(一审申请人):中国食品药品国际交流中心

被上诉人(一审被申请人):中稷阳光公司

中稷阳光公司成立于2006年8月7日,商事主体类型为其他有限责任公司,注册资本为3000万元人民币,登记机关为原广东省广州市工商行政管理局,负责人韩某,营业期限为2006年8月7日至长期,经营范围为研究和试验发展,主体状态为吊销,吊销日期为2008年12月24日,吊销情况为不按照规定接受年度检验的,依法吊销营业执照。其股东为中国医药国际交流中心、中稷实业公司、粤亨公司、国家中医药管理局传统医药国际交流中心和原卫生部国际交流与合作中心。申请人提交的材料显示,因机构编制调整,原卫生部国际交流与合作中心更名为原国家卫生计生委国际交流与合作中心,原中国医药国际交流中心更名为中国食品药品国际交流中心。

2015年8月12日,广东省广州市中级人民法院作出(2012)穗中法民清字第1号-1民事裁定书,裁定受理债权人大地建筑事务所(国际)广州分公司对中稷阳光公司的强制清算申请。

2016年5月9日,广东省广州市中级人民法院作出(2012)穗中法民清字第1号-2民事裁定书,以清算组未能发现和接管中稷阳光公司的任何财产、账册、重要文件，无法对该公司进行清算为由，裁定终结强制清算程序。3 名申请人在一审中称，因其非中稷阳光公司的经营者，故此在（2012）穗中法民清字第 1 号案中未能提交公司账册，而现在与中稷阳光公司原经营管理人员联系后获得公司账册。

2018 年 5 月 23 日，申请人原国家卫生计生委国际交流与合作中心、国家中医药管理局传统医药国际交流中心、中国食品药品国际交流中心向广东省广州市中级人民法院申请对被申请人中稷阳光公司进行强制清算，称中稷阳光公司因不按照规定接受年度检验，于 2008 年 12 月 24 日被依法吊销营业执照。因公司两位股东中稷实业公司与粤亨公司下落不明，且此两位股东持有中稷阳光公司 70% 的股权，公司自行清算作出的清算报告无法取得股东会的确认，故 3 名申请人以股东身份向法院提出对中稷阳光公司进行强制清算的申请。

诉讼过程

2018 年 5 月 23 日，因公司自行清算作出的清算报告无法取得股东会的确认，原国家卫生计生委国际交流与合作中心、国家中医药管理局传统医药国际交流中心、中国食品药品国际交流中心向广东省广州市中级人民法院申请对中稷阳光公司进行强制清算，广东省广州市中级人民法院一审裁定不予受理清算请求。后 3 名申请人不服，向广东省高级人民法院提起上诉，被裁定驳回上诉，维持原裁定。

裁判结果

一审裁定：不予受理原国家卫生计生委国际交流与合作中心、国家中医药管理局传统医药国际交流中心、中国食品药品国际交流中心对中稷阳光公司提出的强制清算申请。

二审裁定：驳回上诉，维持原裁定。

主要争点

申请人原国家卫生计生委国际交流与合作中心、国家中医药管理局传统医药国际交流中心、中国食品药品国际交流中心向法院申请对被申请人中稷阳光公司进行强制清算。事实与理由如下：上述 3 名申请人与中稷实业公司、粤亨公司均为中稷阳光公司的股东。中稷阳光公司因不按照规定接受年度检验，于 2008 年 12 月 24 日被依法吊销营业执照。因中稷实业公司与粤亨公司下落不明，且此两位股东持有中稷阳光公司 70% 的股权，公司自行清算作出的清算报告无法取得股东会的确认，故上述3位申请人以股东身份向法院提出对中稷阳光公司进行强制清算的申请。法院于2018年5月25日向中稷阳光公司邮寄了通知书、申请书副本、相关证据材料以及听证传票,并定于2018年5月31日在法院第32法庭进行听证,该邮件于2018年5月31日因原地址不详且无电话号码被退回,被申请人也没有出庭参加听证。

原国家卫生计生委国际交流与合作中心、国家中医药管理局传统医药国际交流中心、中国食品药品国际交流中心上诉请求:撤销广东省广州市中级人民法院(2018)粤01清申58号民事裁定,支持上诉人的申请请求。事实和理由如下:原审以上诉人获得中稷阳光公司账册,并非另行提起强制清算的法定事由,驳回上诉人的强制清算申请,没有事实和法律依据。(1)原审裁定引用《公司法》第188条的规定,清算组应当制作清算报告,报股东会或人民法院确认,报送公司登记机关,申请注销公司登记。这与最高人民法院《关于审理公司强制清算案件工作座谈会议纪要》第36条的规定相同。该会议纪要第36条规定:"公司依法清算结束,清算组制作清算报告并报人民法院确认后,人民法院应当裁定终结清算程序。公司登记机关依清算组的申请注销登记公司登记后,公司终止。"人民法院确认清算报告才是办理注销登记的条件。(2012)穗中法民清字第1号的强制清算案件因无法清算终结,清算组没有制作清算报告,裁定书认为清算组依据(2012)穗中法民清字第1号裁定办理注销公司手续,违反了法律规定。(2)终结强制清算程序的事由不同。原审认为,(2012)穗中法民清字第1号案不是最高人民法院《关于审理公司强制清算案件工作座谈会议纪要》第37条规定的终结强制清算程序,只有符合该会议纪要第36条规定的终结强制清算,才能导致公司注销。(2012)穗中法民清字第1号强制清算案因没有找到公司的相关财务账册,所以无法进行清算而终结强制清算,这不符合该会议纪要第36条规定的注销条件。(3)股东申请公司强制清算是《公司法》赋予公司股东的权利,中稷阳光公司因被原工商行政管理机关吊销营业执照,符合清算条件。公司不能自行清算时,股东申请强制清算依法有据,这是公司注销的唯一途径。(4)法律没有规定强制清算只能提出一次。债权人申请的(2012)穗中法民清字第1号案件,因没有找到公司的相关财务账册,无法进行清算,属于证据不足。证据不足的案件审理结束后,可以另行起诉。现申请人找到了公司财务账册使清算具备了条件。申请人作为股东之前没有提起过申请强制清算,不属于另行提起,现提起清算依法有据,驳回申请即剥夺了申请人的诉权。(5)原审驳回申请不符合最高人民法院《关于审理公司强制清算案件工作座谈会议纪要》第15条的规定,即"人民法院受理强制清算申请后,经审查发现强制清算申请不符合法律规定的,可以裁定驳回强制清算申请"。原审没有给出驳回申请人申请所依据的法律规定。

综上所述,该案争议焦点为中稷阳光公司被人民法院依法终结强制清算程序后,其股东能否再次申请对其强制清算。

裁判说理

一审法院认为,《公司法》第 188 条规定,公司清算结束后,清算组应当制作清算报告,报股东会、股东大会或人民法院确认,并报送公司登记机关,申请注销公司登记,公告公司终止。最高人民法院《关于审理公司强制清算案件工作座谈会纪要》第 37 条规定,公司因公司章程规定的营业期限届满或者公司章程规定的其他解散事由出现,或者股东会、股东大会决议自愿解散的,人民法院受理债权人提出的强制清算申请后,对股东进行剩余财产分配前,公司修改章程或者股东会、股东大会决议公司继续存续,申请人在其个人债权及其他债权均得到全额清偿后,未撤回申请的,人民法院可以根据被申请人的请求裁定终结强制清算程序,强制清算程序终结后,公司可以继续存续。在该案中,被申请人中稷阳光公司于 2015 年 8 月 12 日,经债权人大地建筑事务所(国际)广州分公司申请,对法院审理的(2012)穗中法民清字第 1 号案进行强制清算,并于 2016 年 5 月 9 日以清算组未能发现和接管中稷阳光公司的任何财产、账册、重要文件,无法对该公司进行清算为由,裁定终结强制清算程序。由于(2012)穗中法民清字第 1 号案终结强制清算程序的事由非前述最高人民法院《关于审理公司强制清算案件工作座谈会纪要》第 37 条规定的在强制清算程序终结后,公司可以继续存续的法定情形。因此,被申请人中稷阳光公司在法院(2012)穗中法民清字第 1 号案裁定终结强制清算程序后,依法应由该案清算组办理公司注销手续,公司终止。现 3 名申请人就被申请人中稷阳光公司再次提起强制清算申请,无法律依据,法院不予受理。至于 3 名申请人所提出的因其非中稷阳光公司的经营者,故此在(2012)穗中法民清字第 1 号案中未能提交账册,而现在与中稷阳光公司原经营管理人员联系后获得公司账册的问题,并非对中稷阳光公司另行提起强制清算的法定事由,法院对此不予采纳。

二审法院认为,公司作为企业法人,要严格遵循市场准入规则和市场退出规则。公司被依法吊销营业执照,是解散公司的法定事由。依据《公司法》第 183 条的规定,有限责任公司应当在被吊销营业执照之日起 15 日内,由股东组成清算组开始清算;逾期不成立清算组进行清算的,债权人可以申请人民法院指定有关人员组成清算组进行清算。该案中,中稷阳光公司已于 2008 年 12 月 24 日被依法吊销营业执照,原国家卫生计生委国际交流与合作中心、国家中医药管理局传统医药国际交流中心、中国食品药品国际交流中心及中稷实业公司、粤亨公司作为中稷阳光公司的股东,既未依法组成清算组进行清算,亦未及时申请人民法院强制清算。中穆阳光公司经债权人大地建筑事务所(国际)广州分公司申请,由广东省广州市中级人民法院审理的(2012)穗中法民清字第1号案强制清算,并于2016年5月9日以清算组未能发现和接管中穆阳光公司的任何财产、账册、重要文件,无法对该公司进行清算为由,裁定终结强制清算程序。依据最高人民法院《关于审理公司强制清算案件工作座谈会纪要》第28条的规定,对于没有任何财产、账册、重要文件,被申请人下落不明的,应当以无法清算为由终结强制清算程序。广东省广州市中级人民法院依法终结中穆阳光公司强制清算程序,符合上述规定。

该案争议焦点是中穆阳光公司被人民法院依法终结强制清算程序后,中穆阳光公司的股东能否再次申请对其强制清算。法院认为,强制清算是公司出现解散事由而未能自行清算条件下的一种司法救济措施,除法律另有规定外,强制清算程序终结的后果是公司权利义务消灭,公司注销、公司法人终止。依照《公司法》第188条及最高人民法院《关于审理公司强制清算案件工作座谈会纪要》第36条的规定,公司依法清算结束,清算组应当制作清算报告并报人民法院确认,人民法院应裁定终结清算程序;公司登记机关应依据清算组的申请和人民法院终结清算的裁定,注销公司登记,公司终止。中穆阳光公司在另案因无法清算而终结强制清算程序后,清算组应当申请注销公司,公司终止。3名上诉人作为中穆阳光公司的清算义务人,怠于履行义务,导致中穆阳光公司因无法清算而终结强制清算程序,3名上诉人应依法对中穆阳光公司的债务承担连带清偿责任。在该案中,3名上诉人在中穆阳光公司强制清算程序终结后,又以股东身份申请对中穆阳光公司强制清算,没有法律依据,原审裁定不予受理,并无不当。法律和司法解释虽然并无明文规定公司只能强制清算一次,但规定了强制清算的法律后果和公司强制清算后可以继续存续的法定情形,中穆阳光公司并不属于《公司法》和最高人民法院《关于审理公司强制清算案件工作座谈会纪要》第37条规定的可以继续存续的情形。3名上诉人称其非中穆阳光公司的经营者,故在(2012)穗中法民清字第1号案中未能提交账册,而现在与中穆阳光公司原经营管理者联系后获得公司账册的问题,并非对中穆阳光公司再次提起强制清算的法定事由。3名上诉人认为,实际经营的股东或其他实际控制公司的主体的原因导致中穆阳光公司无法清算而权利受损,可另寻法律途径解决。至于3名上诉人认为原审裁定不予受理强制清算申请,不符合最高人民法院《关于审理公司强制清算案件工作座谈会议纪要》第15条,即"人民法院受理强制清算申请后,经审查发现强制清算申请不符合法律规定的,可以裁定驳回强制清算申请"的规定的问题,因最高人民法院在实施登记立案后,于2016年8月1日实施了最高人民法院

《关于调整强制清算与破产案件类型划分的通知》,对强制清算案件区分了"申清"和"强清"两种案件类型,"申清"解决是否受理的问题,故原审法院依据新规定裁定不予受理并无不当。

专业点评

该案认定公司依法终结强制清算程序后非因法定事由不能再次申请对其强制清算,并对"强制清算申请不符合法律规定"导致无法清算的情形,指出"可另寻法律途径解决"的救济方式,实际是针对清算义务人不作为的情况提供解决方式。实践中存在在债权人申请强制清算或破产后,公司股东、董事等相关责任人员怠于履行义务、不配合清算组或管理人工作,拒不移交相关公司财产、账册的情形,严重阻碍强制清算和破产审判程序的顺利推进。若因主要财产、账册、重要文件等灭失无法清算,人民法院裁定终结强制清算或破产清算程序后,相关责任主体再次提起强制清算或破产申请,就存在拖延或妨碍责任承担的可能性。因此,需要明确重复提起强制清算的限制。

同时,该案亦提示清算主体需明确自身责任,履行或配合履行清算义务,以避免失职后对清算责任的承担。

法条链接

1.《公司法》(2013年)①

第一百八十三条　公司因本法第一百八十条第(一)项、第(二)项、第(四)项、第(五)项规定而解散的,应当在解散事由出现之日起十五日内成立清算组,开始清算。有限责任公司的清算组由股东组成,股份有限公司的清算组由董事或者股东大会确定的人员组成。逾期不成立清算组进行清算的,债权人可以申请人民法院指定有关人员组成清算组进行清算。人民法院应当受理该申请,并及时组织清算组进行清算。

① 现已修改为《公司法》(2018年)第183条、第188条。

第一百八十八条　公司清算结束后，清算组应当制作清算报告，报股东会、股东大会或者人民法院确认，并报送公司登记机关，申请注销公司登记，公告公司终止。

2. 最高人民法院《关于审理公司强制清算案件工作座谈会议纪要》

15. 人民法院受理强制清算申请后，经审查发现强制清算申请不符合法律规定的，可以裁定驳回强制清算申请。

28. 对于被申请人主要财产、账册、重要文件等灭失，或者被申请人人员下落不明的强制清算案件，经向被申请人的股东、董事等直接责任人员释明或采取罚款等民事制裁措施后，仍然无法清算或者无法全面清算，对于尚有部分财产，且依据现有账册、重要文件等，可以进行部分清偿的，应当参照企业破产法的规定，对现有财产进行公平清偿后，以无法全面清算为由终结强制清算程序；对于没有任何财产、账册、重要文件，被申请人人员下落不明的，应当以无法清算为由终结强制清算程序。

36. 公司依法清算结束，清算组制作清算报告并报人民法院确认后，人民法院应当裁定终结清算程序。公司登记机关依清算组的申请注销公司登记后，公司终止。

37. 公司因公司章程规定的营业期限届满或者公司章程规定的其他解散事由出现，或者股东会、股东大会决议自愿解散的，人民法院受理债权人提出的强制清算申请后，对股东进行剩余财产分配前，公司修改章程、或者股东会、股东大会决议公司继续存续，申请人在其个人债权及他人债权均得到全额清偿后，未撤回申请的，人民法院可以根据被申请人的请求裁定终结强制清算程序，强制清算程序终结后，公司可以继续存续。

第八篇

清算责任纠纷

导　语

清算责任纠纷，是指有限责任公司的股东、股份有限公司的董事和控股股东，以及公司的实际控制人未在法定期限内成立清算组进行清算，导致公司财产贬值、流失、毁损或者灭失，或者怠于履行义务，导致公司主要财产、账册、重要文件等灭失，无法进行清算。

清算责任是指清算义务人不履行或不适当履行清算义务而应承担的法律责任。而清算责任纠纷，即是认定由谁承担、如何承担清算责任的纠纷。由于存在解散清算与破产清算两种不同类型的清算，因此，也存在不同的责任承担方式，债权人的诉请提出与清算组成员的应诉策略也就存在区别。

清算义务人未尽清算义务所导致的清算责任大致可以分为清算责任、清算赔偿责任、连带清偿责任。首先，清算责任指清算义务人在公司解散后，未依照法定程序和法定期限实施清算而应承担的强制履行清算义务的民事责任。清算义务是一种法定义务，主要是组织清算组进行清算的义务，在公司清算义务人未依照法律规定程序和期限启动并推进清算程序的情况下，清算义务人的清算义务即转化为清算责任。其次，在解散清算中，若清算组成员因故意或者重大过失给公司或者债权人造成损失的，债权人可向相关清算义务人直接请求承担责任。清算组成员需尽到的义务有：忠于职守，依法履行清算义务；不得利用职权收受贿赂或者其他非法收入，不得侵占公司财产。最后，有限责任公司解散后，并不是全体股东负有清算义务，而仅仅是控制股东负有清算义务。控制股东不履行或者怠于履行清算义务，导致公司的清算程序由于清算义务人的行为而无法启动或者没有必要继续启动，需要对公司债权人和公司非控制股东承担连带清偿责任。

《公司法解释二》第 18 条第 1 款规定，有限责任公司的股东、股份有限公司的董事和控股股东未在法定期限内成立清算组开始清算，导致公司财产贬值、流失、毁损或者灭失，债权人主张其在造成损失范围内对公司债务承担赔偿责任的，人民法院应依法予以支持。

《公司法解释二》第 18 条第 2 款规定，有限责任公司的股东、股份有限公司的董事和控股股东因怠于履行义务，导致公司主要财产、账册、重要文件等灭失，无法进行清算，债权人主张其对公司债务承担连带清偿责任的，人民法院应依法予以支持。清算组成员的作为或不作为侵害了债权人的利益，将会导致清算中企业全部资产的可变现价值或交易价格减少。企业资产减除清算费用,职工的工资、社会保险费用和法定补偿金,结清清算所得税、以前年度欠税等税款,清偿企业债务后,方可按规定计算可以向所有者分配的剩余资产。

在破产清算中,债权人一般情况下仅能以代表诉讼的方式向公司请求承担责任,但也可以以“揭开公司面纱”的方式将责任最终归咎于股东(债务人)。

《九民纪要》第118条第2款规定,人民法院在适用最高人民法院《关于债权人对人员下落不明或者财产状况不清的债务人申请破产清算案件如何处理的批复》第3款的规定,判定债务人相关人员承担责任时,应当依照企业破产法的相关规定来确定相关主体的义务内容和责任范围,不得根据《公司法解释二》第18条第2款的规定来判定相关主体的责任。

对于公司清算责任纠纷,需要注意的几点是:(1)公司债权人和股东都有权提起清算责任诉讼;(2)没有实际参与清算的公司股东依然要承担责任;(3)除了被冒名登记的情形,所有显名股东都应该承担连带赔偿责任;(4)清算事宜必须书面通知全体已知债权人,而不仅仅是公告;(5)无论公司有无偿债能力,都应当履行债权债务催告的法定义务;(6)清算义务人的赔偿责任仅限于因怠于履行清算义务而给债权人造成的损失,而不是债务人应清偿债权人的全部债权;(7)公司股东并不因账本下落不明或者缺失就当然地承担连带责任,其承担连带责任的前提是存在怠于履行义务而导致公司主要财产、账册、重要文件等灭失,进而导致无法清算的情形。

在确定如何提起诉请后,双方亦需注意证明责任的分配承担,如债权人应当准备清算责任人造成“公司财产贬值、流失、毁损或者灭失”的相关证据;而清算责任人需注意如何证明自身并未“怠于履行清算义务”。

一、破产程序终结后,股东的责任承担

案件名称

绿润公司诉朱某华、郑某根公司清算责任纠纷案[①]

案号

一审:(2019)沪0116民初453号;二审:(2019)沪01民终14558号;再审:

---

① 参见壮春晖、傅伟芬、管璇:《破产程序终结后股东的责任承担》,载《人民司法·案例》2021年第2期。

(2019)沪民申 530 号

裁判要旨

无法清算并非企业破产法规定的破产终结原因,而破产程序本身具有彻底清理债务人债权债务的功能。相关主体不配合清算导致债务人财产灭失,该损失理论上属于债务人破产财产,应当由管理人依法追回后分配给全体债权人,不应在法院裁定终结破产程序后,由债权人个别进行追偿并用于清偿其自身债权。法院在判定股东责任时,应当依照企业破产法的相关规定来确定义务内容和责任范围。至于破产清算案件被裁定终结后,债务人的主要财产、账册、重要文件等重新出现,若符合企业破产法规定的追加分配情形,债权人可以请求人民法院追加分配。

案情简介

再审申请人(一审被告、二审上诉人):朱某华

被申请人(一审原告、二审被上诉人):绿润公司

一审被告:郑某根

金绍公司成立于 2003 年 2 月 27 日,公司类型为有限责任公司(自然人投资或控股),股东为被告郑某根、朱某华。

2014 年 6 月 24 日,关于绿润公司与金绍公司加工合同纠纷一案,上海市闵行区人民法院作出(2014)闵民二(商)初字第 353 号民事判决,判决金绍公司向绿润公司交付 333102 款羽绒衬衫 1320 件、333160 款羽绒夹克 1400 件、333164 款羽绒夹克 900 件,不能交付的部分,333102 款羽绒衬衫以 110.50 元/件,333160 款、333164 款羽绒夹克以 150 元/件的价格进行赔偿;同时判决金绍公司支付绿润公司以 133,800 元为本金自 2013 年 10 月 26 日起至判决生效之日止,以 20,400 元为本金自 2013 年 10 月 23 日起至判决生效之日止,以 74,800 元为本金自 2013 年 10 月 29 日起至判决生效之日止,均按照中国人民银行同期贷款利率的 4 倍之比例计算的违约金。如果未按该判决指定的期间履行给付金钱的义务,金绍公司应当依照《民事诉讼法》第 253 条之规定,加倍支付迟延履行期间的债务利息。案件受理费减半收取计 6032.15 元,由被告金绍公司负担 4537.50 元。

后因金绍公司未向绿润公司履行付款义务,绿润公司向上海市闵行区人民法院申请强制执行。2015 年 4 月 2 日,上海市闵行区人民法院作出(2014)闵执字第 8509－2 号执行裁定,认为未发现被执行人有其他可供执行的财产,裁定终结

(2014)闵民二(商)初字第353号民事判决的执行程序。

后绿润公司向上海市金山区人民法院申请对金绍公司进行破产清算。2017年12月20日，上海市金山区人民法院作出(2017)沪0116破申7号民事裁定，裁定受理绿润公司对金绍公司的破产清算申请。2018年11月30日，上海市金山区人民法院作出(2017)沪0116破2号民事裁定，确认绿润公司的债权金额为641,536.48元，认为因管理人未能查到并接管金绍公司名下任何财产，债务人无可供分配的财产，债务人不能清偿到期债务，且资产不足以清偿全部债务，故金绍公司已符合宣告破产的条件。另外，管理人未能获得金绍公司任何财务资料或重要文件，破产清算工作无法继续进行，且无破产财产可支付破产费用，故金绍公司应予宣告破产并终结破产清算程序。此外，债务人的有关人员不履行法定义务，其行为导致无法清算或者造成损失的，有关权利人可以起诉请求其承担相应民事责任，故裁定宣告金绍公司破产，终结金绍公司破产程序。绿润公司向金绍公司管理人支付公告费等破产清算费用共计4280元。

诉讼过程

2019年1月4日，朱某华、郑某根怠于履行义务导致破产清算工作无法进行，造成债权人利益损失，绿润公司以损害公司债权人利益责任纠纷为由诉朱某华、郑某根至上海市金山区人民法院，请求判令两名被告对债权承担连带清偿责任、承担清算费用，上海市金山区人民法院一审判决支持原告诉讼请求。后朱某华不服判决，向上海市第一中级人民法院提起上诉，被判决驳回上诉，维持原判。朱某华又不服判决，向上海市高级人民法院申请再审，被裁定提审。

裁判结果

一审判决：(1)被告朱某华、郑某根应于此判决生效之日起10日内就金绍公司对原告绿润公司尚未清偿的641,536.48元债务向原告绿润公司承担连带清偿责任；(2)被告朱某华、郑某根应于此判决生效之日起10日内共同支付原告绿润公司垫付的破产清算费用4280元。

二审判决：驳回上诉，维持原判。

再审裁定：(1)该案由上海市高级人民法院提审；(2)再审期间，中止原判决的执行。

主要争点

原告绿润公司一审诉讼请求:(1)判令两名被告对原告在(2014)闵民二(商)初字第353号民事判决书中未能执行到位的债权承担连带清偿责任;(2)判令两名被告承担原告在(2017)沪0116破2号案件中垫付的清算费用。事实和理由如下:原告与金绍公司之间的买卖合同纠纷一案,经上海市闵行区人民法院审理,该院于2014年6月24日作出(2014)闵民二(商)初字第353号民事判决书,判令金绍公司向原告交付加工服装一批,如不能交付,则共计赔偿原告价款合计490,860元,并支付原告相应违约金及迟延履行期间债务利息等,并负担诉讼费4537.50元。金绍公司未在上诉期内提起上诉,该判决依法生效。后因金绍公司未在生效法律文书确定的期限内向原告履行付款义务,故原告向上海市闵行区人民法院申请强制执行,因法院未发现金绍公司有其他可供执行的财产,故上海市闵行区人民法院于2015年4月2日作出了(2014)闵执字第8509-2号执行裁定书,裁定终结此次执行。2017年8月16日,原告向上海市金山区人民法院申请对金绍公司进行破产清算。2017年12月20日,上海市金山区人民法院作出(2017)沪0116破申7号民事裁定书,裁定受理原告对金绍公司的破产清算申请,后金绍公司依法进入破产清算程序。2018年11月30日,上海市金山区人民法院作出(2017)沪0116破2号民事裁定书,裁定书中法院认可了原告的债权金额为641,536.48元。法院认为,因管理人未能获得金绍公司任何财务资料或重要文件,破产清算工作无法进行,且无破产财产可支付破产费用,故金绍公司应予宣告破产并终结破产清算程序。此外,上海市金山区人民法院还认为,债务人的有关人员不履行法定义务,其行为导致无法清算或者造成损失的,有关权利人可以起诉请求其承担相应的民事责任,并裁定宣告金绍公司破产,终结金绍公司破产程序。根据法律规定,金绍公司的股东即该案两名被告怠于履行义务,导致金绍公司管理人未能获得金绍公司任何财务资料或业务文件,也未能接收到金绍公司的财产,破产清算工作无法进行,两名被告作为金绍公司的清算义务人,应当依法对金绍公司的债务承担连带清偿责任。清算费中的公告费用、清算组的交通费等属于破产费用,该部分费用应由金绍公司随时清偿,但鉴于金绍公司清算过程中发生被告怠于履行义务导致无法清算的事由,故该部分费用应由被告承担。

被告朱某华辩称:不同意原告的诉讼请求。原告主张金额过高,且原告拖欠其加工费。原告应支付金绍公司1600件羽绒夹克加工费116,500元及原告逾期支付加工费的违约金167,918.31元,两项合计284,418.31元应在执行款中抵扣。股东仅以其投资的注册资金对公司承担有限责任。该案两名被告设立金绍公司注册资金到位,之后亦未抽逃注册资金。金绍公司不能清偿债务,系由公司经营不善亏损所致。两名被告不应对金绍公司不能清偿的债务承担连带赔偿责任。

朱某华二审请求:维持一审判决第 2 项,撤销一审判决第 1 项,改判朱某华和郑某根就尚未清偿的 357,118.17 元债务向绿润公司承担连带清偿责任。

被上诉人绿润公司辩称,不同意上诉人的上诉请求,一审法院认定事实清楚,适用法律正确,请求二审法院维持原判。

朱某华申请再审称,绿润公司与金绍公司互负债权债务,双方债务均已到履行期限且未超过诉讼时效,朱某华可以依法行使抵销权。一审、二审法院未认定朱某华可以行使抵销权,属于事实认定和适用法律均错误。综上所述,朱某华依照《民事诉讼法》第 200 条第 2 项、第 6 项的规定申请再审。

绿润公司提交意见称,二审法院查明事实清楚,适用法律正确,请求驳回朱某华的再审申请。朱某华主张抵销的债权已过诉讼时效,且绿润公司对债权金额有异议,也不同意在该案中进行抵销。

综上所述,总结两个案例共同主要争点为:破产案件中,相关主体不配合清算导致的债务人财产灭失,在判定承担责任时,应当依照《公司法解释二》第 18 条第 2 款的规定还是依照《企业破产法》的相关规定。

裁判说理

一审法院认为,金绍公司对原告的债务已由生效判决书确定,金绍公司理应按判决书确定的内容履行义务,由于金绍公司未履行,原告向上海市闵行区人民法院申请强制执行,又因金绍公司无财产可供执行,法院终结执行程序。后原告申请对金绍公司进行破产清算,法院受理后,金绍公司未向管理人提供任何财务资料或重要文件,致使无法对其全面清算,法院裁定终结金绍公司破产程序。两名被告作为金绍公司的股东,怠于履行义务,未提供财务账册等重要文件,导致管理人无法对金绍公司进行全面清算。两名被告怠于履行清算义务的行为与金绍公司无法进行清算间存在因果关系。两名被告的行为符合《公司法解释二》第 18 条第 2 款规定的责任要件,原告主张两名被告对金绍公司拖欠原告的债务承担连带清偿责任,有事实与法律依据,法院予以支持。关于金绍公司所负债务,在破产清算案件中,原告作为债权人进行了债权申报,法院裁定确认原告的债权为 641,536.48 元,故两名被告应对金绍公司结欠原告的 641,536.48 元债务承担连带清偿责任。被告朱某华辩称,原告欠金绍公司加工费及违约金 284,418.31 元,应在该案中进行抵扣,对此原告不予认可,且被告朱某华也未提供充分证据证明其所主张的原告欠付金绍公司的款项数额,故法院对被告朱某华的该项抗辩意见不予采纳。另外,原告主张两名被告支付其垫付的清算费用4280元,该费用本应从金绍公司财产中予以拨付,但因两名被告怠于履行清算义务导致公司无法进行清算,基于此而产生的费用理应由两被告承担。

二审法院认为,当事人对自己提出的诉讼请求所依据的事实或者反驳对方诉讼请求所依据的事实有责任提供证据加以证明。没有证据或者证据不足以证明当事人的事实主张的,由负有举证责任的当事人承担不利后果。现朱某华上诉认为,其仅对未清偿的357,118.17元债务承担连带清偿责任。对此,法院认为,朱某华对自己提出的诉讼请求所依据的事实有责任提供证据加以证明,否则,其需承担举证责任的不利后果。在该案中,朱某华主张:绿润公司与金绍公司之间存在未结清的债权债务,绿润公司欠金绍公司284,418.31元;金绍公司注销后,公司对外债权由股东承继,其对该部分债权行使抵销权,故应在金绍公司的债务中扣除该部分金额。法院注意到,金绍公司对绿润公司的债务已由生效判决确定,在该生效判决中,金绍公司辩称绿润公司欠付加工费,但未以反诉或另诉的方式进行主张。在该案一审庭审中,朱某华认为绿润公司欠其加工费,但未主张该笔债权与金绍公司对绿润公司负有的债务进行抵销,绿润公司则认为该债权已过诉讼时效。在二审审理过程中,绿润公司对双方之间存在的加工费金额提出异议,不同意在该案中进行抵销。法院注意到,绿润公司与金绍公司于2013年10月签订加工合同,双方于2014年2月发生加工合同纠纷,然而金绍公司未明确其享有的债权金额。现朱某华未提供证据证明金绍公司与绿润公司之间互负债权债务,或在债权产生后一直向绿润公司主张抵销。在对方当事人未明确表示同意抵销的情况下,若以超过诉讼时效的债权主张抵销,难以产生债务相互抵销的效果。故朱某华的上诉理由,缺乏事实和法律依据,法院不予认可。

法院生效裁判认为,再审法院在审查中发现绿润公司系以金绍公司债权人身份,在金绍公司被法院裁定终结破产程序后提起该案诉讼,以金绍公司股东朱某华、郑某根怠于履行清算义务导致公司无法清算为由,要求朱某华、郑某根对金绍公司的债务承担连带责任。由于无法清算并非《企业破产法》规定的破产终结原因,而破产程序本身具有彻底清理债务人债权债务的功能,相关主体不配合清算导致的债务人财产灭失,该损失理论上属于债务人破产财产,应当由管理人依法追回后分配给全体债权人,不应在法院裁定终结破产程序后,由债权人个别进行追偿并用于清偿其自身债权。二审法院在判定朱某华、郑某根承担责任时,应当依照《企业破产法》的相关规定来确定二人的义务内容和责任范围,不应依照《公司法解释二》第18条第 2 款的规定来判定其责任。至于破产清算案件被裁定终结后,债务人的主要财产、账册、重要文件等重新出现,若符合《企业破产法》规定的追加分配情形,债权人可以请求人民法院追加分配。现该案二审法院按照《公司法解释二》第 18 条第 2 款的规定判决朱某华、郑某根对金绍公司的债务向绿润公司承担连带清偿责任,适用法律错误,故再审法院依法提审该案。

专业点评

清算责任的承担,应当区分解散清算与破产清算。解散清算目的在于保障原股东权益,而破产清算则更多倾向于保障债权人权益。二者目的不同由此带来责任承担方式的不同。解散清算中,由侵害人直接向权益受损人承担责任,而破产清算中,债务人需统一先向清算组承担责任,后再次分配。在破产清算程序中,股东不是当然的破产清算的清算义务人。《企业破产法》采取的是破产申请主义,根据《企业破产法》第 7 条的规定,可以提起破产申请的主体是债务人和债权人,公司已解散但未清算或者未清算完毕,资产不足以清偿债务的,依法负有清算责任的人应当向人民法院申请破产清算。《企业破产法》未普遍规定破产清算申请义务,从相关规定并不能推导出当债务人符合破产原因时,债务人相关主体一律负有申请破产清算的义务,以及未及时申请破产应向债权人承担的责任。在类似案件中,首先,应当判断债务人股东是否属于《企业破产法》第 7 条、第 15 条中规定的负有破产申请义务和配合清算义务的责任主体。其次,债权人仅以债务人股东没有配合破产清算而无法清算为由,要求债务人股东对个别债权人进行清偿,违反了破产程序的集体清偿原则,也不利于实现破产程序彻底了结债权债务的制度功能。从这个角度考量,债务人相关人员对破产申请及配合责任的承担,只能在破产程序中进行,相关人员承担相应损害赔偿责任后,财产归入债务人财产,并进行集体清偿。

法条链接

1.《企业破产法》

第七条　债务人有本法第二条规定的情形，可以向人民法院提出重整、和解或者破产清算申请。

债务人不能清偿到期债务，债权人可以向人民法院提出对债务人进行重整或者破产清算的申请。

企业法人已解散但未清算或者未清算完毕，资产不足以清偿债务的，依法负有清算责任的人应当向人民法院申请破产清算。

第十五条　自人民法院受理破产申请的裁定送达债务人之日起至破产程序终结之日，债务人的有关人员承担下列义务：

（一）妥善保管其占有和管理的财产、印章和账簿、文书等资料；

（二）根据人民法院、管理人的要求进行工作，并如实回答询问；

（三）列席债权人会议并如实回答债权人的询问；

（四）未经人民法院许可，不得离开住所地；

（五）不得新任其他企业的董事、监事、高级管理人员。

前款所称有关人员，是指企业的法定代表人；经人民法院决定，可以包括企业的财务管理人员和其他经营管理人员。

第一百二十六条　有义务列席债权人会议的债务人的有关人员，经人民法院传唤，无正当理由拒不列席债权人会议的，人民法院可以拘传，并依法处以罚款。债务人的有关人员违反本法规定，拒不陈述、回答，或者作虚假陈述、回答的，人民法院可以依法处以罚款。

第一百二十七条　债务人违反本法规定，拒不向人民法院提交或者提交不真实的财产状况说明、债务清册、债权清册、有关财务会计报告以及职工工资的支付情况和社会保险费用的缴纳情况的，人民法院可以对直接责任人员依法处以罚款。

债务人违反本法规定，拒不向管理人移交财产、印章和账簿、文书等资料的，或者伪造、销毁有关财产证据材料而使财产状况不明的，人民法院可以对直接责任人员依法处以罚款。

2.《公司法解释二》(2014 年)①

第十八条　有限责任公司的股东、股份有限公司的董事和控股股东未在法定期限内成立清算组开始清算，导致公司财产贬值、流失、毁损或者灭失，债权人主张其

① 现已修改为《公司法解释二》(2020 年)第 18 条。

在造成损失范围内对公司债务承担赔偿责任的,人民法院应依法予以支持。

有限责任公司的股东、股份有限公司的董事和控股股东因怠于履行义务,导致公司主要财产、账册、重要文件等灭失,无法进行清算,债权人主张其对公司债务承担连带清偿责任的,人民法院应依法予以支持。

上述情形系实际控制人原因造成,债权人主张实际控制人对公司债务承担相应民事责任的,人民法院应依法予以支持。

3. 最高人民法院《关于债权人对人员下落不明或者财产状况不清的债务人申请破产清算案件如何处理的批复》

……

债权人对人员下落不明或者财产状况不清的债务人申请破产清算,符合企业破产法规定的,人民法院应依法予以受理。债务人能否依据企业破产法第十一条第二款的规定向人民法院提交财产状况说明、债权债务清册等相关材料,并不影响对债权人申请的受理。

人民法院受理上述破产案件后,应当依据企业破产法的有关规定指定管理人追收债务人财产;经依法清算,债务人确无财产可供分配的,应当宣告债务人破产并终结破产程序;破产程序终结后二年内发现有依法应当追回的财产或者有应当供分配的其他财产的,债权人可以请求人民法院追加分配。

债务人的有关人员不履行法定义务,人民法院可依据有关法律规定追究其相应法律责任;其行为导致无法清算或者造成损失,有关权利人起诉请求其承担相应民事责任的,人民法院应依法予以支持。

……

4.《民事诉讼法》(2017 年)①

第二百条　当事人的申请符合下列情形之一的,人民法院应当再审:

(一)有新的证据,足以推翻原判决、裁定的;

(二)原判决、裁定认定的基本事实缺乏证据证明的;

(三)原判决、裁定认定事实的主要证据是伪造的;

(四)原判决、裁定认定事实的主要证据未经质证的;

(五)对审理案件需要的主要证据,当事人因客观原因不能自行收集,书面申请人民法院调查收集,人民法院未调查收集的;

① 现已修改为《民事诉讼法》(2021 年)第 207 条。

（六）原判决、裁定适用法律确有错误的；

（七）审判组织的组成不合法或者依法应当回避的审判人员没有回避的；

（八）无诉讼行为能力人未经法定代理人代为诉讼或者应当参加诉讼的当事人，因不能归责于本人或者其诉讼代理人的事由，未参加诉讼的；

（九）违反法律规定，剥夺当事人辩论权利的；

（十）未经传票传唤，缺席判决的；

（十一）原判决、裁定遗漏或者超出诉讼请求的；

（十二）据以作出原判决、裁定的法律文书被撤销或者变更的；

（十三）审判人员审理该案件时有贪污受贿，徇私舞弊，枉法裁判行为的。

类似案例

阿博华公司诉王某、黄某公司清算责任纠纷案。①

法院认为，阿博华公司作为锦尚公司的债权人，在锦尚公司被法院裁定终结破产程序后提起该案诉讼，以锦尚公司股东王某、黄某怠于履行清算义务导致公司无法清算为由，要求王某、黄某对锦尚公司的债务承担连带责任。由于无法清算并非《企业破产法》规定的破产终结原因，而破产程序本身具有彻底清理债务人债权债务的功能，相关主体不配合清算导致债务人财产灭失，该损失理论上属于债务人破产财产，应当由管理人依法追回后分配给全体债权人，不应在法院裁定终结破产程序后，由债权人个别进行追偿并用于清偿其自身债权。原审法院在判定王某、黄某承担责任时，应当依照《企业破产法》的相关规定来确定2人的义务内容和责任范围，不应依照《公司法解释二》第18条第2款的规定来判定其责任。至于破产清算案件被裁定终结后，债务人的主要财产、账册、重要文件等重新出现，若符合《企业破产法》规定的追加分配情形，债权人可以请求人民法院追加分配。

二、债权人不能直接诉请对清算不能担责人员清偿公司债务

案件名称

万奇公司诉江某玲等清算责任纠纷案②

① 参见上海市高级人民法院民事裁定书，(2020)沪民申613号。

② 参见柳光洪、杨曦：《债权人不能直接诉请对清算不能担责人员清偿公司债务》，载《人民司法·案例》2021年第5期。

案号

一审：(2020)渝0107民初3710号；二审：(2020)渝05民终6066号

裁判要旨

破产清算程序中，债务人相关人员的行为导致债务人无法清算或者存在损失，该损失属于债务人财产。破产清算程序宣告终结之日起2年内，债权人不能起诉债务人相关人员用债务人财产向其个人清偿债务人不能清偿的债务。破产管理人未请求债务人相关人员承担相应损害赔偿责任归入债务人财产，个别债权人亦未代表全体债权人提起诉讼，则破产清算程序宣告终结后，个别债权人有权代表全体债权人依据《企业破产法》相关规定提起诉讼。

案情简介

上诉人(原审原告)：万奇公司

被上诉人(原审被告)：江某玲、廖某明、廖某伟

瞻华公司于2009年3月17日登记成立，股东为江某玲、廖某明，法定代表人为廖某伟。2014年10月22日，万奇公司以承揽合同纠纷为由，将瞻华公司等诉至江苏省盱眙县人民法院。该院于2015年4月22日作出(2014)盱商初字第0657号民事判决书，判决瞻华公司支付万奇公司承揽加工费310,278元并支付违约金。

瞻华公司不服该判决，向江苏省淮安市中级人民法院提起上诉。因瞻华公司未在指定时间内预交上诉案件受理费，该案按瞻华公司自动撤回上诉处理。

2016年5月10日，盱眙县法院以未发现可供执行财产为由终结执行程序。

2019年7月4日，重庆市第五中级人民法院受理万奇公司对瞻华公司的破产清算申请，并将破产清算一案交由重庆市九龙坡区人民法院审理。

重庆市九龙坡区人民法院于2019年10月28日裁定确认万奇公司的债权金额为464,770.30元，准许破产管理人以债务人无财产清偿破产费用为由申请瞻华公司破产，裁定宣告瞻华公司破产并终结破产程序。该裁定书中载明：查明瞻华公司相关人员下落不明，法定代表人、股东及其他工作人员怠于履行义务，未向管理人移交企业的相关账簿、文书等资料。该裁定书载明内容并非基于审判程序作出的事实认定。

另查明，万奇公司并非瞻华公司唯一债权人。

诉讼过程

2020年,因江某玲、廖某明、廖某伟怠于履行移交相关财务、合同文书等资料的义务,致使管理人无法接管瞻华公司的主要财产、账册及重要文件,导致无法对瞻华公司进行清算,万奇公司以清算责任纠纷为由诉江某玲、廖某明、廖某伟至重庆市九龙坡区人民法院,请求判令江某玲、廖某明、廖某伟就瞻华公司对万奇公司的债务承担连带清偿责任,重庆市九龙坡区人民法院一审裁定驳回起诉。后万奇公司不服判决,向重庆市第五中级人民法院提起上诉,被裁定驳回上诉,维持原裁定。

裁判结果

一审裁定:驳回原告万奇公司的起诉。

二审裁定:驳回上诉,维持原裁定。

主要争点

万奇公司一审请求:(1)判决江某玲、廖某明、廖某伟对万奇公司在(2014)盱商初字第0657号民事判决书中未执行到位的破产债权人民币464,770.30元承担连带清偿责任;(2)诉讼费由江某玲、廖某明、廖某伟承担。事实与理由如下:原告与案外人瞻华公司承揽合同纠纷一案,经生效裁判文书确定瞻华公司支付原告承揽加工费310,278元及违约金,该案进入执行程序后因瞻华公司无财产可供执行,法院终结了该次执行程序。后原告向法院申请对瞻华公司进行破产清算,因瞻华公司相关人员下落不明,法定代表人、股东及其他工作人员怠于履行义务,未向管理人移交企业的相关账簿、文书等资料,且瞻华公司无财产清偿破产费用,法院裁定宣告瞻华公司破产,终结瞻华公司的破产程序。原告认为,江某玲与廖某明作为瞻华公司的股东,廖某伟作为瞻华公司的法定代表人和实际控制人,怠于履行移交相关财务、合同文书等资料的义务致使管理人无法接管瞻华公司的主要财产、账册及重要文件,导致无法对瞻华公司进行清算,3名被告应当对瞻华公司的债务承担连带清偿责任。

万奇公司上诉请求:撤销原审裁定,由一审法院审理该案并支持万奇公司的诉讼请求;二审诉讼费用由江某玲、廖某明、廖某伟承担。事实和理由如下:(1)根据《民事诉讼法》第119条的规定,万奇公司的起诉符合相关规定。破产程序终结后,企业法人主体资格已经消灭,管理人不具备继续以破产债务人或自己名义进行民事诉讼的基础,一审认为应由管理人提起诉讼的说法显然不符合客观实际。个别债权人亦不适合代表全体债权人提起追究股东清算责任诉讼。若法院认为确有必要共同参加诉讼的当事人,法院可以依法通知相关人员到庭参加诉讼,不应简单驳回起诉。(2)万奇公司提交的起诉状未以公司法相关司法解释规定作为起诉依据,援引的是《企业破产法》的相关规定,以说明万奇公司可以向江某玲、廖某明、廖某伟主张权利,一审法院未予认定显属错误。个别债权人以自己名义就自己的破产债权,向未履行清算义务的相关人员追究赔偿责任更符合现实情况。(3)廖某伟系破产企业法定代表人,廖某明系执行董事,江某玲系股东且曾任公司执行董事。破产程序中,江某玲、廖某明、廖某伟经管理人电话、邮寄、上门走访等形式要求提供破产企业财产、财务资料,江某玲、廖某明、廖某伟均怠于配合履行提供破产企业相关资料,导致管理人无法对破产企业进行清算。江某玲、廖某明、廖某伟未举证证明其为配合清算积极努力,或有客观原因导致无法配合清算。万奇公司有权提起民事赔偿之诉。

综上所述,该案争议焦点为破产清算程序终结后,债权人能否对导致债务人不能清算的可归责人员提起诉讼。

裁判说理

一审法院认为,人民法院在判定债务人相关人员承担责任时,应当依照《企业破产法》的相关规定来确定相关主体的义务内容和责任范围,而不应当根据《公司法解释二》第18条第2款的规定来判定相关主体的责任。在债务人的有关人员不配合清算的行为导致债务人财产状况不明,或者依法负有清算责任的人未依照《企业破产法》第7条第3款的规定及时履行破产申请义务,导致债务人主要财产、账册、重要文件等灭失,致使管理人无法执行清算职务,给债权人利益造成损害的情况下,管理人可请求上述主体承担相应损害赔偿责任并将因此获得的赔偿归入债务人财产。在管理人未主张上述赔偿情况下,个别债权人可以代表全体债权人提起上述诉讼。原告作为债权人,无权直接起诉要求债务人的有关人员向其清偿债务人不能清偿的债务,故原告的起诉不符合《民事诉讼法》第119条第1项规定的起诉条件,应当依法予以裁定驳回起诉。

二审法院认为,破产清算程序系概括清偿程序,债务人被法院裁定受理破产清算后,禁止债务人对债权人偏颇性清偿,债务人财产应在同顺位的债权人之间公平受偿。债权人只能通过债权申报程序经人民法院确认债权后依法受偿。《企业破产法》第43条第4款规定,债务人财产不足以清偿破产费用的,管理人应当提请人民法院终结破产程序。人民法院应当自收到请求之日起15日内裁定终结破产程序,并予以公告。《企业破产法》第107条第1款规定:"人民法院依照本法规定宣告债务人破产的,应当自裁定作出之日起五日内送达债务人和管理人,自裁定作出之日起十日内通知已知债权人,并予以公告。"《企业破产法》第123条规定,自破产程序依照《企业破产法》第43条第4款或者第120条的规定终结之日起2年内，有下列情形之一的，债权人可以请求人民法院按照破产财产分配方案进行追加分配：(1)发现有依照《企业破产法》第31条、第32条、第33条、第36条规定应当追回的财产的；(2)发现破产人有应当供分配的其他财产的。有前款规定情形，但财产数量不足以支付分配费用的，不再进行追加分配，由人民法院将其上交国库。根据上述法律规定可知，债务人经破产宣告破产程序终结之日起2年内，发现破产人有应当供分配的财产亦应按照破产财产分配方案进行分配。显而易见，债务人被法院裁定受理破产清算后，无论债务人是在破产程序中，还是经破产宣告破产程序终结之日起2年内，债权人均不能直接通过审判程序请求用债务人财产（债务人被宣告破产后，债务人财产称为破产财产）清偿其个人债权。破产清算案件中，债务人相关主体行为导致无法清算或者造成损失，该损失属于债务人财产。无论债务人是在破产程序中，还是经破产宣告破产程序终结之日起2年内，债权人均无权直接起诉债务人相关主体，用债务人财产向其个人清偿债务人不能清偿的债务。

除存在法定情形之外，未经审判程序，不得要求债务人相关主体承担民事责任。人民法院审理债务人相关人员下落不明或者财产状况不清的破产清算案件，在判定债务人相关人员承担责任时，应当依照《企业破产法》的相关规定来确定相关主体的义务内容和责任范围。在债务人的有关人员不配合清算的行为导致债务人财产状况不明，或者依法负有清算责任的人未依照《企业破产法》第7条第3款的规定及时履行破产申请义务，导致债务人主要财产、账册、重要文件等灭失，致使管理人无法执行清算职务，给债权人利益造成损害的情况下，管理人可请求上述主体承担相应损害赔偿责任并将因此获得的赔偿归入债务人财产。在管理人未主张上述赔偿情况下，个别债权人可以代表全体债权人提起上述诉讼。在瞻华公司破产清算一案中，一审法院于2019年10月28日作出的民事裁定书载明：法院查明瞻华公司相关人员下落不明，法定代表人、股东及其他工作人员怠于履行义务，未向管理人移交企业的相关账簿、文书等资料，准许瞻华公司管理人以债务人无财产清偿破产费用为由申请瞻华公司破产，裁定宣告瞻华公司破产并终结破产程序。但是，瞻华公司破产管理人并未启动审判程序追究瞻华公司相关人员的责任，亦无个别债权人代表瞻华公司全体债权人提起诉讼，即一审法院民事裁定书中查明的相关事实并非基于审判程序作出的事实认定。

《企业破产法》相关规定并未明确破产清算程序终结后，债权人即丧失对债务人相关人员的代表诉权。民事诉讼法亦未对此问题作出规定。适用《企业破产法》第123条规定的前提当然是发现破产人有应当供分配的财产，而通过诉讼、执行等法律程序发现属于债务人的破产财产系应当供分配的财产，且在审理债务人相关人员下落不明或者财产状况不清的破产案件中,应当充分贯彻债权人利益保护原则,避免债务人通过破产程序不当损害债权人利益。对相关法律条文进行文义解读、当然解释以及目的解释,对债务人的有关人员不配合清算的行为导致债务人财产状况不明,或者依法负有清算责任的人未依照《企业破产法》第 7 条第 3 款的规定及时履行破产申请义务,导致债务人主要财产、账册、重要文件等灭失,致使管理人无法执行清算职务,给债权人利益造成损害的情况下,如果破产清算程序中破产管理人未请求债务人相关主体承担相应损害赔偿责任归入债务人财产,个别债权人亦未代表全体债权人提起该诉讼,则债务人经破产宣告破产程序终结之日起 2 年内,个别债权人代表全体债权人依据企业破产法相关规定提起诉讼的权利并未当然丧失。

万奇公司以江某玲、廖某明、廖某伟怠于履行移交瞻华公司相关财务、合同文书等资料的义务致使管理人无法接管瞻华公司的主要财产、账册及重要文件,无法对瞻华公司进行清算为由要求江某玲、廖某明、廖某伟就其享有的个人债权承担连带清偿责任。万奇公司提起该案诉讼发生在瞻华公司经破产宣告破产清算程序终结之日起 2 年内。破产清算案件中,债务人相关主体行为导致无法清算或者造成损失,该损失属于债务人财产。无论债务人是在破产程序中,还是经破产宣告破产程序终结之日起 2 年内,债权人均无权直接起诉债务人相关主体用债务人财产向其个人清偿债务人不能清偿的债务。一审法院裁定驳回万奇公司起诉并无不当。

专业点评

该案例从另一角度区分了解散清算与破产清算。清算责任承担的方式不同,其实质上也影响到债权人的诉请提出。在解散清算中,债权人可向相关债务人直接请求承担责任,而破产清算中,则仅能以代表诉讼的方式向公司请求承担责任。其主要原因在于:首先,依据《九民纪要》第 118 条的规定,只要破产案件审理法院裁定确认的债权未能得到全部清偿,当事人就不能依据《公司法解释二》第 18 条第 2 款相关内容向债务人不能清算的可归责人员主张权利,而应依据《企业破产法》相关规定主张权利;其次,在破产清算程序中,债务人相关人员行为导致债务人无法清算或者存在损失,该损失属于债务人财产;最后,破产清算程序系概括清偿程序,债务人被人民法院裁定受理破产清算后,禁止债务人对债权人偏颇性清偿，在债务人经破产宣告破产清算程序终结之日起 2 年内，债权人无权起诉用债务人财产向其个人清偿债务人未清偿的债务，只能通过债权申报程序经人民法院确认债权后依法受偿。当然，破产清算中，债权人亦能以“揭开公司面纱”的方式将责任最终归咎于股东（债务人）。

法条链接

1.《公司法》（2018 年）

第二十条　公司股东应当遵守法律、行政法规和公司章程，依法行使股东权利，不得滥用股东权利损害公司或者其他股东的利益；不得滥用公司法人独立地位和股东有限责任损害公司债权人的利益。

公司股东滥用股东权利给公司或者其他股东造成损失的，应当依法承担赔偿责任。

公司股东滥用公司法人独立地位和股东有限责任，逃避债务，严重损害公司债权人利益的，应当对公司债务承担连带责任。

2.《企业破产法》

第七条　债务人有本法第二条规定的情形，可以向人民法院提出重整、和解或者破产清算申请。

债务人不能清偿到期债务，债权人可以向人民法院提出对债务人进行重整或者破产清算的申请。

企业法人已解散但未清算或者未清算完毕，资产不足以清偿债务的，依法负有清算责任的人应当向人民法院申请破产清算。

第三十条　破产申请受理时属于债务人的全部财产，以及破产申请受理后至破产程序终结前债务人取得的财产，为债务人财产。

第四十三条　破产费用和共益债务由债务人财产随时清偿。

债务人财产不足以清偿所有破产费用和共益债务的，先行清偿破产费用。

债务人财产不足以清偿所有破产费用或者共益债务的，按照比例清偿。

债务人财产不足以清偿破产费用的，管理人应当提请人民法院终结破产程序。人民法院应当自收到请求之日起十五日内裁定终结破产程序，并予以公告。

第一百二十三条　自破产程序依照本法第四十三条第四款或者第一百二十条的规定终结之日起二年内，有下列情形之一的，债权人可以请求人民法院按照破产财产分配方案进行追加分配：

（一）发现有依照本法第三十一条、第三十二条、第三十三条、第三十六条规定应当追回的财产的；

（二）发现破产人有应当供分配的其他财产的。

3.《公司法解释二》（2014 年）①

第十八条　有限责任公司的股东、股份有限公司的董事和控股股东未在法定期限内成立清算组开始清算，导致公司财产贬值、流失、毁损或者灭失，债权人主张其在造成损失范围内对公司债务承担赔偿责任的，人民法院应依法予以支持。

有限责任公司的股东、股份有限公司的董事和控股股东因怠于履行义务，导致公司主要财产、账册、重要文件等灭失，无法进行清算，债权人主张其对公司债务承担连带清偿责任的，人民法院应依法予以支持。

上述情形系实际控制人原因造成，债权人主张实际控制人对公司债务承担相应民事责任的，人民法院应依法予以支持。

4. 最高人民法院《关于债权人对人员下落不明或者财产状况不清的债务人申请破产清算案件如何处理的批复》

……

债权人对人员下落不明或者财产状况不清的债务人申请破产清算，符合企业破产法规定的，人民法院应依法予以受理。债务人能否依据企业破产法第十一条第二款的规定向人民法院提交财产状况说明、债权债务清册等相关材料，并不影响对债权人申请的受理。

人民法院受理上述破产案件后，应当依据企业破产法的有关规定指定管理人追收债务人财产；经依法清算，债务人确无财产可供分配的，应当宣告债务人破产并终结破产程序；破产程序终结后二年内发现有依法应当追回的财产或者有应当供分配的其他财产的，债权人可以请求人民法院追加分配。

债务人的有关人员不履行法定义务，人民法院可依据有关法律规定追究其相应法律责任；其行为导致无法清算或者造成损失，有关权利人起诉请求其承担相应民事责任的，人民法院应依法予以支持。

……

5.《民事诉讼法》（2017 年）②

第一百一十九条　起诉必须符合下列条件：

---

① 现已修改为《公司法解释》（2020 年）第 18 条。

② 现已修改为《民事诉讼法》（2021 年）第 122 条。

（一）原告是与本案有直接利害关系的公民、法人和其他组织；
（二）有明确的被告；
（三）有具体的诉讼请求和事实、理由；
（四）属于人民法院受理民事诉讼的范围和受诉人民法院管辖。

三、公司股东怠于履行清算义务时的责任认定

案件名称

张某高诉魏某禹、丁某惠等清算责任纠纷案①

案号

一审：（2016）闽0128民初3134号；二审：（2018）闽01民终703号

裁判要旨

公司股东怠于履行清算义务导致公司财产贬值、流失、毁损或者灭失，损害公司债权人利益的，公司债权人有权向公司股东提起侵权损害赔偿之诉。在公司未经清算的情况下，法院应适用《公司法解释二》第18条第1款的规定，确定公司股东之责任。

案情简介

上诉人（原审被告）：魏某禹
上诉人（原审被告）：丁某惠
被上诉人（原审原告）：张某高
原审被告：丁某振

中港公司于2006年9月19日成立，注册资本为500万元，魏某禹、丁某惠为中港公司股东。2007年9月2日，中港公司与张某高签订工程施工合同。后因合同履行发生纠纷，张某高将中港公司诉至福建省福州市鼓楼区人民法院。2012年5月13日，福建省福州市鼓楼区人民法院作出（2011）鼓民初字第4509号民事判决书，判

① 参见福建省福州法院2018年度商事审判十大案例。

决中港公司应向张某高支付工程款392,007.50元及利息(按中国人民银行规定的逾期贷款利息标准计算,从2007年11月8日起计至判令还款之日)。上述判决生效后,张某高于2012年12月24日向福建省福州市鼓楼区人民法院申请强制执行。在执行过程中,福建省福州市鼓楼区人民法院因未发现中港公司存在可供执行的财产信息,于2015年3月1日作出(2013)鼓执行字第46-2号执行裁定书,裁定终结(2011)鼓民初字第4509号民事判决书的执行程序。另查,因中港公司未按照规定接受企业年度检验,原福建省福州市工商行政管理局于2013年12月20日作出行政处罚决定书,决定吊销中港公司的营业执照。

诉讼过程

2016年10月14日,因公司股东怠于履行清算义务导致公司债权人利益损失,张某高以清算责任纠纷为由诉魏某禹、丁某惠、丁某振至福建省平潭县人民法院,请求判令魏某禹、丁某惠、丁某振共同向其赔偿损失660,370.6元及利息,福建省平潭县人民法院一审判决部分支持原告诉讼请求。后魏某禹、丁某惠不服判决,向福建省福州市中级人民法院提起上诉,被判决变更赔偿损失额。

裁判结果

一审判决:(1)魏某禹、丁某惠应于判决生效之日起10日内向张某高连带偿还工程款392,007.50元及利息(按中国人民银行规定的逾期贷款利息标准计算,从2007年11月8日起计至还清款项之日止);(2)驳回张某高的其他诉讼请求。

二审判决:维持福建省平潭县人民法院(2016)闽0128民初3134号民事判决第2项;变更福建省平潭县人民法院(2016)闽0128民初3134号民事判决第1项为“魏某禹、丁某惠应于本判决生效之日起十日内共同向张某高赔偿债权损失392,007.50元及利息(按中国人民银行规定的逾期贷款利息标准计算,从2007年11月8日起计至还清款项之日止)”。

主要争点

魏某禹、丁某惠共同上诉请求:(1)撤销一审判决,改判驳回被上诉人张某高的诉讼请求;(2)该案诉讼费由被上诉人承担。事实和理由如下:(1)被上诉人一审诉讼请求明确主张上诉人与丁某振共同赔偿其损失,表明其主张依据是《公司法解释二》第18条第1款规定的赔偿责任,但一审判决未根据其主张审查,而主动适用该条第 2 款的规定判决承担连带责任，故一审判决超出被上诉人的诉讼请求范围。（2）中港公司在被吊销营业执照前已无剩余财产，上诉人妥善保管公司财务账册，公司资产的流向可在公司清算程序中落实，一审法院直接认定中港公司无法清算，有违法律规定。上诉人并无导致中港公司主要财产、账册、重要文件等灭失的行为，也无怠于履行义务导致公司无法清算的法律后果，故上诉人不应承担连带清偿责任。（3）被上诉人主张上诉人怠于履行清算义务致使中港公司财产流失，没有事实依据。（4）一审判决关于被上诉人于 2015 年 3 月 1 日终结执行裁定作出时，才知道中港公司无可供执行财产的认定，缺乏事实和法律依据。中港公司的经营状态、存续状况在全国企业信息公示系统公示，被上诉人理应知道公司于 2013 年 12 月 20 日被吊销营业执照的事实，故其诉讼时效应从 2014 年 1 月 5 日起算。

张某高辩称：（1）适用法律判决是法院依法行使司法裁判权的职责所在，法律适用不存在超出当事人诉讼请求的问题。（2）上诉人未在法定期限内成立清算组进行清算，导致中港公司财产流失或灭失，其行为违反法律规定，应承担赔偿责任。（3）该案不存在诉讼时效问题。上诉人法定的清算义务是形成权，不适用诉讼时效制度；中港公司及上诉人不履行法定申报义务，答辩人向工商管理部门调档才知道中港公司营业执照吊销情况，并于 2016 年 10 月 14 日提起诉讼，亦未超过二年期限，上诉人的损害行为处于持续状态，也不存在超过诉讼时效问题。综上所述，请求驳回上诉，维持原判。

原审被告丁某振的答辩意见与上诉人的上诉意见一致。

综上所述，该案争议焦点为魏某禹、丁某惠如何承担赔偿责任。

裁判说理

一审法院认为，依照《公司法解释二》第 18 条第 2 款的规定，有限责任公司的股东、股份有限公司的董事和控股股东因怠于履行义务，导致公司主要财产、账册、重要文件等灭失，无法进行清算，债权人主张其对公司债务承担连带清偿责任的，人民法院应依法予以支持。中港公司日期为 2009 年 12 月 31 日的资产负债表显示，资产总计 5, 152, 643. 88 元，其中负债 6343. 75 元，所有者权益为 5, 146, 300. 13 元。但 2015 年 3 月 1 日，福建省福州市鼓楼区人民法院对中港公司进行执行时未发现可供执行的财产。魏某禹、丁某惠、丁某振已提交中港公司的记账凭证，但上述记账凭证的日期仅截至 2009 年 10 月 30 日。对于该日期之后的财务账册及资产负债表，魏某禹、丁某惠确认无法提供，而且也无法收集证明公司资产流向的相关文件资料。《公司法》第 164 条第 1 款规定，公司应当在每一会计年度终了时编制财务会计报告，并依法经会计师事务所审计。公司财务、会计制度健全,涉及债权人的利益。经营亏损导致财务人员离职并非公司不制作会计账册的合法事由。魏某禹、丁某惠作为中港公司股东未依法对公司重要事项进行决策与管理,属于怠于履行义务之行为。另外,依据《公司法》第 180 条第 4 项的规定,公司依法被吊销营业执照属于法定解散事由。《公司法》第 183 条规定,公司因该法第 180 条第 4 项规定而解散的,应当在解散事由出现之日起 15 日内成立清算组,开始清算。中港公司于 2013 年 12 月 20 日被依法吊销营业执照,但魏某禹、丁某惠作为公司股东未依照上述规定成立清算组,属于怠于履行义务。魏某禹、丁某惠作为中港公司的股东怠于履行义务的行为,已导致 2009 年 10 月 30 日之后的财务账册及证明公司资产流向的重要文件无法收集。财务账册及重要文件无法收集,实际已导致公司无法进行清算。故张某高主张魏某禹、丁某惠对公司债务承担连带清偿责任,应予以支持。关于张某高主张丁某振作为中港公司的实际控制人对公司债务承担责任问题。按照《公司法》第 216 条的规定,实际控制人是指虽不是公司的股东,但通过投资关系、协议或者其他安排,能够实际支配公司行为的人。张某高提供的催告单尚无法证明丁某振系中港公司实际控制人的事实,故对其上述主张,不予支持。

二审法院认为,关于魏某禹、丁某惠赔偿责任承担问题,张某高于一审诉讼中主张上诉人未在法定期限内组织清算导致公司财产流失而应对其承担赔偿责任,而一审法院适用《公司法解释二》第 18 条第 2 款的规定,认定上诉人怠于履行清算义务致使财务账册等无法收集,进而导致公司无法清算之后果,但中港公司尚未出现经清算程序认定无法清算之情形,故一审法院适用法律错误。

在中港公司未经法定清算程序的情况下,其债权人主张清算义务人的清算责任,应当适用《公司法解释二》第 18 条第 1 款关于"有限责任公司的股东、股份有限公司的董事和控股股东未在法定期限内成立清算组开始清算,导致公司财产贬值、流失、毁损或者灭失,债权人主张其在造成损失范围内对公司债务承担赔偿责任的,人民法院应依法予以支持"之规定进行分析认定。结合上文关于案涉清算赔偿责任属于侵权责任的法律性质认定,公司债权人的该项赔偿责任主张成立,应当满足以下 3 个构成要件:(1)清算义务人违反法律规定,怠于履行清算义务;(2)清算义务人的行为造成了公司财产或债权人的直接损失;(3)清算义务人的怠于清算行为与公司财产、债权人的直接损失之间存在法律上的因果关系。

具体到该案,分析如下:首先,中港公司于 2013 年 12 月 20 日被吊销营业执照,公司本应于该解散事由出现后 15 日内成立清算组进行清算,但公司的股东魏某禹、丁某惠作为清算义务人确有未在法定期限内积极履行清算义务之事实,故此赔偿责任的前提要件已具备。其次,根据中港公司在工商部门申报备案的财务报表数据及两名上诉人的自认内容,中港公司于 2009 年 12 月 31 日之前的所有者权益为 5,146,300.13 元,此为当时公司尚余资产净值,但其此后未再制作财务报表、账册等文件,并在公司经营出现问题后未及时处置公司资产、回收应收账款,导致中港公司现已无剩余财产可供执行。可见,由于公司清算义务人魏某禹、丁某惠怠于履行清算义务导致公司资产由 2009 年年末的 5,146,300.13 元减损至无任何财产,其行为已然造成了公司财产的灭失后果。最后,魏某禹、丁某惠怠于清算导致公司财产灭失的行为使张某高对中港公司的债权无法得以执行受偿,其利益受到实际损害,二者之间存在因果关系。综上所述,魏某禹、丁某惠应向张某高承担损失赔偿责任。

专业点评

该案是公司解散清算中直接由清算义务人承担责任的情形。其重点在于保障股东权利以及公司的健康运营。公司解散过程中,清算义务人怠于履行清算义务,如果导致公司主要财产、账册、重要文件等灭失无法进行清算的情形,在债权人的请求下就需对公司债务承担连带清偿责任;如果直接导致了公司财产贬值、流失、毁损或者灭失的,则需承担损害赔偿责任。第一种情形也会造成公司财产损失,但其实质上是因为清算“无法进行”,与可进行清算而不进行有所区别,因而产生的法律效果不同。该案正是“可进行而不进行”,且造成了公司财产损失,因此认定为造成公司财产贬值、流失、毁损或者灭失而非“无法进行清算”。

法条链接

1.《公司法》(2013 年)①

第一百六十四条　公司应当在每一会计年度终了时编制财务会计报告,并依法经会计师事务所审计。

财务会计报告应当依照法律、行政法规和国务院财政部门的规定制作。

---

① 现已修改为《公司法》(2018 年)第 164 条、第 180 条、第 183 条、第 216 条。

第一百八十条　公司因下列原因解散：

（一）公司章程规定的营业期限届满或者公司章程规定的其他解散事由出现；

（二）股东会或者股东大会决议解散；

（三）因公司合并或者分立需要解散；

（四）依法被吊销营业执照、责令关闭或者被撤销；

（五）人民法院依照本法第一百八十二条的规定予以解散。

第一百八十三条　公司因本法第一百八十条第（一）项、第（二）项、第（四）项、第（五）项规定而解散的，应当在解散事由出现之日起十五日内成立清算组，开始清算。有限责任公司的清算组由股东组成，股份有限公司的清算组由董事或者股东大会确定的人员组成。逾期不成立清算组进行清算的，债权人可以申请人民法院指定有关人员组成清算组进行清算。人民法院应当受理该申请，并及时组织清算组进行清算。

第二百一十六条　本法下列用语的含义：

（一）高级管理人员，是指公司的经理、副经理、财务负责人，上市公司董事会秘书和公司章程规定的其他人员。

（二）控股股东，是指其出资额占有限责任公司资本总额百分之五十以上或者其持有的股份占股份有限公司股本总额百分之五十以上的股东；出资额或者持有股份的比例虽然不足百分之五十，但依其出资额或者持有的股份所享有的表决权已足以对股东会、股东大会的决议产生重大影响的股东。

（三）实际控制人，是指虽不是公司的股东，但通过投资关系、协议或者其他安排，能够实际支配公司行为的人。

（四）关联关系，是指公司控股股东、实际控制人、董事、监事、高级管理人员与其直接或者间接控制的企业之间的关系，以及可能导致公司利益转移的其他关系。但是，国家控股的企业之间不仅因为同受国家控股而具有关联关系。

2.《公司法解释二》（2014 年）①

第十八条　有限责任公司的股东、股份有限公司的董事和控股股东未在法定期限内成立清算组开始清算，导致公司财产贬值、流失、毁损或者灭失，债权人主张其在造成损失范围内对公司债务承担赔偿责任的，人民法院应依法予以支持。

有限责任公司的股东、股份有限公司的董事和控股股东因怠于履行义务，导致公司主要财产、账册、重要文件等灭失，无法进行清算，债权人主张其对公司债务承担连带清偿责任的，人民法院应依法予以支持。

---

① 现已修改为《公司法解释二》（2020 年）第 18 条。

上述情形系实际控制人原因造成，债权人主张实际控制人对公司债务承担相应民事责任的，人民法院应依法予以支持。

3.《民法总则》①

第一百八十八条　向人民法院请求保护民事权利的诉讼时效期间为三年。法律另有规定的，依照其规定。

诉讼时效期间自权利人知道或者应当知道权利受到损害以及义务人之日起计算。法律另有规定的，依照其规定。但是自权利受到损害之日起超过二十年的，人民法院不予保护；有特殊情况的，人民法院可以根据权利人的申请决定延长。

第一百九十六条　下列请求权不适用诉讼时效的规定：

（一）请求停止侵害、排除妨碍、消除危险；

（二）不动产物权和登记的动产物权的权利人请求返还财产；

（三）请求支付抚养费、赡养费或者扶养费；

（四）依法不适用诉讼时效的其他请求权。

四、未办理股权变更登记股东的清算责任

案件名称

九山联合社诉每家公司、苏某元、任某清算责任纠纷案②

案号

一审：(2018)浙1021民初7229号

裁判要旨

依法成立的股权转让合同自成立时生效，股权转让后未办理股权变更登记的，并不影响股权转让合同的效力，但股权转让人不能依据该股权转让协议对抗要求其承担公司清算责任的第三人。公司股东怠于清算的，第三人有权信赖登记事项的真实性，并可以依据工商登记文件要求原股东承担公司不能清算的责任。如果外部债权人同时为公司清算前股权转让合同签订时的公司股东，且该股权转让行为经公司

① 现已修改为《民法典》第188条、第196条。

② 参见黄国田：《未办理股权变更登记股东的清算责任》，载《人民司法·案例》2019年第26期。

全体股东同意的,则该第三人不能被认定为善意第三人,对该外部债权人要求原股东在公司债务不能清偿的范围内承担清偿责任的请求则不予支持。

案情简介

原告:九山联合社

被告:每家公司、苏某元、任某

2015 年 12 月 10 日,被告每家公司从赵某叶处受让了树品超市(已破产注销)19% 的股份。

2016 年 11 月 14 日,被告每家公司将自己在树品超市的全部股份转让给了原告,双方订立了转让协议书。该协议约定:合同由原告与被告每家公司签字后即生效,并视为树品超市的股东已经发生变更,被告应配合原告在合同生效后 30 日内凭协议及修订后的公司章程等文件办理工商登记手续。原告在协议生效后 10 日内将转让价款一次性支付给被告。2016 年 11 月 14 日,树品超市召开股东会,全体股东一致同意被告每家公司将股权转让给原告,并变更了公司章程。之后,原告没有支付转让款给被告每家公司,树品超市也未能办理股东变更登记。

原告与树品超市等企业借贷纠纷一案,浙江省玉环市人民法院于 2018 年 5 月 8 日作出(2017)浙 1021 民初 5918 号民事判决书,判决树品超市、玉环优乐鲜超市有限公司于判决生效后 7 日内共同偿还原告借款本金 294 万元,并按 6% 的年利率标准计付自 2017 年 7 月 11 日起至借款本金实际清偿之日止资金占用期间的利息。在该案诉讼期间,2017 年 11 月 15 日,玉环县城关胡士杰食品商行向浙江省玉环市人民法院申请对树品超市进行破产清算。经查,树品超市成立于 2015 年 2 月 11 日,注册资本为 500 万元,其中原告占 4.75% 的股份、玉环九山农业开发有限公司(以下简称九山公司,已进入破产清算程序)占 66.5% 的股份、被告每家公司占 19% 的股份、被告苏某元占 5% 的股份、被告任某占 4.75% 的股份。因树品超市在破产清算期间未向管理人移交公司相关财务账册,致无法进行全面清算,浙江省玉环市人民法院于 2018 年 4 月 4 日作出(2017)浙 1021 破 16 号之一民事裁定书,宣告债务人树品超市破产,终结破产程序,并告知根据《民法总则》第 70 条、《公司法解释二》第 18 条的规定,债权人对不能清偿的债权可以另行提起诉讼,请求破产人的清算义务人对破产人的债务承担相应的民事责任。

浙江省玉环市人民法院于 2018 年 7 月 10 日作出(2018)浙 1021 破申 4 号民事裁定书,裁定受理申请人福州万融商业管理有限公司要求对被申请人九山公司破产清算的申请。

诉讼过程

2018 年 11 月 20 日，因向每家公司、苏某元、任某催讨借款未果，九山联合社以清算责任纠纷为由诉每家公司、苏某元、任某至浙江省玉环市人民法院，请求判令被告偿还借款，浙江省玉环市人民法院一审判决部分支持原告诉讼请求。

裁判结果

法院判决如下：(1)限被告苏某元于判决生效后 10 日内偿还原告九山联合社借款本金 14.7 万元(294 万元 ×5%)，并按年利率 6% 支付自 2017 年 7 月 11 日起至判决履行完毕之日止的资金占用期间的利息；(2)限被告任某于判决生效后 10 日内偿还原告九山联合社借款本金 139,650 元(294 万元 ×4.75%)，并按年利率 6% 支付自 2017 年 7 月 11 日起至判决履行完毕之日止的资金占用期间的利息；(3)驳回原告九山联合社其他诉讼请求。

主要争点

原告向法院起诉请求：(1)判令被告每家公司偿还原告借款本金 55.86 万元(294 万元 ×19%)，利息 44,688 元(按年利率 6% 计算，自 2017 年 7 月 11 日起至 2018 年 11 月 11 日止)，并继续按年利率 6% 计算自 2018 年 11 月 12 日起至借款本金付清之日止的资金占用期间的利息；(2)判令被告苏某元偿还原告借款本金 14.7 万元(294 万元 ×5%)，利息 11,760 元(按年利率 6% 计算，自 2017 年 7 月 11 日起至 2018 年 11 月 11 日止)，并继续按年利率 6% 计算自 2018 年 11 月 12 日起至借款本金付清之日止的资金占用期间的利息；(3)判令被告任某偿还原告借款本金 139,650 元(294 万元 ×4.75%)，利息 11,172 元(按年利率 6% 计算，自 2017 年 7 月 11 日起至 2018 年 11 月 11 日止)，并继续按年利率 6% 计算自 2018 年 11 月 12 日起至借款本金付清之日止的资金占用期间的利息。

被告每家公司辩称：(1)被告在 2016 年 11 月 14 日将自己在树品超市的全部股份转让给了原告，双方订立了转让协议书，原告已经接管和行使了被告的股东权利，后因为工商部门和原告的原因未能及时办理变更登记。因为被告已经不是树品超市的股东，故对树品超市不负有清算义务。(2)因被告已在 2016 年 11 月 14 日退出树品超市，树品超市实际控制人九山公司(占树品超市 66.5% 股份)和原告(占树品超市 23.75% 股份)在公司清算时未通知被告，因此，树品超市不能清算的责任应由九山公司和原告承担。(3)被告的股份是从原股东赵某叶处转让取得，被告已经向赵某叶支付了转让款,因此被告不对树品超市遗留债务承担清偿责任。

被告苏某元、任某未作答辩。

综上所述,该案争议焦点为:未办理股权变更登记的股权转让协议的效力如何;股权转让后未办理变更登记的股权转让人是否能依据股权转让协议对抗要求其承担公司清算责任的第三人。

裁判说理

法院生效裁判认为,浙江省玉环市人民法院作出的(2017)浙1021民初5918号民事判决书确认树品超市、玉环优乐鲜超市有限公司于判决生效后7日内共同偿还原告借款本金294万元,并按6%的年利率标准计付自2017年7月11日起至借款本金实际清偿之日止资金占用期间的利息等义务。在该判决书生效后,树品超市并未履行(2017)浙1021民初5918号民事判决书确定的义务。在玉环县城关胡士杰食品商行向法院申请对树品超市进行破产清算后,树品超市未能提供公司账册等重要文件,致使破产清算程序无法进行。法院依法终结破产程序后,原告作为树品超市的债权人,有权依据法律的规定,要求树品超市的股东作为清算义务人对其债务承担连带清偿责任。被告每家公司辩称,其在树品超市的股权系从赵某叶处受让而来,且支付了转让款给赵某叶,故对树品超市的遗留债务不承担清偿责任。法院认为,股东履行了出资义务,并不等于不需要履行清算义务,对公司的清算义务乃股东的法定义务,我国法律并未因股东履行了出资义务而免除其清算义务。股东怠于履行清算义务,债权人主张其对公司债务承担连带清偿责任的,人民法院予以支持,故对被告每家公司的该辩解意见不予采信。被告每家公司辩称,"被告在2016年11月14日,将自己在树品超市的全部股份转让给了原告,双方订立了转让协议书,原告已经接管和行使了被告的股东权利,后因为工商部门和原告的原因未能及时办理变更登记,因为被告已经不是树品超市的股东,故对树品超市不负有清算义务。而被告每家公司未参与公司清算是由于九山公司和原告在股权转让后没有通知其所致,故应由九山公司和原告承担公司不能清算的责任"。因原告、被告每家公司双方签订的股权转让协议是双方当事人真实意思表示、内容合法有效,且双方约定合同由原告与被告每家公司签字后即生效,并视为树品超市的股东已经发生变更,故法院认为被告每家公司在公司清算时已经不是树品超市的股东。原告虽然是外部债权人,但同时是树品超市的股东及每家公司股权的受让人,在树品超市清算前对每家公司不是树品超市的股东应知且明知,原告不是合格的善意第三人(该第三人不知道法律关系双方的真实情况),因此对原告要求被告每家公司承担清算责任的诉讼请求，法院不予支持。又因原告、苏某元、任某、九山公司均系树品超市的股东，因此，原告主张由苏某元、任某对树品超市应履行的付款义务按照股权比例承担清偿责任的诉讼请求于法有据，法院予以支持。

专业点评

《公司法》第32条“未经登记或者变更登记的，不得对抗第三人”的规定表明，登记并非变更事项的生效要件，而是对抗第三人的要件。该案中，股权转让协议在无其他可撤销、无效情形的情况下，应当视为有效。同时，若第三人属于知情或应当知情的情形，则无须登记亦可对抗第三人。该案中的第三人恰为公司清算前股权转让合同签订时的公司股东，不符合“善意第三人”的标准，因而即使是第三人，也仍应受股权转让协议的约束。该案所反映的问题是股权转让后未能办理股权变更登记的股东清算责任问题。就该案而言，被告每家公司已经实际履行了主要股权转让义务，即已经将股东权利交给了受让方，而且得到了公司股东会决议的确认，树品超市新的章程也剔除了被告每家公司的股东资格。同时，原告也承认被告曾多次要求其支付股权转让款，但原告至今未履行。因此，根据权利义务平衡原则，原告在受让了被告的股权后，在行使股东权利的同时，也应履行相应的股东义务。而清算责任是股东义务的一部分，而且这个清算义务是原告受让股权一年之后产生的义务，当然应当由原告承担，而不应由被告承担。从诚实信用的角度看，当事人应以讲信用守诺言的态度及时、全面履行合同义务。该案股权转让后，如果树品超市经营情况向好发展有盈利，被告每家公司能否以未办理工商股权变更登记且转让协议未生效为由，向树品超市或原告主张解除协议并享受分红权利？这显然不能。即使被告每家公司反悔，主张分红权，法院也不可能支持每家公司。同样，该案的原告也不能只享受受让后的股东权利，而不承担受让后的股东义务。该案如果是对股权转让不知情的外部债权人以未办理股东变更工商登记为由主张被告每家公司承担公司不能清算的责任,则是成立的,因为毕竟内外有别,即被告每家公司不能以股权转让事由对抗外部债权人。但是,该案的原告恰恰是具有内部股东资格的外部债权人,对公司清算前原告与被告合法有效的股权转让应知且明知,原告明显是非善意第三人,因此被告理所当然地有权以股权转让事由对抗原告主张的股东清算责任。而原告(受让方)至今未向被告(转让方)支付股权转让款,这不能成为原告免除承担清算责任的理由,因为原告即使按照合同支付了转让款,也要承担受让股权份额的清算责任,那么按照举轻明重规则,原告在违约未履行合同义务的情况下,则更应当承担受让股权份额的清算责任。

法条链接

1.《公司法》(2018 年)

第三十二条　有限责任公司应当置备股东名册,记载下列事项:

(一)股东的姓名或者名称及住所;

(二)股东的出资额;

(三)出资证明书编号。

记载于股东名册的股东,可以依股东名册主张行使股东权利。

公司应当将股东的姓名或者名称向公司登记机关登记;登记事项发生变更的,应当办理变更登记。未经登记或者变更登记的,不得对抗第三人。

2.《合同法》①

第五十二条　有下列情形之一的,合同无效:

(一)一方以欺诈、胁迫的手段订立合同,损害国家利益;

(二)恶意串通,损害国家、集体或者第三人利益;

(三)以合法形式掩盖非法目的;

(四)损害社会公共利益;

(五)违反法律、行政法规的强制性规定。

---

① 现已修改为《民法典》,原条文已被删除,现参照第一编第六章的有关规定。

3.《民法总则》①

第七十条　法人解散的，除合并或者分立的情形外，清算义务人应当及时组成清算组进行清算。

法人的董事、理事等执行机构或者决策机构的成员为清算义务人。法律、行政法规另有规定的，依照其规定。

清算义务人未及时履行清算义务，造成损害的，应当承担民事责任；主管机关或者利害关系人可以申请人民法院指定有关人员组成清算组进行清算。

4.《公司法解释二》(2014 年)②

第十八条　有限责任公司的股东、股份有限公司的董事和控股股东未在法定期限内成立清算组开始清算，导致公司财产贬值、流失、毁损或者灭失，债权人主张其在造成损失范围内对公司债务承担赔偿责任的，人民法院应依法予以支持。

有限责任公司的股东、股份有限公司的董事和控股股东因怠于履行义务，导致公司主要财产、账册、重要文件等灭失，无法进行清算，债权人主张其对公司债务承担连带清偿责任的，人民法院应依法予以支持。

上述情形系实际控制人原因造成，债权人主张实际控制人对公司债务承担相应民事责任的，人民法院应依法予以支持。

五、公司欺诈注销情形下，股东赔偿责任的认定

案件名称

夏某珠诉陈乙等清算责任纠纷案

案号

一审：(2017)苏 0981 民初 813 号；二审：(2017)苏 09 民终 4142 号；再审：(2018)苏 09 民申 109 号

裁判要旨

有限责任公司股东未经依法清算，以虚假的清算报告骗取公司登记机关办理法

① 现已修改为《民法典》第 70 条。

② 现已修改为《公司法解释二》(2020 年)第 18 条。

人注销登记,损害债权人利益的,公司股东作为清算义务人需要承担相应的赔偿责任。该赔偿责任的范围以依法清算情形下债权人应得金额为限。而依法清算情形下债权人应得金额,根据诚实信用原则和股东对公司情况知情的优势地位,应由作为清算义务人的股东承担举证责任。公司股东不能证明依法清算情形下公司真实剩余财产数额的,应当承担不利法律后果。

案情简介

再审申请人(一审被告、二审上诉人):陈乙

被申请人(一审原告、二审被上诉人):夏某珠

被申请人(一审被告、二审被上诉人):陈甲

重友公司系陈甲和陈乙于2010年经原工商行政管理部门登记成立,公司注册资本为151万元,陈甲系公司法定代表人。2010年5月10日,陈甲、陈乙分别向重友公司的临时存款账户存入75.5万元,盐城立信如良会计师事务所当日出具验资报告,载明重友公司已收到股东缴纳的注册资本151万元。2010年5月12日,陈甲从重友公司的临时存款账户取款150万元用于归还个人借款。

2014年5月21日,夏某珠经夏某民介绍,将其持有的银行汇票出借给重友公司,重友公司出具了借据,载明借款金额为180万元,月息为15‰,重友公司在借据上加盖公章,陈甲在借款人处签名。2015年6月21日,双方对借条进行结转,重友公司重新出具借据,借款金额为200万元,按月结息,月(息)为14‰,重友公司在借据上加盖公章,陈甲在借款人处签名。

2016年1月18日,重友公司股东会决议:因市场行情原因,决定解散重友公司。即日起成立公司清算组,由陈甲、陈乙2人组成。清算组负责人由陈乙担任。陈甲、陈乙均在该决议上签字。2016年1月29日,重友公司向原工商行政管理部门提出公司注销登记申请。2016年3月2日,重友公司清算组在《东台日报》登载注销公告,请公司债权人于公告发布之日起45日内向清算组申报债权。2016年8月19日,经原江苏省东台市市场监督管理局登记,注销了重友公司。在重友公司向原工商行政管理部门提交的注销申请清算报告中,公司库存资产、收回债权、清偿情况、剩余净资产、股东陈甲、陈乙对公司剩余资产分配均为“0”。

诉讼过程

2017年,因借款纠纷,夏某珠以民间借贷纠纷为由诉陈乙、陈甲至江苏省东台市

人民法院,请求判令两被告共同赔损失200万元,江苏省东台市人民法院一审判决支持原告诉讼请求。后陈乙以清算责任纠纷为由向江苏省盐城市中级人民法院提起上诉,被判决驳回上诉,维持原判。陈乙又不服,向江苏省盐城市中级人民法院提起再审申请,被裁定驳回再审申请。

裁判结果

一审判决:被告陈甲、陈乙在该判决生效后30日内赔偿原告夏某珠因重友公司向其借款造成的经济损失200万元,并以200万元为本金,从2015年12月22日起至判决确定的给付之日止按月息14‰的利率给付利息。

二审判决:驳回上诉,维持原判。

再审裁定:驳回陈乙的再审申请。

主要争点

陈乙申请再审称:一审、二审判决认定事实不清,适用法律错误。(1)案涉借款是陈甲个人借款,并非重友公司借款。重友公司从未实际经营,也无经营场所,并不需要周转资金,案涉借款均打入陈甲个人账户,没有打入重友公司账户。作为公司名义股东的陈乙对借款的过程不知情。(2)案涉借款的数额未能查清。夏某珠主张以汇票的形式支付了案涉借款,但根据相关法律法规规定,银行承兑汇票不能背书转让给个人,该借款行为依法应当属于无效民事法律行为。(3)《公司法解释二》第19条是对恶意注销公司的股东确定赔偿责任的规定。但陈乙在该案中不存在过错,不应承担责任。请求该案进入再审程序。

夏某珠提交意见称:(1)重友公司欠夏某珠200万元借款事实清楚,证据充分,有重友公司出具的借据为证。(2)重友公司未经依法清算,陈乙、陈甲虚假清算致使重友公司注销登记,依法应当承担该案借款损失的赔偿责任。(3)陈乙作为名义股东,对外应承担股东责任。陈乙作为公司股东及清算负责人,在重友公司未清偿债务的情况下,出具虚假清算报告,注销公司,过错明显,应当承担相应赔偿责任。请求驳回再审申请。

陈甲提交意见称:(1)案涉借款是陈甲向夏某珠的个人借款,与重友公司及陈乙无关,且借据载明的数额不是借款的实际数额,实际数额应当以转账记录和汇票复印件为准;(2)陈乙仅为重友公司的名义股东,重友公司的成立、清算全都由陈甲一人负责。

综上所述,该案争议焦点为陈甲、陈乙是否因其清算行为侵害了夏某珠债权并需赔偿相应损失。

裁判说理

一审法院认为:原告为证明自己的主张提供了借据和证人证言,该证据真实可信,可以证明借款事实成立,原告以其持有的银行汇票交付给重友公司,所借款项已实际交付。被告陈甲对证人证言提出异议,认为个人不可能持有银行汇票。从事实看,原告系从事建筑材料等经营的个体工商户,在经营过程中,持有银行汇票并非不可能,故其异议法院不予采信;被告陈乙认为证言不能反映当时的借款情况,但证人到庭作证,且证言经当庭质证,被告亦未能提供相应证据证明证人证言不真实,故其异议法院不予采信,原告提供的证据法院予以采信,作为认定事实的证据。

综上所述,合法的借贷关系受法律保护。重友公司立据向原告借款的事实有借条和证人证言为证,应予认定。关于被告陈乙提出的该笔借款不是公司行为的辩称意见,从原告提交的借据看,重友公司的法定代表人陈甲在借据上有签名,重友公司加盖了公章,作为证据在形式上足以证明该笔借款系公司行为,不以其个人是否清楚来确定是否是公司行为,故其辩称意见法院不予采信。重友公司未偿还原告的借款,现原告持据主张债权,其民事权益应予保护。重友公司未能按《公司法》的相关规定在注销前依法清算,根据《公司法解释二》的有关规定,重友公司的股东应对公司债务承担相应赔偿责任。原告自愿放弃部分利息,系其真实意思表示,且不违反法律规定,法院照准。

二审法院认为:关于陈甲、陈乙是否因其清算行为侵害了夏某珠债权并需赔偿相应损失的问题。《公司法解释二》第 11 条第 1 款规定,公司清算时,清算组应依法将公司解散清算事宜书面通知全体一致债权人并根据公司规模和营业地域范围在全国或者公司注册登记地省级有影响的报纸上进行公告。该案中,陈甲、陈乙作为重友公司清算组成员,在陈甲明知重友公司对夏某珠负债的情况下,未能书面通知夏某珠申报债权,亦未在省级有影响的报纸上进行公告,仅在重友公司注册地的市县级报纸上进行公告,违反了上述法律规定。《公司法解释二》第 19 条规定,公司股东未依法清算,以虚假的清算报告骗取公司登记机关办理法人注销登记,债权人主张其对公司债务承担相应赔偿责任的,依法应予支持。陈甲、陈乙在申请对重友公司进行注销时,作为清算组成员向公司登记机关提交了两人签字确认的清算报告,向公司登记机关明确重友公司的债权债务已清理完毕。而陈甲作为公司股东及清算组成员,知晓夏某珠的该笔债权此时尚未进行清算,所以应当认定清算组实施了以虚假清算报告骗取公司登记机关办理法人注销登记的行为，且陈甲、陈乙主观上存在过错。上诉人陈乙主张其并未编制虚假清算报告，无事实依据，法院不予采信。陈甲、陈乙上述不当清算行为导致夏某珠对重友公司享有的债权无法实现，二人依法应当对夏某珠的相关损失承担赔偿责任。

关于清算义务人应当承担的赔偿责任范围问题。上诉人陈乙主张其作为公司股东最多在出资范围内承担责任。法院认为，清算义务人因欺诈注销造成债权人损失所承担的赔偿责任的范围，应当以依法清算情形下债权人应得金额为限。而依法清算情形下债权人应得金额，根据诚实信用原则和股东对公司情况知情的优势地位，应由作为清算义务人的股东承担举证责任。公司股东不能证明依法清算情形下公司真实的剩余财产数额的，应当承担不利法律后果。该案中，陈甲、陈乙陈述公司不存在账册，未能举证证明公司依法清算时应当剩余的财产数额，其提供的清算报告因存在虚假情形亦不能准确认定该剩余财产数额，故陈甲、陈乙应当对被上诉人夏某珠尚未得到清偿的全部债权承担赔偿责任。

关于股东以未参与经营、仅为公司名义股东、未实际参与清算为由抗辩能否免除赔偿责任的问题。上诉人陈乙主张其仅是公司挂名股东，只是按照陈甲要求在相关文字上签字，并未实际参与经营、清算。法院认为，登记于公司登记机关的股东属于法律意义上的公司股东，其是对外承担股东责任的直接主体，代持股关系属于代持股人与被代持股人之间的合同关系，不能以此对抗债权人。公司工商登记的记载具有对外公示效力，第三人对公司登记信息的信赖利益应当受到保护，故债权人有权诉请登记于公司登记机关的股东承担清算赔偿责任。上诉人陈乙作为重友公司股东，多次在股东会决议上签名，亦作为清算组负责人在相关文件上签名，实际参与决定重友公司重大事项，现上诉人陈乙以其仅是公司挂名股东为由主张不承担赔偿责任，无事实和法律依据，法院不予采信。

另外，上诉人陈乙主张重友公司注册资本已被陈甲抽逃，故应由陈甲承担责任。法院认为，该案被上诉人夏某珠要求陈乙、陈甲承担赔偿责任系因作为清算义务人的股东未依法清算给其造成损失，并未要求追究公司股东抽逃注册资本的责任。被上诉人陈甲抽逃注册资本在股东之间产生的权利义务关系，与被上诉人夏某珠无关，上诉人陈乙以此主张免除赔偿责任，无法律依据，法院亦不予采信。

再审法院认为，当事人对自己提出的主张，有责任提供证据。当事人未能提供证据或者证据不足以证明其事实主张的，由负有举证证明责任的当事人承担不利的后果。关于重友公司与夏某珠之间是否存在债权债务关系的问题。重友公司向夏某珠借款的事实有借条和证人证言为证，应予认定。陈甲作为重友公司法定代表人在借条上签名，并加盖公司章印，足以证明该笔借款系公司行为。陈乙、陈甲对借款的数额和交付过程提出异议，但未能提供证据予以证明。关于陈乙是否应当承担赔偿责任问题。陈乙系重友公司在工商部门登记记载的股东，具有对外公示效力。在重友公司清算过程中，陈乙作为清算组负责人多次在相关文件上签名，公司股东不能证明依法清算情形下公司真实的剩余财产数额的，应当承担不利法律后果。该案中，陈甲、陈乙陈述公司不存在账册，未能举证证明公司依法清算时应当剩余的财产数额，其提供的清算报告因存在虚假情形亦不能准确认定该剩余财产数额，故陈甲、陈乙应当对夏某珠尚未得到清偿的全部债权承担赔偿责任。

专业点评

公司清算义务人主体包括有限责任公司的股东、股份有限公司的董事和控股股东以及公司的实际控制人。该案中公司股东陈甲、陈乙未经依法清算，以虚假的清算报告骗取公司登记机关办理法人注销登记，损害债权人利益，因此作为清算义务人需要承担相应的赔偿责任。而关于赔偿责任的承担，该案中陈乙提出“作为公司股东最多在出资范围内承担责任”，而由于清算赔偿责任属于侵权责任，承担侵权责任需证明债权人的损失与股东未依法进行清算行为之间存在因果关系。因此，在举证责任倒置，该案又已证明公司账册“不存在”，公司股东不能证明依法清算情形下公司真实的剩余财产数额的情况下，赔偿应当以依法清算情形下债权人应得金额为限。

法条链接

1.《公司法》(2013 年)[1]

第一百八十五条第一款　清算组应当自成立之日起十日内通知债权人，并于六十日内在报纸上公告。债权人应当自接到通知书之日起三十日内，未接到通知书的自公告之日起四十五日内，向清算组申报其债权。

---

① 现已修改为《公司法》(2018 年)第 185 条第 1 款。

2.《公司法解释二》(2014 年)[①]

第十一条 公司清算时,清算组应当按照公司法第一百八十五条的规定,将公司解散清算事宜书面通知全体已知债权人,并根据公司规模和营业地域范围在全国或者公司注册登记地省级有影响的报纸上进行公告。

清算组未按照前款规定履行通知和公告义务,导致债权人未及时申报债权而未获清偿,债权人主张清算组成员对因此造成的损失承担赔偿责任的,人民法院应依法予以支持。

第十九条 有限责任公司的股东、股份有限公司的董事和控股股东,以及公司实际控制人在公司解散后,恶意处置公司财产给债权人造成损失,或者未经依法清算,以虚假的清算报告骗取公司登记机关办理法人注销登记,债权人主张其对公司债务承担相应赔偿责任的,人民法院应依法予以支持。

① 现已修改为《公司法解释二》(2020 年)第 11 条、第 19 条。

后　记

自踏入法学殿堂,我就一直偏爱民商法学。本科阶段我几乎选修了当时所有的民商法课程,后来有机会脱产攻读硕士学位,我也是重回母校,脱产三年攻读民商法学硕士学位。在检察院工作期间,我两次在民事行政检察部门工作,凭借扎实的专业功底,通过审判监督程序抗诉,改判了很多已生效的民商事裁判案件。2017 年 6 月,已过不惑之年的我,突然有一种跟心走的想法,放弃已经工作 21 年的检察系统,选择到宁波大学法学院从事教学科研工作,之后又加盟浙江京衡(宁波)律师事务所,担任管委会主任,并与同事一起努力,在短短的两年多时间内,将浙江京衡(宁波)律师事务所从原先的 30 余人发展到现在的 120 人左右。同时,在律师实务中,我发现公司诉讼作为民商事律师业务的核心板块,不仅内容多,而且分歧大,具有很强的专业性。正是基于强化学习、提升业务、分享成果的多重考虑,我组织团队成员经过一年努力,终于完成了《公司法裁判规则实务精要》三卷本。本书为第二卷组织过程。特别要感谢并肩作战的团队小伙伴们的共同努力,要特别感谢我多年的朋友法律出版社法治与经济分社沈小英社长、陈妮老师,感谢责任编辑任娜老师、黄筝老师,没有你们的鼓励和支持,也不可能有本书的公开出版。

“长风破浪会有时,直挂云帆济沧海”,我们坚信无论任何时候,任何人只要心中有光,未来就会充满希望。

有关本书的任何修改建议和意见,欢迎来信:panshenming@ nbu. edu. cn。

潘申明

2023 年 3 月 25 日于宁波三江口